KB213875

함께 크는 삶의 시작 공 동 육 아

함께 크는 삶의 시작

이부미 · 이기범 · 정병호 엮음   공동육아

도서출판 또 하나의 문화

일러두기

❖ 공동육아에서 사용하는 용어 해설은 356-358쪽에 있습니다.

❖ 이 도서의 국립중앙도서관 출판시도서목록(CIP)은 e-CIP 홈페이지(http://www.nl.go.kr/
cip.php)에서 이용하실 수 있습니다.(CIP제어번호: CIP2006000919)

공동육아, 그 실천과 모색

이 부 미

「공동육아와 공동체교육」은 구성원들(교사, 부모, 연구자)이 가치 있는 삶의 방식을 공유하고 그 방식 안에서 어린이들을 교육하자는 큰 틀에 동의하고 시작한 교육 공동체다. 공동육아 구성원들이 가장 중요하게 생각하는 것은 교육이 삶과 분리되어서는 안 된다는 것이다.

공동육아의 교과 과정은 '무엇을' 가르칠 것인가 하는 교육 내용보다는 가치 있는 삶을 위해 무엇을 '왜 어떻게' 가르칠 것인가 하는 데에 초점이 모아진다.

교육은 삶과 분리될 수 없다

공동육아와 공동체교육이 추구하는 가치는 최초의 공동육아 협동조합인 우리어린이집을 1994년에 개원하기 직전에 펴낸 공동육아 1권『함께 크는 우리 아이』에 밝힌 '공동육아의 이념, 철학, 방법론'을 보면 알 수 있다.

공동육아의 기본 원리가 되는 어린이 개념은, 아동이 사회 속의 개체임을 중시하고 그들이 양육되는 사회 환경과 앞으로 만들어 갈 사회의 성격에 주목한다. 다시 말해서, 아동의 개체성, 주체성과 더불어 육아의 역사성과 사회성을 강조하는 철학적 기반 위에서 공동육아의 의미를 찾을 수 있다. 이러한 공동육아의 의미와 이념적 요소로는 구체적이고 참여적인 협동을 통한 민주주의 시민 개념과 미래 지향성, 공동체 사회 이념을 들 수 있다.

이런 이념적 바탕에서 육아의 목표는 아이들이 자신의 변화하는 요구와 욕구에 맞추어 기존의 의미와 가치를 이해하도록 도와주고, 동시에 그들이 그 이해에 기초하여 새로운 가치와 의미를 계발하고 실험할 수 있도록 도와주는 것이다. 여기서 도와준다는 것은 아이들이 기존 의미를 이해하고 새롭게 하는 활동을 하기에 적합한 삶의 터전을 마련하고 거기에서 함께 생활하는 것을 말한다. 이런 삶의 터전을 구성하기 위해 공동육아의 부모와 교사들은 함께 토의하고 활동해야 한다.

'참여의 가치', '차이의 가치', '생태적 가치', '학습의 가치', '민주주의의 가치' 등은 공동육아 출발부터 구성원들이 중요하게 의미를 부여하고 실천한다는 점에서 일상생활의 저변에서 문화로 형성되어 왔다.

살아 숨 쉬는 교육 과정

아이들이 한 사회의 언어를 배울 때, 무의식적으로 문법을 익히듯이 이러한 사회 문화적 틀 속에서 가장 근본적인 문화적 문법을 익히게 된다. 이런 점에서 어린이집 환경을 누가 어떻게 만드는가 하는 문제는 바로 우리가 살고자 하는 세상, 아이들이 살아 갈 세상을 만들게 되는 문화적 틀 만들기 문제와 직결된다.

공동육아가 초기에 제시한 문화적 틀의 방향은, 자발적이고 창의적인 어린이로 성장하게 하자, 자연과 함께 사는 데 익숙한 어린이·어른이 되도록 하자, 우리 사회의 무한 경쟁과 불평등 구조를 극복해 나갈 수 있는 교육을 하자는 것이었다. 그러기 위해서는 획일적이고 표준적인 보육 프로그램이 아닌 지역적 특성을 살린 다양하고도 살아 있는 프로그램을 구성해야 한다고 주장했다.

지난 10년간 공동육아의 교사들과 부모들은 새로운 문화를 만드는 데 앞장서 왔다. 어른과 아이 사이의 평등 문화를 만들기 위해 별명 부르기와 반말, 아버지 참여 및 양성평등 교육, 장애아 통합교육, 의사소통과 민주적 절차를 위한 다양한 모둠과 회의 문화 개발, 자연 나들이, 놀이를 보장하는 생활, 전통문화의 재구성, 건강에 좋은 먹을거리 교육 등. 공동육아가 지난 10년간 실천해 온 교육 내용은 생태 교육, 생활 문화 교육, 관계 교육, 통합교육이라는 네 축 사이에서 교차 구성되었다고 볼 수 있다.

생태 교육(생태적 능력)

생활 문화, 관계, 통합교육과도 관련되는 이 교육 활동들은 공동육아 10년의 역사 안에서 나름의 진화 과정을 거쳐 오늘에 이르렀는데 그 진화 과정의 계기가 바로 생태적 능력의 획득이다. 나들이의 경우, 초기의 자연 친화적인 나들이 수준에서 생태 나들이로 바뀌게 된 것은 외부 생태 전문가들의 교사 교육과 교사들의 장기적인(1년) 자기 교육 프로그램이 축적되는 과정이 있었기 때문이라고 할 수 있다. 그 결과, 자연과의 관계가 더 밀착되고 이런 자연과의 밀착은 자연의 역사와 더불어 그 자연 아래 펼쳐진 지역 사회와 자연과의 관계 및 문화에까지 관심과 애착을 갖게 한다. 교사, 부모, 어린이가 함께 참여하는 텃밭 가꾸기를 통해 농사의 의미를 직접 체험하면서 자연의 순환과 질서 그리고 인간의 먹이사슬(먹을거리) 관계에 대한 깨달음을 얻은 것 역시 생태적 능력과 감수성을 기르고 확장하는 데 좋은 계기가 되었다.

먹을거리 역시, 처음엔 소박하게 아이들에게 안전한 먹을거리를 제공한다는 뜻에서 출발했지만 점차 먹을거리 문제는 단순히 재료를 바꾸는 것이 아니라 문화를 바꾸는 행위임을 인식하게 된다. 특히 먹을거리와 세시 절기의 관계를 연결하게 되면서 지역 음식 문화, 음식과 문화의 관계, 부엌의 의미, 음식을 통한 교육과 문화 형성의 가능성을 체득한다.

이처럼 공동육아의 생태 교육은 처음엔 일반 사회적인 수준의 환경 파괴에 대한 위기의식에서 출발했기 때문에 어느 정도는 스스로에게 강제하는 의도를 지니고 출발했다고도 볼 수 있다. 그러나 의도적인 실천이 당위적 수준에서 멈추지 않고 이 주제에 대한 지속적인 자기 계발(특히 교사들의 노력)의 결과, 자연에 생태적으로 적응할 수 있는 능력을 갖게 되었고 그 능력이 얻어짐에 따라 생태 교육은 일상의 문화로 자리 잡게 되었다.

생활 문화 교육(기본적인 문화 또는 민속적 능력)

공동육아의 생활 문화 교육의 대표적인 교육 활동은 어린이들의 놀 권리를 보장하는 자발적인 놀이, 전통문화를 재구성하는 전래 놀이, 세시 절기 교육, 옛이야기 들려주기, 감수성을 드러내는 다양한 표현 활동, 기본 생활 습관 등이 있다. 이러한 교육 활동이 각각 차이는 있지만 10년의 역사 안에서 발달해 오고 있다. 특히 여기서 중요한 것은 어린이 권리 문화와 전통 문화의 재구성이다. 어린이의 생존권, 발달권, 보호권, 행복권이라는 세계 보편적 권리의 차원에서 어린이의 삶의 질을 보장하는 문화 조성은 사회적으로도 매우 중요한 사안이다.

공동육아 교사들에게 전통문화 재구성 문제는 독자적이면서도 전체적인 교육 과정의 얼개를 구성하는 데 특별하고도 결정적 역할을 했다. 공동육아 교사들의 전통문화를 찾고 계승하여 오늘날에 맞게 재창조해

가야 할 필요에 대해 처음부터 교사들의 인식이 있었지만, 초반 5, 6년은 세시에 맞는 어린이집 교육 과정 구성에 합의점을 찾지 못하고 중요성을 인식한 교사들 중심으로 활동을 구성하고 실천한 정도였다고 한다. 그러다 2000년이 넘어가면서 세시 활동에 대한 교사들의 연구와 의미 찾기 교육 모임이 1년 넘게 외부 전문가의 도움을 받아 이루어진다. 교사들은 이 과정에서 이루어진 세시 풍속에 대한 공부 내용을 현장에서 실천적으로 적용해 '세시와 한 해 흐름'을 정리함으로써 공동육아 어린이집 교육 과정의 큰 틀을 짜게 되었다고 한다. 즉 나들이, 놀이, 먹을거리, 이야기 등 각각의 활동으로만 진행되던 교육 활동들이 세시와 한 해의 흐름이라는 틀로 연결되었다. 이처럼, 세시와 한 해 흐름은 공동육아의 병렬적인 교육 활동들을 연결해서 통하게 하는 조직 틀의 역할을 한 것이다.

이렇게 된 것은 공동육아 교사들의 개방된 태도와 진지한 현장 적용 능력과 배우려는 노력의 결과다. 그리고 오늘날 우리들에게 잠재적으로 남아 있을지도 모르는 민중의 민속적인 삶의 방식과 지혜가 지극히 생태적이었다는 점도 영향을 미쳤을 수 있다. 특히 비형식적 교육 방법으로 민속적 방법을 이야기하는 문재현에 따르면 이야기, 놀이, 전래 동요, 수수께끼, 속담, 세시 풍속 등이 기본적인 문화 능력이라고 한다.

나는 여기서 우리의 몸과 마음에 내재되어 있는 기본적인 문화 능력의 발현은 단순한 전통 문화 교육의 영역을 넘어서는 것으로, 삶과 교육이 밀착되는 데 대단히 중요하고도 보편적인 교육적 능력 및 역할을 할 것으로 본다. 즉 전래놀이, 세시 절기, 옛 이야기를 교육 내용으로 차용하되, 과거의 것 자체를 재현하는 것이 아니라 현재의 삶의 의미를 부여하여 어린이들의 다양한 표현 능력(이야기, 노래, 춤, 그림, 공예, 놀이, 극, 공연 퍼포먼스 등)으로 변용하는 작업은 어린이들에게 문화·예술적 경험으로서도 가치가 있다. 뿐만 아니라 이 과정을 '세시와 한 해 흐름'으로 틀 잡아

간다면 일상생활에서 미의식을 체험할 수 있는 교육 과정의 틀을 갖추는 데 계기를 줄 가능성이 있다고 본다.

이런 가능성을 더 풍부하게 실현하기 위해서는 전통 문화뿐만 아니라 현대 문화의 특성, 그리고 우리 문화뿐만 아니라 타 문화에 대한 해석 능력과 개방성이 요구된다. 문화란 과거와 현재, 나와 타자 간의 균형과 조화를 이루는 일이라고 말할 수 있다. 공동육아 구성원들은 문화에 대하여 이런 문제의식과 지향을 갖고 있다. 현재 공동육아 구성원들은 전통 문화의 재발견을 통해 다양한 문화 코드와 언어를 합성하고 교류하는 작업이 오늘날의 생활 문화 교육에 매우 중요한 일임을 인식하고 '다양성 속의 통일성'이라는 새로운 실천의 방향을 찾아가는 중이라고 할 수 있다.

관계 교육(소통의 능력)

공동육아는 자연과 인간과의 관계, 다양한 인간관계를 중요한 교육적 요소로 생각한다. 자연과 인간관계는 생태 교육 활동과 밀접하게 연관되어 있다. 소통 능력을 발현시키기 위해 별명과 반말 문화, 모둠 활동, 부모 교사들의 회의 문화, 마실 문화, 어린이의 하루 생활에 대한 부모 교사의 기록 문화인 날적이 등이 어린이집 생활과 교육 속에서 이루어지고 있다. 어린이집 안에서 어린이들은 다양한 어른들(친구들의 부모들 까지 포함)과 관계하고 친구들과 오랜 세월 깊이 있게 관계함을 경험한다. 그리고 최근에는 어린이집의 역사에 따라 차이가 나기는 하지만 지역 사회와 관계를 맺는 노력을 적극적으로 기울이고 있다. 그러나 고립된 도시 사회에서 어린이집이 지역 사회와 관계를 맺는 일은 쉽지 않다. 더구나 기관 대 기관의 공식적인 관계가 아닌 지역 사회 사람들과 소통하는 관계는 더욱 어렵다. 공동육아는 이 어려움을 세시와 관련된 마을 축제나 지역 사회, 자연 생태에 대한 관심으로 풀어 가기 시작했다.

통합교육(차이와 연대의 능력)

공동육아 어린이집에서 통합의 의미는 광범위하게 사용된다. 아마 차이의 공존을 모색하려는 것 때문일 것이다. 그래서 공동육아에서 통합은 하나로 모은다는 의미보다는 다름에 대한 인정의 의미가 더 기본적이다. 그리고 함께 살 수 있는 방법을 모색한다. 구체적으로는 다양한 교육 공간과 시간의 부여, 연령 통합 활동, 양성성의 교육, 장애아 통합교육, 계층 및 문화 통합의 교육 등이 여기에 해당된다. 통합교육은 특히 더 관계 교육과 밀착되어 생활 속에서 이루어진다.

지금까지 기술한 생태 교육, 생활 문화 교육, 관계 교육, 통합교육의 우산 아래에서 공동육아의 다양한 교육 활동들은 교육의 장소에서 서로 가로지르기가 이루어진다. 그리고 가로 지르기의 직조가 가능한 씨실과 날

공동육아의 교육 시스템

가치로서의 문화	교육 과정으로서의 문화			
	문화적 틀의 전개 과정			
	생태 교육	생활문화 교육	관계 교육	통합교육
• 협력적 참여 • 민주주의 • 차이성 　(공동체) • 생태 • 학습	• 나들이 • 먹거리 • 텃밭 가꾸기	• 전래놀이 • 세시 절기 교육 • 옛이야기 　들려주기 • 감수성을 　드러내는 　다양한 표현 활동 • 기본 생활 습관	• 별명 부르기와 　반말 문화 • 모둠 활동 • 부모 교사들의 　회의 문화 • 부모 모임 • 날적이 • 어린이집과 　지역 사회 연계	• 다양한 교육 　공간, 시간의 　부여 • 양성성 교육 • 장애우 통합 　교육 • 계층 및 문화 　통합의 교육
	• 생태적 능력	• 기본적인 민속 　문화 능력	• 소통 능력	• 차이와 연대 　능력

실의 틀은 문화라는 뼈대다. 이 뼈대는 생태학적 능력, 민속적인 문화 능력, 소통의 능력, 차이와 연대 능력으로 이루어지는 탄력적인(말랑말랑한) 구조다. 이것이 바로 문화로서의 공동육아의 교육 과정인 것이다. 문화는 공동육아의 삶과 교육이 분리되지 않고 이루어지는 데 핵심적으로 작동하고 있다. 이런 점에서 공동육아의 교육 시스템은 가치론적인 차원과 교육 과정 차원의 문화가 상호 작용하는 역동적인 체제라고 볼 수가 있다.

이 책의 구성

이 책은 2004년 10월 8~9일에 열린 '참여 보육과 생태적 성장'이라는 주제의 「공동육아와 공동체교육」 10주년 기념 국제학술대회에서 발표된 글들이 바탕이 되었다. 학술대회는 공동육아가 지난 10년간 부모, 교사, 연구자들이 머리를 맞대고 손을 잡고 실천한 경험들을 정리하고 우리가 지금 어디에 와 있는 건지, 사회적으로는 어느 지점에 위치하고 있는지, 우리의 교육적 색채와 영향력이 일반 보육의 장에서 교류될 수 있는지를 감지하는 기회였다. 이 자리에서 공동육아에 대해 청중(일반 보육인들)들이 갖는 기대도 확인할 수 있었다.

이 책은 공동육아의 특성을 바람직한 보육의 방향, 교육의 방식과 내용으로 푼 것으로 생활 교육, 지역 사회와 함께하는 교육, 특별한 도움이 필요한 아이들, 참여 보육의 의미라는 주제로 구성되었다.

「생활에서 배운다」에는 공동육아 어린이집에서 지난 10년간 이루어진 생활 교육 중에서 나들이(이말순), 이야기 문화(조봉호), 먹을거리 교육(김기나)을 교사들의 목소리를 통해 교육의 과정과 의미를 심층적으로 제시했다.

「지역 사회와 더불어」에서는 공동육아가 지향하는 마을 교육의 경험을 만날 수 있다. 박현숙은 평택의 한 농촌 마을에 정착한 공동육아 어린이집 이야기를 들려주며, 최초 공동육아 협동조합인 우리어린이집 조합원이던 이경란은 공동육아 섬에서 마을 주민이 되기까지 마포 지역 공동육아의 10년 역사를 소개하며, 김미아는 절망 속에서 희망으로 피어나는 지역공동체학교의 어제와 오늘을 이야기한다.

「특별한 도움이 필요한 아이들」에서는 공동육아 장애우 통합교육의 실천적 노력과 전망을 두 명의 현장교육지원전문가(송경선, 최윤희)가 제시하는 것과 더불어 두 명의 어머니가 개인별 사례까지 자세한 기록으로 보여 주었다.

「이제는 참여 보육이다」에서 양옥승은 보육 담론에 대한 새로운 지평을 넓히기 위한 다양한 이론들을 유아교육학적 시각에서 살펴보고, 이기범은 공동육아 구성원들(어린이, 교사, 부모)이 참여적 학습을 하는 학습공동체임을 교육학적 시각에서 기술했다. 정병호는 공동육아 구성원들의 함께 크는 모습과 참여 보육의 의미를 문화인류학자의 눈으로 연결해 주었다.

공동육아에 대해 여러 학문의 이론가들과 현장의 교사들이 함께하는 이론화 작업은 공동육아의 경험들을 다양한 시각에서 조망하고 체계화한다는 점에서 의미가 있을 뿐만 아니라 우리 스스로 공동육아의 실천에 대해 반성적으로 사고할 수 있는 기회를 준다는 점에서도 중요하다. 이 책의 발간이 공동육아가 내적으로 좀 더 성숙해 가는 작은 발걸음이라 여기며 독자들의 많은 관심과 참여를 기대해 본다.

•• **이부미** 별명은 복숭아. 1997년부터 2004년까지 「공동육아와 공동체교육」 현장교육지원 전문가로 활동했다. 2000년도에 공동육아에 대해 박사논문을 썼다. 경기대학교 유아교육학과 교수로 재직 중이며, 2005부터 약 3년 계획으로 공동육아 교사들에 대한 연구를 하고 있다. 『놀면서 자라고 살면서 배우는 아이들』(공동육아 2)을 썼다.

차례

생활에서 배운다

아이들은 나들이를 하며 스스로 묻고 찾는다. 아이들은 백지 상태가 아니라 아이들을 둘러 싼 주변 세계가 백지다. 아이가 스스로 탐색하여 의미를 부여할 때 비로소 아이를 둘러싼 세계는 의미 있는 세계가 된다. 즉, 생태 나들이는 아이들이 스스로 앎의 방식을 찾는 과정 이라고 할 수 있다. ― 이말순

이야기는 사람들이 사랑을 표현하고 서로 나누는 가장 좋은 방법이다. 누구에게 이야기한 다는 것은 그 사람을 사랑하거나 사랑하기 위한 노력인 것이다. 이야기는 아이와 아이, 교 사와 아이, 교사와 부모 간의 정서적 끈이 되고 있다. ― 조봉호

공동육아에서는 설립 초기부터 먹을거리 재료로 유기농(친환경) 농산물을 선택했다. 이는 단순히 우리 아이들에게 좋은 재료를 먹이겠다는 욕심에서 출발한 것은 아니다. 아이들의 밥상을 제대로 차린다는 것은 건강한 먹을거리 이상의 의미가 있다. 이는 농촌을 살리고 우 리의 환경과 경제를 살림의 문화로 만드는 것이다. ― 김기나

생태 나들이로 자연을 만나는 아이들

이 말 순

공동육아의 나들이 역사는 1980년대 「해송아기둥지」(이후 아기둥지)때부터 시작되었다. 창신동 아기둥지는 저소득 지역 아이들의 교육을 걱정하는 「해송어린이걱정모임」이 난곡 「해송유아원」에 이어 두 번째로 문을 연 곳이다. 동대문 낙산 꼭대기 성벽 아래 둥지를 튼 것은 그곳이 주변 공터가 많고, 더러 개발되지 않은 산자락도 있어서 아이들이 놀기에도 좋고 자연을 친숙하게 접할 수 있기 때문이었다. 그 무렵의 교사회는 어린이들은 자연에 나가서 노는 것이 중요하다는 생각을 하고 있었다. 아기둥지가 아이들에게 수업 시간이 있는 공간으로 인식되기보다는, 엄마들이 봉제 공장에서 밤늦도록 일을 하는 동안 아기둥지를 집처럼 편안하게 여기고 생활하기를 바랐다. 아기둥지가 아늑한 공간이 되기 위해서는 아이들이 실내에만 있지 않고 일상적으로 드나들 수 있는 나들이가 필요했다. 나들이는 자유로워지고 싶은 아이들의 욕구, 세상을 알고 싶은 본능적 호기심, 산동네 좁은 공간이 주는 한계 등을 극복하고, 불안감이 많은 아이들에게 안정된 정서를 갖게 했다.

나들이는 우리 동네 돌아보기에서부터, 골목이나 공터에서 놀기, 그러다가 이왕이면 숲도 있고 물도 있는 곳을 찾아다니게 되었다. 자연 친화 교육을 하려면 '자연 나들이'를 해야겠다는 생각이 들었기 때문이다. 이러한 아기둥지의 '자연 나들이' 경험이 주춧돌이 되어 1994년 신촌「우리 어린이집」이 개원하면서부터 본격적으로 공동육아에서 아이들이 나들이를 하게 되었다. 그리고 현재까지 10년 동안 공동육아는 나들이를 통해 자연 친화 교육의 필요성을 여러 매체를 통해 우리 사회에 환기하고, 그 교육적 성과를 사회 일반과 공유하려 노력했다.

자연에서 잘 노는 나들이

공동육아 초기의 나들이는 자연에서 하는 놀이를 중심으로 진행되었다. 자연 친화 교육을 표방하므로 초기에 자연을 찾아가서 '놀이'를 한 것은 아기둥지 시기의 자연 나들이와 비슷하다고 볼 수 있다. 그러나 이 무렵 '놀이'의 의미는 좀 더 발전된 개념이다. 공동육아에서 자연 친화 못지않게 강조하는 것은 아이들의 인권인데, 이는 아이들과 어른 관계에서 평등을 주장하면서 '선생님' 자를 떼어 버리고 별명과 반말로 만남을 시작한 것을 보면 알 수 있다. 놀이는 아이들과 교사들이 평등하고 친밀한 관계를 형성하는 데 무엇보다 중요한 활동이었다. 이는 어린이를 돌보는 교사들이 아이들을 단지 돌보아야 할 대상이 아니라 함께 놀고 생활하는 놀이 친구의 개념으로 접근했음을 시사한다.

특히 교사들이 유념한 것은 자연에서의 놀이와 노래다. 교사들은 자연의 중요성을 간과하지 않고 다 함께 어우러져서 놀 수 있는 공동체적인 놀이로 '전래 놀이'를 중점적으로 개발했다. 놀이감으로는 자연물을 이용한 '손끝이 따뜻해지는 놀이감'을 생각해 냈다.* 다음은 그 무렵 교사 대표였던 알라딘의 글이다.

까꿍이들에게 놀이감을 특별히 신경 써 주어야 한다. 어린이집 놀이감의 대부분은 큰아이들 차지가 되기 때문이기도 하고, 제일 오래 실내에 있기 때문이기도 하다. 모래밭에서도 심지어 자기네 방에서도 큰아이들에게 놀이감은 점령되기 일쑤다. 그래서 까꿍방 교사들은 놀이감을 지키는 데 신경을 곤두세우게 된다. (중략) 큰 아이들(5세 이상)은 온몸으로 모든 것을 가지고 잘 논다. 자신의 몸도 놀이감이고, 바람도 놀이감이고, 햇볕도 놀이감이다. 아이들에게 가장 은혜로운 놀이감을 선물해 주는 것은 자연 속으로 데려다 주는 거라고 생각한다. 그 다음은 자연과 가까운 놀이감일 것이다. 사람과 닮은 인형, 그리고 자연 소재의 악기, 사람 생활이 축소된(집안 생활 포함) 자연 소재의 용구들이 필요하다고 생각한다.
— 공동육아와 공동체교육, 「우리어린이집의 놀이감」 중에서

또한, 교사 재교육에 큰 역할을 하는 교사대회 자료집에는 전래 놀이의 중요성이 언급되어 있다.

---

* 이러한 교사들의 노력은 당시 공동육아 교육 내용의 근간을 이루는 것으로 초기 신촌 우리어린이집 교사회의 역할이 지대했다. 그 무렵 부천 산어린이집과 우리어린이집 등 몇몇 교사회는 청주에 있는 「마을수준교육연구소」(현 마을공동체교육연구소)를 찾아가서 전래 놀이를 배워 공동육아 교사들에게 전수했다. 1997년 제3회 교사대회에서 우리어린이집 교사회가 주도한 '전래 놀이 한마당'은 아이들과 교사가 자연에서 놀이를 통해 어떻게 만날 수 있는지 여실히 보여 주었다. 그리고 교사들의 노력과 연구 활동이 심화되어 1999년에는 교사협의회 소속 놀이 분과에서 활동한 내용을 「우리어린이집의 놀이감」이라는 자료집으로 내기도 했다.

전래 놀이는 정의적 영역 중에 특히 문화 전달의 매개로서 중요한 역할을 한다. 각각의 놀이에는 오랜 시간 많은 사람들에 의해서 그들의 생활이나 정신이 담겨 있기 때문이다. 따라서 전래 놀이를 지도한다는 것은 곧 살아 있는 우리 문화를 지도한다는 것과 같다. 또한 전래 놀이는 대부분 재미 및 규칙의 완결성을 갖고 있기에 하나의 완벽한 놀이로서 가치가 있다. 어린이들에게 놀이는 곧 모든 영역의 교육을 행하는 것과 마찬가지로 복합적인 교육을 행하는 것과 같다.

— 「2001년 여름 교사대회 자료집」 중에서

이렇게 자연 속에서 몇 년을 잘 '논' 공동육아 아이들은 놀이를 할 줄 안다. 놀 줄 알게 되면 자신에게 주어진 시간을 스스로 조직할 수 있는 주체성이 생기고, 관계에서 또래를 이끌 수 있는 리더가 되는 것을 볼 수 있다. 유아기부터 이렇게 '자발적 자아 개념'을 가진 아이들은 자라서도 자신의 일은 스스로 알아서 할 것이다. 그러므로 공동육아의 1990년대 교육은 한마디로 '자연에서 잘 노는 나들이' 시기였다. 물론 자연 나들이만 한 것이 아니라 각종 미술관, 전시관, 마당제 등 '문화 나들이'도 지금까지 계속해 오고 있다.

자연을 만나는 생태 나들이

1990년대 말에서 2000년대로 넘어오면서 나들이는 자연에서 잘 노는 자연 친화적인 교육에서 더 적극적으로 '자연'을 탐구하고, 자연과 관계를 맺는 '생태 교육'으로 진화했다고 볼 수 있다. 인간들의 공동체에서 자연 친화 교육으로, 자연과 함께하는 공동체 의식으로 발전한 것이다. '자연을 만나는 생태 교육'은 먼저 자연에 대한 이해와 욕구가 무엇인지를 확인한 상태에서 시작해야 한다. 생태적 관점이 없는 사람에게 산은 그야말로 잡초와 잡목들의 무질서한 생육 장소일 뿐이다. 교사들이 자연을 이해하고 배우려는 생태적 관점을 갖게 된 것은 교사 교육을 기획하고 공동육아 교육의 방향을 잡아나간 교사협의회와 「공동육아와 공동체교육」 사무국의 역할이 컸다.*

'생태 나들이' 시기의 나들이를 '자연 나들이' 시기와 비교해 보면, 자연과 인간이 함께 상생하는 공존의 개념이 높아진 것을 볼 수 있다. 같은 산으로 나들이를 다니면서도 특정한 나무나 식물을 정해 대화를 나누고 곤충들과도 애정을 가지고 만나려고 노력했다. 나들이 길에서 자연물을 가지고 놀다가도 돌아올 때는 자연에 두고 오기도 하고 산이나 식물의 입장에서 생각해 보는 것 등 자연에 대한 예의와 생태적 감수성을 키우려고 노력한 점이 돋보인다고 할 수 있다.

이것은 자연 속에서 다양한 생명체들과 공동체 관계를 맺는 것, 다시 말해 '생태 마실'이라고도 말할 수 있을 것이다. 생태 나들이는 자연에 사는 이웃과 친구를 깊이 만나는 생태 마실이다. 또한 생태 나들이는 자연

---

* 당시 사회적으로 환경 운동의 중요성이 크게 부각되면서 공동육아 교육에도 좀 더 적극적으로 자연과 환경을 염려하는 생태 교육이 도입되었다. 그 무렵의 교사 교육 프로그램을 보면 어디에 역점을 두고 교사 교육을 했는지 알 수 있다. 1999년 1월부터 14기 공동육아 어린이집 교사 교육 과정(이하 '현장학교')에 「생태마당연구소」 유창희 소장의 '환경 생태 이론' 강의가 여러 차례 있었고, 이듬해 현장학교에서는 「한눈박이 생태기행」 심상옥 대표의 강의가 1박 워크숍 형태로 있었고, 1기에 2회씩(계곡 나들이, 산 나들이) 체험 · 야외 학습이 시행되었다(공동육아연구원, 2000).
  2002년에는 교보생명 '환경 교육 프로젝트'에서 기금 지원을 받아 '모둠 안내자'라는 이름으로 공동육아 내부의 생태 전문가 양성을 위한 생태 나들이 교육을 1년 과정으로 시행하기도 했다. 이 교육을 받은 교사들은 현재까지 후배 교사들의 생태 나들이 교육을 담당하여 공동육아의 생태 교육 발전에 기여하고 있다.

나들이는 아이들로 시작해 마을 구성원 모두의 생활 공동체를 이루어 내는 과정의 출발점이다. 골목이나 놀이터, 공원에서 산이나 갯벌로, 생태 탐사나 유적지 탐사로, 생태 교육이 역사 교육으로 이어지고 확장되었다.

과 관계 맺기, 인간과 관계 맺기를 나들이로 이루고자 한다. 나들이는 아이들로 시작해 마을 구성원 모두의 생활 공동체를 이루어 내는 과정의 출발점이다. 골목이나 놀이터, 공원에서 산이나 갯벌로, 생태 탐사나 유적지 탐사로, 생태 교육이 역사 교육으로 이어지고 확장되었다.

공동육아의 나들이는, 내용에 따라 '자연 나들이', '생태 나들이', '문화 나들이', '지역 사회 나들이', '역사 나들이' 로 구분하여 그 의미와 발전 과정을 살펴볼 수 있다. 이 글에서는 산어린이집(이하 '산집')의 경험을 중심으로 아이들은 자연 환경과 지역 사회와 역사 문화적 유산 속에서 어떻게 성장하고 발달하는가, 공동육아 나들이의 교육적 의미를 점검할 것이다.

나들이의 의미

공동육아는 미래의 희망인 아이들이 자연의 품에서 넉넉하게 자라야 마음도 몸도 건강하게 자랄 수 있다는 믿음 하나로 굳게 뭉친 어른들이 놀이동산이 될 만한 산이 있는 곳에 어린이집을 만들고, 자치 규범을 정해 생활을 나누며, 아이들에게 자연을 돌려주는 마을 공동체를 꿈꾸며 살고 있다. 공동육아의 생태 나들이의 의미를 살펴보면 다음과 같다.

첫째, 공동체 사회를 향한 출발이다. 동네 어린이집 마당에서 시작된 아이들의 작은 발걸음이 모여서 어른들의 생활 공동체로 이어진다. 아이를 키우기 위해 소박하게 모인 어른들이 '모여 삶'의 필요를 절감하고, 하나 둘 이사 와서 마을 주민으로 정착해 생활 공동체를 일구고 있다.*

둘째, 나들이는 교육의 가장 중요한 요소 중 하나인 아이들의 자발적 학습 동기를 잃게 하지 않는다. 아이들은 스스로 바르게 성장하려는 욕구가 있다. 교육이라는 미명 하에 아이들에게 연령에 걸맞지 않은 과제를 부여하고 옥죄어서 타고난 학습 의지와 자발성, 능동성, 탐구력을 잃게 하지 않는 것이 중요하다. 아이들은 나들이를 하며 스스로 묻고 찾는다. 아이들은 백지 상태가 아니라 아이들을 둘러싼 주변 세계가 백지다. 아이가 스스로 탐색하여 의미를 부여할 때 비로소 아이를 둘러싼 세계는 의미 있는 세계가 된다. 즉, 생태 나들이는 아이들이 스스로 앎의 방식을 찾는 과정이라고 할 수 있다.

셋째, 나들이를 다니면서 아이들은 자연스럽게 환경 문제에 관심을 갖

---

* 서울시 마포구에는 공동육아 어린이집 세 곳, 방과후 두 곳이 있다. 이곳에서는 공동육아 조합원들을 중심으로 마포두레생활협동조합, 동네부엌(유기농 반찬가게), 차병원(카센터) 등을 만들어 육아에서 출발해 생활 공동체로 나아가고 있다. '성미산 살리기 운동'을 통해 세상에 널리 알려진 바 있다.

게 된다. 오늘날 환경오염이 날로 심각해지고 있다. 매일 생물이 한 종씩 지구상에서 사라지고 있다. 환경 문제는 이제 오염과 훼손을 넘어, 보존과 복원까지 전 지구적 차원에서 가장 심각한 문제가 되었다. 현재 세계 경제의 출현과 과학·기술의 점증하는 지배력은 자연에 대한 우리들 상호간의 관계를 단절시킬 뿐만 아니라 자연 및 문화의 다양성을 파괴하고 있다. 그리하여 우리는 우리 생명을 파괴하고 있다. 자연 세계에서 다양성은 생명의 불가피한 현실이다. 우리는 아주 '하찮은' 곤충이나 풀도 우리 생존에 중요할 수 있다는 사실을 이제 막 발견하기 시작하고 있다. 우리가 동물과 식물의 종을 놀랄 만한 속도로 말살하고 있다는 사실은 실로 중차대한 문제가 되었다(헬레나 노르베리-호지, 1996).

넷째, 나들이에서 아이들은 경험과 통합된 인식을 하게 된다. 나들이는 교실이라는 좁은 환경에 제한하지 않고 자연과 사회라는 좀 더 구체적이고 현장감 있는 환경을 제공한다. 그래서 호기심 많은 아이들은 자기가 사는 동네를 걸으며 돌아보고 사회를 탐색하는 것에서부터 가까운 뒷산에 어떤 벌레가 사는지, 철따라 무슨 꽃이 피고 지는지 탐색하며, 온몸을 이용하여 놀이를 하며, 감각과 개념을 통합해 인식을 확장한다. 잠자리를 좋아하고 노린재를 관찰하던 아이들은 그들의 안녕을 염려한다.

다섯째, 나들이는 지역의 역사에 대한 관심과 문화적 소양을 키워 준다. 나들이는 자기가 살고 있는 지역의 자연과 인간관계에 애착을 갖게 한다. 아이들이 나들이를 하는 장소는 주변 산에 머무르지 않는다. 짧게는 공원, 놀이터, 시장, 학교 등 걸어서 갈 수 있는 곳이 있고, 조금 길게 잡으면 대중교통을 이용하여 미술관, 박물관, 전시장, 아동 극장 등 문화를 향유할 수 있는 곳으로 가기도 한다.

우리가 바라보는 산이나 동식물에는 수없이 많은 이야기와 노래, 민중들의 생활사가 녹아 있다. 이런 문화적인 요소를 이해하고 읽어 낼 수 있는 문화적 능력을 갖출 때 자연과 역사, 문화가 함께 어우러지는 참된 의미의 통합교육이 가능할 것이다. 현재 공동육아에서는 물론이고 일부 초등학교 교사들도 이런 노력을 기울이고 있다. 아침에 한두 시간의 나들이로 하루를 시작하고 거기서 얻은 경험을 바탕으로 하루 교육 과정을 구성하는 것이다. 꽃과 나무에 대한 이야기와 느낌은 국어, 미술 교육의 바탕이 되고, 동식물을 보고 노래했던 것은 음악 교육으로 연결된다. 나들이 과정에서 발견한 쓰레기 처리 문제는 사회 교과의 내용이 되고, 구체적인 관찰은 자연 교육의 바탕이 된다. 「마을공동체교육연구소」의 문재현 소장은 이 과정이 가장 중요한 교육, 즉 자기가 살고 있는 지역의 자연과 인간관계에 대한 애착 형성이라고 설명한다.

오감 여행을 떠나다

나는 생태 나들이를 다니면서 수백만 년 동안 인간이 가장 많이 했던 동작인 걷기를 새롭게 느끼곤 한다. 걷다 보면 오감이 다 살아나는 듯하다. 수백만 년 진화의 역사에서 인간은 주로 걷거나 뛰었다. 나들이는 인간의 건강과 사고 능력을 키우는 데 가장 중요한 활동이다. 나들이 다니면서 아이들은 온몸으로 자연을 만난다. 잔디 언덕이 있으면 미끄럼을 타고, 태풍에 쓰러진 나무등치를 만나면 균형 감각을 발달시키는 평균대 놀이를 한다. 산딸기를 따 먹으며 본래의 딸기 맛을 알게 되고, 매미 소리가 요란하면 매미를 찾느라 걸음을 멈추고 나무를 올려다본다. 이렇게 온몸의 감각을 총동원해 자연과 만난다.

초록꽃이 피었네

나들이는 거창한 목적을 두고 떠나는 여행이 아니라 매일의 짧은 여행이라서 일상의 평이함과 함께 그 안에는 지속적인 자연의 변화와 다양한 자연 현상이 펼쳐진다. 작고 부드럽기만 하던 연초록의 어리고 작은 잎들이 다 자라 무성해진 산길에서 아이들은 달라진 나뭇잎의 색깔과 크기를 자기 손과 대 보며 나무의 성장을 느낀다. 또 매번 다니던 산길이 이른 봄 노루귀꽃에서 진달래꽃으로, 또다시 연보랏빛 싸리꽃으로 바뀌는 것을 보며 생태계 변화를 경험하고 발견한다.

아이들은 이런 자연을 어떻게 인식할까? 특히 소근방(24-30개월) 아이들은 식물 각각의 이름보다는 노란꽃, 하얀꽃, 보라꽃, 분홍꽃이라고 부르며 색깔로 기억한다.

교사 얘들아, 노란꽃은 어디 있나?
아이들 모두 동신아파트 울타리의 개나리로 뛰어간다.
아이들 여기!
아이들이 가리킨 개나리엔 노란 꽃은 거의 사라지고 초록의 잎이 뒤덮여 있었다.
준석 (개나리를 들여다보더니) 노란꽃이 없어지고 초록꽃이 피었네.
— 소근방(2004.4)

아이들에겐 초록색 잎도 초록꽃으로 보인다. 개나리꽃이 떨어지고 그 자리에 돋아난 연초록의 잎사귀를 보고 아이들은 변화를 느낀다. 노란꽃이 떨어지고 초록꽃이 피었다고 나름대로 식물의 변화를 느끼고 해석한 것이다. 영아들이 사물을 파악할 때, 잎이나 꽃의 모양에 따른 분류 개념이 아직 형성되어 있지 않으므로 색채가 주는 선명함을 더 빨리 이해한다.

아이들에겐 초록색 잎도 초록꽃으로 보인다. 개나리꽃이 떨어지고 그 자리에 돋아난 연초록의 잎사귀를 보고 아이들은 변화를 느낀다. 노란꽃이 떨어지고 초록꽃이 피었다고 나름대로 식물의 변화를 느끼고 해석한 것이다.

개나리 먹어도 되나요

우리 조상들에게 봄은 먹고살기 힘든 보릿고개였다. 그러니 산이나 들에 나는 꽃이나 풀을 구분할 때 먹을 수 있는 것인지 아닌지가 제일 중요했을 것이다. 그래서 자연의 수많은 식물 중에도 사람들에게 잘 알려져 있는 꽃이나 풀들은 먹을 수 있는 것들이 많다.

먹어 본다는 것은 가장 강렬한 만남이다. 보는 것에서 그치지 않고 아이들은 맛보기를 원한다. 이른 봄에 나는 수없이 돋아나는 냉이나 쑥, 민들레를 뜯어다가 나물도 해 먹고 떡도 해 먹는다. 지금 아이들도 나들이를 가서 찔레 순이나 아까시꽃, 며느리배꼽잎 등 먹을 수 있는 것들을 알려 주면 서로 먹어 보겠다고 야단이다. 그중에서도 진달래꽃은 그냥 따

먹기도 하고 만개했을 땐 화전도 해 먹었다. 진달래꽃을 먹어 보고 그 꽃으로 머리 장식을 하며 놀았던 아이들은 어른이 되어서도 그 향긋한 단내를 기억할 것이다.

아이들과 진달래, 제비꽃, 꽃다지꽃, 냉이꽃을 따다가 식탁을 차려 보았다. 아이들보다 교사들이 행복해 하긴 했지만, 아이들은 그 기억을 떠올리며 올해는 쑥 샐러드를 해 먹자고 제안했다. 맛있게 먹어 본 기억은 어느 감각보다 행복하게 오래 남는 것 같다. 규진이의 제안에 따라 쑥과 양상추, 방울토마토 등을 넣고 샐러드를 해 먹었다. 그리고 터전 마당 한쪽 밭을 아무도 개간하지 않도록 하고 야생초 씨앗들이 저절로 날아와 살도록 했다. 그러자 그 땅의 식생에 맞는 풀씨들이 날아와 알아서(!) 잘 살고 있다.

준택 나는 진달래가 너무 좋아.

세연 (주먹 가득 따온 진달래를 내밀며) 용화한테도 진달래 보여 줘요.

은별 (진달래 세 잎을 내밀며) 용화 아줌마도 진달래 먹어 봐요.

유림 개나리도 먹자.

"옹골찬 아이들이 개나리를 먹자는데요. 개나리 먹어도 되나요?" 용화 엄마의 질문이다. 용화는 6세인데 아직 말을 하지 않는다. 올해 3월부터 산집에 오는데, 아직 엄마와의 애착 형성에 불안 요소가 있어서 분리가 이르다는 병원의 판단에 따라 엄마가 나들이를 함께하고 있다. 그런데 나들이 중에 아이들이 개나리를 먹자고 해서 엄마가 순간 고민이 되었나 보다. 그 질문을 받고야 우리는 개나리꽃을 먹어 보았다. 예상한 대로 쓰다. 아이들은 거두절미하고 "맛이 없다"고 한다. 진달래처럼 달았다면 춘궁기에 먹는 꽃으로 이미 이름이 나 있을 것이다. 약간의 독이 있어서 많이 먹으면 해롭지만 한두 잎 정도 맛보는 것은 괜찮을 것이라고 말씀드렸다. 개나리로 술도 담고 약으로도 쓴다고 하니 자연에 있는 것은 모두 존재의 의미가 있는 것이다.

　사계절 산으로 나들이를 가므로 진달래가 겨울눈을 하고 있을 때부터 아이들과 함께 관찰을 한다. 진달래에 분홍빛 꽃봉오리가 맺히면 뒷산엔 벌써 노루귀가 피고, 생강나무와 산수유가 꽃망울을 터뜨린다. 진달래가 한참 피어날 때는 아이들과 나들이 가서 꽃구경도 하고 진달래에 얽힌 이야기도 들려준다. 꽃 이야기는 대개 슬픈 전설이 있어서 너무 강조하면 가족들과 오순도순 행복하게 살고 싶은 유아들의 마음이 즐겁지가 않다. 그럴 땐 다시 꽃으로 태어나 사람들을 기쁘게 한다는 이야기에 초점을 맞추어 이야기를 들려준다. 그러다가 꽃그늘 아래에서 사진도 찍고, 진달래 관찰 그림도 그렸다.

식물들도 소리를 낸다

　숲은 작은 동물들의 안식처와 보금자리가 되며 인간들에겐 휴식과 안정감을 준다. 성주산에서 자주 보는 직박구리, 까치, 참새 같은 새들의 소리와 초여름이 되어야 들리는 뻐꾸기 소리, 그리고 봄에 들리는 종다리 소리는 나들이를 더욱 즐겁게 만든다. 숲 속에서 눈을 감고 귀를 기울이면 온갖 새 소리, 물 소리, 바람 소리, 벌레 소리가 들린다. 아이들은 눈을 감고 무슨 소리가 들려오는지 귀를 쫑긋해 본다.

　식물들도 소리를 낸다. 봄에는 나무들도 힘차게 새 움을 틔우기 위해 생명 운동을 한다. 나무에 청진기를 대면, 뿌리를 통해 물관에서 수분을 흡수하는 소리가 들린다.* 어느 날, 청진기 두 개를 주머니에 넣고 '옹골

---

* 정운모 시인의 「나무」는 좋은 생태 동시다. "나무는 청진기 새들이 귀에 꽂고 기관지가

찬' 아이들과 함께 성도약수터로 향했다. 성도약수터 주변은 아까시나무와 참나무, 리키다소나무가 주류를 이루고 있다. 두 명씩 짝을 지어서 나무의 소리를 들어 보았다. 아이들은 진지한 표정으로 나무를 만지며 바라보기도 하고 눈을 지그시 감고 소리를 듣기도 한다. 눈을 감으면 소리가 더 잘 들린다는 것을 아이들은 알고 있다. 소리가 잘 들린다는 것은 얼마나 고마운 일인가. 아이들은 안 들리는 나무의 소리도 다정한 친구가 날 사랑한다고 하는 소리로 들을 줄 아는 상상력이 있다.

승현이는 제법 굵은 아까시나무 기둥에 청진기를 대 본다.

교사 들려?

승현 응!

교사 뭐라고 해?

승현 음~ 날 사랑한대.

— 옹골찬방(2003.10)

오감 여행을 다녀와서 하는 활동

나들이를 다녀오면 아이들은 오후에 나들이와 연계된 활동을 한다. 나들이에서 오감을 활용하여 보고, 듣고, 냄새 맡고, 먹어 보고, 온몸으로 느낀 것, 그리고 재미있게 놀았던 경험을, 창의력을 발휘해 그림이나 동작으로 만들고, 언어로 표현하거나 표상 활동을 통해 다양하게 재구성하는

나쁜 지구의 숨결을 듣는다." 산집에서는 당시 청각 장애가 있는 아이가 있어서 소리의 중요성을 더욱 크게 느낄 수 있었던 것 같다.

시간을 갖는다. 특히 미술 활동은 흙 작업, 먹 작업을 비롯하여 그림물감, 사인펜, 크레파스, 파스텔, 붓펜 등 재료와 방법을 다양하게 이용해 표현·표상 활동을 하고 있다. 아는 것과 표현하는 것을 연결해야 창의력이 생긴다. 교사들은 아이들의 작품을 다른 교사들과 부모들, 아이들이 볼 수 있도록 어린이집 벽이나 홈페이지에 게시한다. 미술 교육을 잘하기 위해 교사들은 미술 전문가와 함께 1년 계획으로 미술관, 전시관 나들이를 비롯한 매체 활용 교육을 받고 있다. 경험의 재구성은 아이들에겐 감각과 인식의 통합을 통해 인지를 발달하게 하고 자신감과 성취감을 얻게 한다.

벚꽃이 몽실몽실 피어나는 그림

아이들이 즐겨 하는 표현 활동으로는 그림과 언어가 단연 우위를 차지한다. 접근하기 쉽기 때문일 것이다. 아이들의 그림을 터전에 전시해 주면 부모나 다른 교사를 만났을 때 열심히 설명한다. 수시로 자유 놀이 시간에 그리는 그림은 엄마나 친구들에게 선물로 주기도 한다.

성주산으로 봄꽃 관찰을 나갔다. 매일 그냥 맨몸으로 나들이 나가다가 스케치북을 들고 봄꽃들을 그리러 간다고 하니 서로 들고 가겠다고 했다. 목련, 진달래, 벚꽃, 명자나무, 제비꽃이 흐드러지게 피어서 아이들을 맞았다. 아이들은 자기가 그리고 싶은 꽃 아래에 가서 자리를 잡았다. 지선이, 현진이, 형준이는 벚꽃을 그리고 싶다고 해 가까이 보고 그리라고 꽃가지 하나를 꺾어 주었다. 발달이 조금 늦은 휘교는 그저 빙긋이 웃고만 있다. 산에, 꽃 속에, 그냥 있기만 해도 좋은데 뭘 그리라는 거냐는 듯. 하긴…. 그래도 그려 보라고 하니 붓과 팔레트를 손에 잡는다. 이랑이, 정환이, 가람이는 흰 목련을 그리기로 했다.

"자기가 그리고 싶은 꽃이 어떻게 생겼나 잘 관찰하고, 천천히 마음을 모아서 정성 들여 그려야 돼. 그림을 그릴 땐 말을 많이 하면 마음이 달아 나" 하고 설명한다. 오늘의 수작은 단연코 정환이 그림이다. 흰 목련을 그렸는데 화면 가득 꽉 차게 목련 한 송이를 그려 놓았다. 흰 목련이 핀 세 그루의 나무가 있었는데 나무마다 우윳빛 흰색, 푸른빛이 도는 흰색, 누런 흰색 등 빛깔이 다 다른데, 정환이는 푸른빛과 노랑 기운이 감도는 풍성한 목련을 탄생시켰다. 화면을 가득 채우고도 절제된 이미지가 피카소를 닮았다. 아이들이 피카소를 닮은 건지 피카소가 아이들을 흉내 낸 건지 알 수 없지만 중요한 것은 그들이 서로 통했다는 사실이다. 그것은 피카소가 아이들 같은 맑은 영혼의 소유자이기에 가능했을 것이다.

지선이는 화가가 되려나. 오늘도 화사한 벚꽃가지에 몽실몽실 피어나는 탐스러운 벚꽃을 그려 놓았다. 현진이 벚꽃은 흰빛이 너무 솔직하여 아무 눈에나 보이지 않는다. 한들이는 일찍 보라 빛깔을 만들어 제비꽃 한 송이를 그렸다. 한들이에게 "보라색을 어떻게 만들었냐?"고 묻던 지민이는 고개 숙인 제비꽃이 너무 어렵다면서 활짝 핀 듯하면서도 수줍은 제비꽃 두 송이를 그렸다. 터전에서 상상해서 그릴 때보다 자연에서 실제로 꽃을 보며 그리면 더 생생한 그림이 나온다. 이랑이의 목련은 이파리의 곡선이 살아 있다. 형준이의 벚꽃은 단아한 빛깔이 아름답다. 가람이의 목련도 화사한 분위기가 살아 있다. 석헌이는 깁스한 손으로 제법 명자꽃 모습을 표현했다. 혜원이와 승현이와 휘교는 개성 있는 추상화를 그렸다. 실물을 보며 추상화를 그리는 것도 아이들이다. 다른 아이들의 그림도 "이것이 목련이야"라고 말해 주어야 목련꽃이 피어난다.

— 긴나들이(2004.4)

진달래 화전은 꿀맛이야

진달래가 지천으로 피어나는 삼월 삼짇날 무렵의 나들이에서는 막 떨어진 진달래꽃을 줍거나 만개한 꽃을 따온다. 그리고 방앗간으로 나들이 가서 쌀을 빻아다 진달래 화전을 만들어 먹는다. 아이들이 둥글게 빚은 찹쌀 경단을 프라이팬에 살짝 구워서 한 번 뒤집고 진달래 꽃잎을 얹어서 한 번 더 지져 낸다. 아이들은 화전이 되는 전 과정을 함께하니 진기한 경험이라도 하는 양 흥분과 호기심으로 뜨거운 화전을 호호 불며 먹는다.

"너무 맛있어! 꿀맛이야."
"맛있어!"
"우리 엄마도 줘야지."
"맛이 뜨거워!"
"쫄깃쫄깃해."

진달래 화전을 만들고 나서 아이들과 교사는 함께 나눈 이야기를 동화로 꾸미기도 한다.

나는 여름에 꽃이 피는 과일

동작 활동은 아이들의 온몸 감각을 이용하여 표현하는 통합적인 활동이다. 아이들에게 텃밭에서 본 식물들의 모습을 몸으로 표현해 보자고 했다. 음악을 들려주니 하나 둘 음률에 맞춰 몸을 움직인다. 아이들은 발레를 하기도 하고, 개구리와 토끼, 꽃게 등을 흉내 내며 무척 즐거워했다. 씨앗의 성장 과정을 몸으로 표현해 보기로 했다. 먼저 씨앗 한 알이 되어 바닥에 웅크렸다가 싹이 나오고, 꽃이 피었다가 지고 나서 열매가 맺고, 그 열매 속의 씨가 다시 내년을 기약하기까지의 과정을 몸으로 표현했다.

씨앗이 된 준택이가 "어, 씨가 지금 시들고 있어. 물을 안 먹어서" 하며 싹이 되기까지 필요한 요소를 알아차리기도 하고, 다들 꽃이 피었다는 동작을 만드는데 규진이는 "난 지금 꽃이 안 피었어. 왜냐면 여름에 꽃이 피는 과일이거든" 하면서 독창적인 말을 꺼내기도 한다. 수정은 나비가 된 들꽃(교사)이 도와주기로 했는데 나비가 꽃 속의 꿀을 빨아먹는 장면이 재미있었단다. 열매 모습도 기발하게 잘 만들어 낸다. 호박과 수박은 누워서 팔로 다리로 잡아 동그란 형태를 만들고, 오이는 선 채로 길게 손을 위로 뻗어서 긴 형상을 만든다. 자두 모습은 머리 위에 하트 모양을 만들어 비슷하게 하고. 정말 다양한 아이디어들이 즉흥적으로 쏟아져 나오는 순간이었다.

'콩나뭇잎'에서 '콩'의 모습이 보일 때까지
나들이 길에 골목길 화분의 콩잎을 보며

앵두(교사) 이게 콩이래.

한남 (화를 내며) 콩 아니야, 나뭇잎이야. 콩, 집에 있어.

앵두 그렇구나, 이 잎이 자라면 꽃이 피고 열매가 열리는데 그게 콩이 된대.

한남 (더 화를 내며) 아니야, 나뭇잎이야.

옆에서 다 듣고 있던 준석

준석 이거 앵두, 콩나뭇잎이야.

아이들은 자연을 체험하고 인식하는 데 눈, 손, 코, 입, 귀 등 온몸의 감각을 동원한다. 그리고 그 느낌을 살려 언어로 표현하고, 느낌을 몸에 저장한다. 소근방 영아들도(한남 25개월, 민규 26개월, 준석 30개월) 매일 나들이를 한다. 나들이 하다가 새로운 것을 보게 되는 아이들은 인식의 갈등을 겪으며 변화한다. 주택가 골목길 집밖에 내다 놓은 화분에서 콩잎을 관찰하며 아이와 교사는 이야기를 했다. 콩만 알고 콩잎은 처음 보는 아이는 자기가 알고 있는 콩 개념에 혼란을 일으키고 콩이 아니라며 완강하게 거부한다. 군이 피아제 개념으로 설명하자면, 동화와 조절이 안 되는 모양이다. 또래 아이들 가운데 월령이 몇 개월이 빠른 아이는 교사와 또래의 실랑이를 보면서 나름대로 '콩나뭇잎'이라 절충안을 냈다. 또래 관계에서 자연 사물을 협력적으로 인식하며 지식을 구성해 나가는 모습을 볼 수 있었다. 콩잎이 누렇게 변하고 '콩나뭇잎'에서 '콩'의 모습이 보일 때까지 아이들과 교사는 관찰과 대화를 계속하게 될 것이다.

생명체와 관계 맺기

나들이를 다니면서 자연과 어떻게 관계를 맺을까 고민했다. 아이들은 자연물로 재미있는 놀이를 하거나, 자신만의 추억이 있는 곳에 의미를 부여했다. 곤충은 그런 대로 흥미를 보였으나 식물과 관계를 맺기는 쉽지 않았다. 처음엔 방별로 나무를 한 그루 정해 변화를 관찰하고 표현해 보았다. 사계절 크게 변화가 없는 느티나무를 관찰하면서도 아이들은 나름대로 애착을 가졌다.

야생초는 내 친구

2003년에는 7세 아이들이 저마다 자기 식물을 정해 지속적으로 관찰하기로 했다. 이때 각자 관찰하기로 정한 식물의 이름을 자기 별명으로 만들어 부르기 시작했다. 한들이는 노루귀, 현진이는 꽃마리, 지윤이는 진달래가 되었다. 아이들은 자기가 직접 만든 이름표를 식물에게 붙여주고 그 식물의 한해살이를 관찰하기로 했다. 아이들은 자기가 만난 나무나 꽃에 대해 생각하기 시작했다. 식물에 대한 애착이 형성된 것이다.

"내 노루귀는 먼 곳에 있어. 잘 있는지 모르겠어. 꽃이 얼마나 예쁘다구." 텃밭에서 쑥을 캐며 한들이는 노루귀 있는 곳이 멀어서 날마다 보기 어렵다며 걱정스런 얼굴을 했다. 관계 맺고 있는 것은 언제나 마음이 쓰이게 마련이다. 아이들은 자신과 관계를 맺은 식물들을 관심 깊게 책임감을 갖고 관찰하면서 어느새 자신의 일부로 느끼기 시작했다. 그러다가 어린이집이 이사를 하게 되었다. "여기, 내 이름이 적힌 이름표를 걸어 두고 갈 테니까 나라고 생각하고 자주 못 오더라도 잘 있어" 하고 식물에게 정감이 어린 당부를 하고 옛 터전을 떠나는 아이도 있었다.

아이들의 이런 마음 때문에 옛 터전에 정기적으로 나들이를 다시 가지 않을 수 없었다. 우리는 이 나들이를 '고향길 나들이'라 부른다. 마치 명절날 귀성객처럼 들떠서 아이들은 나들이를 나서고, 저희들의 추억이 어린 곳에서 걸음을 멈추고 길지도 않은 옛날을 회상하는 아이들의 표정은 자못 진지하다.

하늘나라로 가 버린 개미

아이들에겐 텃밭의 무당벌레, 지렁이 한 마리도 관찰 대상이다. 나들이할 때마다 아이들은 "날개 달린 개미는 여왕개미!"라며 바닥에 엎드려 개미 세계에 관심을 나타냈다. 아이들의 흥미가 높아짐에 따라 7세 방에서 개미를 기르기로 했다. 간판 집으로 나들이를 가서 개미집을 투명 아크릴판으로 만들어 달라고 주문하고, 완성된 개미집에 보드라운 흙을 담고, 개미를 데려와 길렀다. 책에 적힌 대로 검은 천을 덮고 먹을 것과 물을 넣어 주었다. 아이들에게 이제 우리 개미들도 멋진 굴속 같은 집을 짓고 여왕개미가 알을 낳아 기르고, 일개미는 아기들을 돌보고 병정개미는 집을 고치는 '개미 나라'를 구경하게 될 거라고 꿈에 부풀어 이야기해 주었다. 그런데 개미들은 사흘 만에 무참히 하늘나라로 가 버렸다. 자연에서 잘살고 있는 생명을 인간이 일방적으로 사육하려 들었으니 그들은 목숨을 다해 저항한 것이다. '교육'이라는 명분으로 다른 생명을 함부로 대한 것은 아닌지 반성했다. 하늘을 향해 다리를 말아 올린 움직임 없는 개미의 죽음을 보면서 앞으로 어떤 생명이라도 쉽게 키워 보자고 말하지 못할 것 같았다. 생명을 키우는 일은 얼마나 섬세한 보살핌을 필요로 하는 일인가 다시 한번 돌아보게 되었다. 생태학의 관점에서 보면 개미 목숨이나 사람 목숨이나 같은 생명이다.

> **한들** 다 죽었어. 한 마리는 남아 있어.
>
> **석현** 가엽기도 하다. 가엽다. 다 죽었어.
>
> **교사** 왜 죽었을까?
>
> **혜원** 벌레들이 음식을 나르려고 하다가 벽에 부딪쳐서 죽은 것 같아. 여왕개미랑 일개미 한 마리는 일을 안 해서 살아남은 거 같아.
>
> **이랑** 개미가 불쌍해. 스트레스 받아서… 개미가 자기 집에 살고 싶어서… 개미들 밖에서 잘살잖아. 밖에서 살고 싶은데 안에서 살고 있어서.
>
> **석현** 우리 아빠도 스트레스 받았어. 일도 많이 하고 늦게 오고 그래서…
>
> — 쇠뜨기방(2004.5)

텃밭 가꾸기와 벼농사

공동육아에서 아이들과 생태 교육을 실천하는 방법에는 나들이 외에도 텃밭 가꾸기, 동물 기르기(현재 산집에는 플래미시 자이언트 종의 토끼 한 마리가 있음), 벼농사가 있다.

텃밭에서 생명의 느낌을

아이들은 텃밭으로 나들이하기를 좋아한다. 방울토마토나 오이, 가지 등 따서 바로 먹을 수 있는 것도 있고, 무당벌레를 비롯해 온갖 벌레들도 많기 때문이다.

대부분 공동육아 어린이집에서는 터전 마당에 작은 텃밭을 마련해 사계절 채소를 심기도 하고, 텃밭이 있는 동네에 위치한 어린이집에서는 지역 주민들에게 협조를 구해 텃밭을 임대하기도 한다. 산집은 후자의 예다. 어린이집이 소사동에 있을 시절에는 지역의 야산을 관리하던 분이 3년 동안 우리를 지켜보더니 200여 평의 산밭을 아이들과 같이 농사지으라고 어린이집에 내주었다. 산밭에 봄상추, 가을상추에 감자, 옥수수까지 푸짐하게 농사지어 잘 먹고, 가을에는 배추 100여 포기를 거두어 아이들과 김장을 해서 겨우내 잘 먹었으니 제법 텃밭 가꾸는 보람이 있었다. 송내동으로 이사 와서도 텃밭부터 알아보았다. 다행히 동네 할아버지 한 분이 애지중지하는 밭을 우리에게 빌려 주셨는데, 기름진 흙이 있는 제대로 된 밭이었다. 올해도 감자를 상당량 수확해 잘 먹었고, 고구마도 심어 두었다. 텃밭 가꾸기는 아이들과 교사들만의 힘으로는 어림도 없는 일이다. 밭을 갈고, 거름 뿌리고, 고추와 오이에 지지대를 받치는 일들은 아빠들이 주로 맡았다.

텃밭은 아이들에게 어떤 의미가 있을까? 아이들에게 텃밭은 '생명의 느낌'을 알게 한다. 고사리 같은 손으로 '묵은 감자를 칼로 썰어' 만든 씨감자를 심고, 흙을 덮어 주고, 감자가 싹이 트기를 오매불망 기다린다. 이런 느낌을 바버라 맥클린톡은 "싹이 나올 때부터 그 식물을 바라보잖아요? 그러면 나는 그걸 혼자 내버려 두고 싶지 않았어요. 싹이 자라는 과정을 빠짐없이 관찰해야만 나는 정말로 안다는 느낌이 들었어요. 내가 밭에다 심은 옥수수는 모두 그랬어요. 정말로 친근하고 지극한 감정이 생겼어요. 식물들과 그렇게 깊은 관계를 맺는 게 나한테는 큰 기쁨이었지요" 하고 표현했다(켈러, 2001). 우리 아이들의 마음이 바로 이럴 것이다.

아이들이 여러 해 텃밭에서 무당벌레랑 지렁이랑 흙 주무르고 노는 동안 텃밭의 채소가 어떤 과정을 거쳐 우리 식탁을 풍성하게 하는지, 인간과 자연의 관계는 어떠해야 하는지 몸으로 체득한다.

텃밭에 가서 감자를 심어 보기도 하고, 씨감자에 난 씨눈에 대한 설명을 듣고 씨감자를 씨눈에 맞춰 잘라 본다. 감자 심은 다음 날 물통을 들고 목말라 할 씨감자에게 물을 주러 텃밭을 찾아서 물을 주고 돌아왔다.

규범 감자야, 목마르지? 우리가 물 줄게.

규진 감자야, 쑥쑥 자라라. 우리가 너희 먹여 줄게.

규범 감자가 물을 주니까 시원하다고 그랬어.

정민 감자가 물 많이 먹어서 오줌 싸겠다.

유림 꽃 피려고 그래.

규진 감자가 답답할 것 같아, 땅속에 있어야 되니까. 어둡잖아.

― 옹골찬방(2004.4)

오늘은 텃밭에 가서 고구마 싹을 잘라서 심었습니다. 비가 온다고 했는데 오지 않아서 마른땅에 고구마를 심었지요. 늦게 텃밭 할아버지가 나타나셔서 물을 뿌려 주셨습니다. 감자는 잎의 무게를 견디지 못하여 드러누운 가지들이 많아졌습니다. 감자가 저렇게 생겨서 어쩌느냐는 물음에 할아버지는 "다 그렇게 되는 거요" 하고 답했습니다. 감자밭을 살피던 한들이가 감자 이파리에 갈색 노린재가 알을 낳은 것을 발견하였습니다.

"알이다! 노린재가 알을 낳았어! 이것 봐, 정말 예쁘다." 아이들이 떼거지로 몰려왔습니다.

"어디, 어디?" 아이들이 잘 볼 수 있게 감자 잎을 따서 넓은 곳으로 나와서 아이들이 보게 했습니다.

"노린재 암컷이다." 너도나도 들여다봅니다. 노린재 어미는 좁쌀 같은 하얀 알을 노린재 등 모양의 무늬처럼 줄 맞춰서 나란히 낳아놓고 그때까지도 날아가지 않고 알들을 지키고 있었습니다. 다닥다닥 붙어 있는 알을 지키고 있는 어미의 모습은 숙연하기만 합니다. 신비롭고 경건합니다. 그러나 아이들이 큰 소리로 이야기하고, 이 손 저 손으로 잎사귀에 붙은 알들이 옮겨지니 결국 노린재 어미는 자기 새끼를 포기하고 날아가 버렸습니다. 아이들의 흥미도 시들어지고 잎을 잡고 있는 한들이가 묻습니다.

"이제 이 알들은 어떡하지?"

"우리가 너무 들여다봐서 이 알들은 엄마를 잃어버린 거야. 애들은 이제 어떻게 살 수 있을까?"

"나는 눈물이 나올 것 같아." 한들이는 정말 눈가에 이슬이 맺힙니다.

"그럼, 여기 감자밭에 노린재 어미가 찾아와서 돌볼 수 있게 놓아두자."
감자밭 사이에 노린재 알을 두고 나오면서 감자 잎을 괜히 따서 아이들 보여준 게 아닐까 생각이 듭니다. 어쩌면 저 잎만 싱싱하게 살아 있어도 저 잎을 먹고 알들이 자랄지도 모르는데, 어쩌면 어미가 와도 알들을 살릴 수 없을지도 모른다는 생각이 듭니다. 우리는 너무나 인간 위주로 사는 것은 아닐까요.

— 교사 일지(2004.6)

텃밭 가꾸기는 아마들의 도움이 많이 필요한 활동이다. 밭 뒤집기, 거름 뿌리기 등 힘이 드는 일들은 아마들의 땀으로 이루어진다. 아이들은 씨앗 뿌리기, 텃밭에 물 주기, 열무 솎기, 상추·깻잎·고구마 줄기·고추 따기 같은 일을 즐거워한다. 특히 감자나 고구마를 캘 때는 흥분에 휩싸여 즐거워했다. 그러한 아이들과의 활동을 매월 교육 평가서에 기록하여 부모들과 공유한다.

고무 함지박 논에서 벼농사를

삼 년째 벼농사를 하고 있다. 벼를 길러 보아야겠다고 생각한 것은 광화문 농업박물관 앞을 지나면서 화분에서 버젓이 자라는 벼를 보고 나서다. 아이들이 채소는 텃밭에서 보지만 곡식이 자라는 모습은 보기가 어렵다. 아이들에게 우리가 먹는 곡식이 어떻게 생기고 자라는지 알게 해야 한다는 생각이 들었다. 벼농사는 텃밭 가꾸기를 하다가 한 단계 진화한 것이다. 처음 논을 만들어 벼를 심겠다고 얘기했을 땐 주변에서 모두들 웃었다. 그러나 지금은 공동육아 터전 여러 곳에서 벼농사를 하고 있다. 벼농사를 아예 텃밭 가꾸듯이 논을 빌려서 하는 곳도 있다. 2003년 여름 교사대회 때 벼가 잘 자라는 모습을 화면으로 발표하기도 했다. 공동육아에서는 바람직한 교육 경험을 다른 구성원들과 공유하려고 노력하고 있다.

첫해 벼농사는 그런대로 성공적이었다. 햇볕 많이 받게 하고 물만 잘 주어도 벼가 잘 자란다는 것을 알 수 있었다. 첫해 농사는 다음 해 종자거리는 된 것으로 만족스러웠다. 이듬해에는 모판을 메고 이사를 했다. 좀 늦은 모내기를 했다. 그나마 비가 너무 많이 와서 일조량이 부족했다. 혹 명나방으로 보이는 병충해까지 겪고 나니 나락은 알곡보다 쭉정이가 많았다. 그래도 아이들과 추수를 하고 시루떡을 해서 상달고사를 지냈다.

벼를 길러 보는 것은 쌀을 주식으로 하는 우리의 먹을거리에 대한 최소한의 이해와 농민에 대한 공경의 의미다. 우리는 조상 대대로 농사짓고 살던 민족이다. 우리나라의 농경문화가 언제부터 정착했는지에 관해서는 여러 설이 있지만, 벼는 오래전부터 우리 조상들 곁에 있었다. 1998년 충북 청원군 옥산면 소로리에서 출토된 볍씨는 그게 야생 벼인지 재배 벼인지 확인할 수 없으나 1만 7천~1만 3천년 전의 것으로 추정된다고 한다.

벼농사는 혼자 하지 못한다. 예전에 모를 심을 땐 노동요로 마음을 모으고, 품앗이로 돌아가며 일손이 되어 주었다. 풍물을 울리며 벼를 심고, 추수를 할 때도 시루떡을 해서 잔치를 했다. 벼농사는 우리 조상들의 노동하는 즐거움과 풍물소리와 밥과 떡이 어우러진 공동체를 느끼게 한다.

올해는 커다란 고무 함지박에 여섯 통이나 된다. 그것을 여섯 마지기(!)라고 부른다. 곡우에 볍씨를 얻어다 담그고 6일 후에 싹이 튼 볍씨를 뿌렸다. 며칠 휴가를 다녀와서 오랜만에 함지박 논을 들여다보았더니 모가 나오지 않고 빈 나락껍질이 수북이 보인다. 지난주에 날씨가 춥기도 했지만 이렇게 흙을 안 덮지는 않았는데, 물을 잘 안 준 것이 아닌가 싶어 물어보니, 어쩐지, 아침마다 참새 떼가 날아와서는 쫓아야 가던 것이 이제야 이해가 된다고 한다. 그제야 첫해 모판 만들 때 비닐을 덮어 주었던 기억이 났다. 아이들에게 참새가 까먹은 벼 껍질을 보여 줄 생각은 하룻밤 지난 다음에 들었고, 비닐 씌우기에 바빴다. 오후에 열어 보니 하루 만에 모가 파릇파릇 돋아났다.

벼농사를 하면서 아이들이 즐거운 것은 논에 개구리 알과 우렁이를 키울 수 있다는 것 때문이다. 아이들은 벼 사이사이를 헤집어 개구리 앞다리가 나왔는지, 우렁이는 얼마나 컸는지 들여다보며 어느 날 벼꽃이 피고 나락이 영그는 것을 본다. 우렁이를 보며 우렁각시 이야기를 재미있게 듣고 벼꽃을 그려 보며 벼와 쌀과 밥의 개념을 알게 된다.

시중에 유통되는 먹을거리 90% 이상이 수입 농산물이라는 요즘, 자라는 우리 아이들이 적어도 밥만이라도 우리 쌀로 먹고 자랐으면 한다. 아래 글은 마당 한구석에 논을 만들어 벼농사를 하고 있는 과천 튼튼어린이집의 일지다.

물감 놀이가 끝나고 모두들 마당에 나와서 모래 놀이를 하던 중, 인이와 연수

벼농사는 텃밭 가꾸기가 한 단계 진화한 것이다. 처음 논을 만들어 벼를 심겠다고 얘기했을 땐 주변에서 모두들 웃었다. 그러나 지금은 공동육아 터전 여러 곳에서 벼농사를 하고 있다. 사진은 고무 함지박 벼농사.

가 논에 내려가 물을 한손 가득 가득 담아들고 왔다. 인이는 물 뜨느라 바지가 다 젖을 정도로 물을 조심스럽게 뜨더니 기껏 모래 마당까지 갖고 와서는 그냥 주욱 부어 버리고 만다.

연수 물 또 떠올까?

인 (고개를 끄덕끄덕)

유진 (흥분하며 큰 목소리로) 논 안 돼. 논에서 밥 나온단 말야.

인 쌀.

유진 (옆에 있는 교사를 바라보며) 별빛, 연수랑 우석이가 논에 물 뜨러 간대. 밥 나와서 그러면 안 되지~?

교사 ('사실 물을 좀 떠도 되지 뭐' 하는 생각도 들고 해서 한참을 뜸을 들이다)

조금씩만 떠서 쓰라 그러자. 논에 벼를 심으면 그게 커서 쌀이 되는 거야. 쌀로 뭐 하지?

유진·인 (아주 자신 있게) 밥!

유진 논에서 밥 나온단 말야.

논을 만든 후로 나들이 가기 전에 꼭 논을 한 바퀴 둘러보고 간답니다. 바로 다음 날 논에서 소금쟁이 류를 한 마리 발견했거든요. 뭐가 놀러오나 가 봐도 감감 무소식… 개구리 언제 놀러오나 기다리고 있답니다. 처음에는 논이라는 말도 모르던 아이들이 "따라해 봐, 논!" 이러면서 이제 논에서 쌀이 나오고 밥이 나오고 하는 걸 조금씩 기대하는 것 같아요.

— 과천 튼튼어린이집(2004.3)

나들이로 지역 사회 알기

나들이는 아이들의 신체의 대근육을 발달시킬 뿐만 아니라 사람과 자연이 공존해야 행복하다는 것을 가르쳐 준다. 아이들의 나들이는 마을 사람들과 관계를 트고 돈독히 하는 구실을 한다.

문화 나들이와 역사 나들이에는 더군다나 문화 공부와 역사 공부가 필요하다. 관련 지식을 아이들에게 일방적으로 전달하는 것이 아니라 아이들의 욕구와 흥미와 관심을 보고 그 바탕 위에서 얘기를 해 주어야 한다. 그러기 위해서 정기적이고 지속적인 활동을 통해 문화 지식과 역사 지식을 넓혀 가야 한다.

유적지 나들이

2003년 산집의 교육 목표는 '지역의 역사 알기와 생태 교육'이었다. 조상들의 역사를 아는 것은 곧 이전 사람들의 생태를 연구하는 것이다. 고

강동은 부천의 선사 유적지로서 유명하다. 일곱 살 아이들을 데리고 부천의 고강동 선사 유적지로 역사 나들이를 갔다.

일반인들로선 안내판이 없으면 흔적도 찾기 어려운 곳에서 지역의 역사학자로부터 아이들이 알아듣기 쉽게 예전 사람들이 산 쪽에 자리 잡고 살았다는 이야기, 제(祭)를 지낸 이야기, 추위를 피하기 위해 불을 발견한 이야기들을 들을 수 있었다. 이야기를 들으면서 문주는 "옛날 사람들은 다 어디 갔어요?"라고 질문했다. "옛날 사람들은 다 죽었지만 그이들이 남긴 유산을 바탕으로 현재의 우리 생활이 있다. 반달 모양 돌칼은 이렇게 잡고 곡식을 수확하는 도구다. 반달 모양 돌칼을 잡고 있는 옛날 사람들을 상상해 보자. 여기 돌화살촉이 있다. 이것은 옛날에 들짐승들이 사는 숲이 있었다는 얘기다. 숲도 있고 논밭도 있었던 옛날과 지금의 모습은 많이 다르다" 하고 아이들이 알아들을 수 있게 설명했다.

이야기를 다 듣고 난 아이들은 식사 후 쉬는 시간에 움집을 짓기 시작했다. 아이들의 움집 놀이를 보면서 한 가닥 영감을 얻어, 놀이를 고사 풍습으로 승화(?)시켜 보았다. 우리도 조상들처럼 아이들과 10월 상달 고사를 지내기로 한 것이다. 마침 함지박 논의 벼가 추수를 기다리고 있었다.

고강동 선사 유적지에서 발굴된 토기들 중에 제기(祭器)가 있는 것을 보고 아이들과 제기 만들기를 했다. 그리고 나무를 깎아 만든 오리솟대를 산집 마당에 세우고, 제물로는 생태 교육과도 걸맞은 통돼지를 마련했다. 제기와 통돼지는 종이죽에 한지를 덧붙여 만들었으므로 한 달가량 걸렸다. 아이들과 장을 봐서 막걸리와 과일, 북어와 시루떡을 준비하고 축문을 작성하여 성주산 신령님께 고사를 지냈다. "우리 아이들 건강하게 해 주시고, 엄마 아빠랑 행복하게 오래오래 살게 해 주시고, 이라크 아이들도 잘살게 해 주세요."

나들이는 지역과 관계 맺는 첫걸음

오래된 지역이 아니면 옆집에 누가 사는지도 모르는 것이 도시의 생리인데, 공동육아 아이들은 동네를 누비고 다니면서 '우리가 이곳에 산다'는 것을 홍보하고 다닌다. 바쁜 어른들이 때론 아이들의 소란함을 귀찮게 여길 때도 있지만 대부분 아이들을 만나는 것을 좋아한다.

산으로 나들이 가면서 만나는 사람마다, 또 동네에서 자주 만나게 되는 어른께 인사를 잘한다. 언젠가는 산에서 인사를 하는데 못 들으셨는지 그냥 스윽 지나가 버려서 오히려 무안해진 적도 있었다. 그래서 그 다음부터 인사할 때는 일부러 더 큰소리로 인사를 하기로 마음을 먹었다.

내려오는 길에 만난 윗집 백구네 아저씨는 아이들을 보자마자 "아니, 뭐 하러 또 왔어! 인사 안 해도 돼!" 하고 웃으며 소리를 친다.

"인사 안 해도 된대." 아이들이 멋쩍어하며 중얼거린다.

"저 아저씨가 우리를 예뻐해서 그러는 거야." 해석은 자유다.

몸부림치는 토종닭을 실어다 닭장에 집어넣는 동물농장 아저씨를 보면서 아이들은 또 반갑게 인사를 한다.

"안녕하세요!!"

"어~~. 그래"

— 쇠뜨기방(2004.5)

튀어 나가려는 닭들을 몰아넣는 바쁜 와중에도 아이들의 인사를 안 받아 줄 수 없다. 아이들은 어른들께 인사만 잘해도 칭찬을 받는다. 어른들은 인사 잘하는 아이들이 귀여워서 그 옆에 있는 교사들까지 아름답게 봐 준다. 어린이집이 어디에 위치하고 있는지 관심을 가져 주고, 과수원의 과일이 익으면 먹으러 오라고 한다. 특히 외지에서 들어온 어린이집은 소란스럽게 여겨지게 마련인데 이렇게 다정하게 대해 주시는 것도 나들이의 힘이다.

자연 환경에 대한 관심으로

송내약수터에 자주 나들이 간다. 작은 개울가를 지나가는데 지수(6세)가 멈춰 서더니 "우리 이 물소리를 눈 감고 들어 보자. 얘들아, 조용히 좀 해 봐" 하면서 물소리에 귀를 기울이는 것을 보았다. 개울물 소리를 들어 보자니! 비가 많이 와서 물이 많아지고 탁해진 것을 볼 수 있었다. 아이들은 물의 변화를 민감하게 알아차리고 물소리에 귀를 기울이고 나서 한마디씩 한다. 그동안 익히 들었던 지식과 정보를 종합해서 물의 색이 변한 것의 원인을 이야기해 본다. 물의 변화에 따라 아이들의 마음에도 다른 파장으로 물소리가 느껴지나 보다.

지수 물이 많아졌어. 사마귀처럼 거품이 일어.

규범 물이 오염되었나 봐. 사람들이 쓰레기를 많이 버려서.

산길을 올라가다 요구르트 병이 있는 것을 발견했다.

형준 저거 안 썩는 건데…

교사 그럼 산이 어떻게 될까?

형준 더러워져.

교사 그래서 어떻게 하면 좋을까?

형준 쓰레기통에 버려야 돼.

우리는 그것을 어린이집까지 가지고 와서 쓰레기통에 분리수거했다.

— 산어린이집(2004.7)

홍천으로 먼나들이를 갔다. 둘째 날 오전, 서석리 논밭을 걸어가며 생태 나들이를 했다. 마침 등에 커다란 약통을 메고 논에 농약을 뿌리는 농부 아저씨를 만났다. 호기심이 많은 혜원이는 대뜸 다가갔다.

"아저씨, 뭐 해요?"
"논에 약 뿌린다."
"그럼 잠자리도 죽어요?"
"…"
논에 약을 뿌리면 잠자리도 죽을까 봐 걱정하던 혜원이가 엄마한테 물었다.
"엄마, 사람이 먹는 게 중요해? 벌레가 먹는 게 중요해?"
"우선 사람 먹는 게 중요하고, 벌레도 있어야 사람도 사는 거지."
"근데, 왜 벌레들은 다 죽으라고 약을 쳐?"

— 먼나들이(2004.7)

이쯤 되면 아이들에게도 '생태 지수'가 있다고 할 수 있다. 나들이를 다니면서 생태적 환경의 중요성을 인식한 것이다. 산이 오염되는 것에 대해서 모둠을 했다. "산에서 오줌 싸면 안돼", "산에 쓰레기를 버리면 안돼" 하고 아이들이 경험한 대로 말했다. 그래서 깨끗한 자연환경을 보존하기 위해서 우리가 할 수 있는 것을 실천해 보자고 약속했다. 매주 월요일은 쓰레기 줍는 나들이날로 정하고 아이들과 비닐봉지를 들고 쓰레기를 주웠다. 고사리 손으로 쓰레기 줍는 아이들을 본 동네 어른들은 "아이구, 애기들이 착하네"라고 칭찬을 해 주니 으쓱하여 기분이 좋아졌다. 아이들의 이러한 체험은 쓰레기를 줍는 것보다 함부로 버리지 않는 것이 더 중요하다고 생각할 수 있는 어린이로 성장하게 할 것이라 믿어 의심치 않는다. 환경 교육은 장황한 설명보다 일상의 실천이 중요하다.

맺음말

아이들은 나들이를 다니면서 살아 있는 생명체와 만나기도 하고 작은 죽음과 직면하기도 한다. 나들이 가다가 죽은 새나 개구리를 발견하여 묻어 주기도 하고, 데려와 기르던 개미나 올챙이부터 토끼나 강아지에 이르기까지 수없이 하늘나라로 보내고 괴로워한다. 그래서 나들이 길에는 작은 꽃무덤들이 계속 피어난다. 무덤을 만들어 주고 제명대로 살지 못하게 한 것을 속죄하고 그들의 영혼을 달래 주었다. 교사들도 생태 교육을 하면서 나들이에서 부딪치는 이러한 생명들에 대한 아이들의 호기심을 어디까지 만족시킬 것인지 늘 고민한다.

생태 나들이를 하면 아이들은 자연에서 놀면서 행복한 마음을 가질 수 있고 안정된 정서를 가질 수 있다. 솟구치는 욕구를 발산하고, 또래들과 즐겁게 놀 수 있는 기회가 된다. 아이들은 여럿이 있을 때 더욱 신이 난다. 나들이에서 아이들은 적극적으로 또래와 상호 작용하면서 자기 주관성을 획득한다. 또래 친구의 소중함을 배운다. 궁극적으로 나들이를 통해 건강한 마음을 키우고 긍정적인 자아가 발달한다. 내 마음이 넉넉해지니 친구와의 관계도 따뜻하다. 사회성이 자라게 된다.

아이들은 나들이를 통하여 정서가 안정되고 사고의 질이 높아진다. 보드라운 새순이 나오면 만져 보고, 예쁜 꽃은 누가 시키지 않아도 냄새 맡아 보고, 먹는 것이라면 풀도 뜯어 먹어 보며 감각을 익힌다. 감각으로 익힌 것은 아이들의 인지 발달에 영향을 미친다.

생태 나들이를 통하여 아이들은 자연과 관계를 맺고, 자연환경에 관심을 갖게 되며, 지역 사회 공동체의 일원으로 성장해 나간다. 생태 나들이는 자연스럽게 자연과 이웃과 깊은 관계를 맺는 능력을 키울 수 있는 생태 마실이다. 생태 나들이 교육이 다른 교육 현장에도 충분히 활용되어 더 많은 아이들이 자연의 품에서 충분히 뛰어 놀면서 행복하고 의미 있는 어린 시절을 보낼 수 있었으면 한다.

참고문헌

공동육아 교사협의회(2001), 「여름교사대회 자료집」.

공동육아연구원(2000), 『코뿔소, 나들이 가자』, 또 하나의 문화.

_____(2000), 「우리 어린이집의 놀이감」, 현장학교 교사자격과정자료집 Ⅱ.

공동육아연구회(1994), 『함께 크는 우리 아이』, 또 하나의 문화.

공동육아와 공동체교육(1995), 「공동육아 이렇게 운영됩니다」 제2권 교육

나브한, 게리 폴·스티븐 트림블(2002), 『아이들은 왜 자연에서 자라야 하는가』, 김선영 옮김, 그물코.

노르베리-호지, 헬레나(1996), 『오래된 미래』, 김종철·김태언 옮김, 녹색평론사.

맥클린톡, 바바라(2001), 『생명의 느낌』, 김재희 옮김, 양문.

부천문화원편집부 편(2001), 『부천의 땅이름 이야기』, 부천문화원.

산어린이집(2003), 『코뿔소, 쇠뜨기가 뭐야』, 잉걸.

윤구병(1998), 『잡초는 없다』, 보리.

이부미(1999), 『놀면서 자라고 살면서 배우는 아이들』, 또 하나의 문화.

임재해(2002), 『민속 문화의 생태학적 인식』, 당대.

황대권(2002), 『야생초 편지』, 도솔.

➥ **이말순** 별명은 코뿔소. 해송아기둥지공동체 둥지장을 거쳐 현재 부천 공동육아 산어린이집 원장이며, 「공동육아와 공동체교육」의 현장교육지원전문가로 활동하고 있다.

이야기를 들으며 자라는 아이들

조봉호

내가 어떻게 해서 어린이집에서 옛이야기를 시작하게 되었나를 먼저 이야기해야겠다. 그러자면 먼저 우리 집 이야기부터 해야 한다.

공동육아를 처음 시작할 때 우리 큰아이는 중학교 1학년이었다. 이 아이는 아주 소심하고 말수가 적었는데 중학생이 된 후 어느 날부터인가 어릴 때 들었던 이야기, 함께 놀러 다니며 있었던 이야기들을 수도 없이 쏟아 놓아 나를 깜짝 놀라게 했다. 그런 모습을 보며 내가 어떤 엄마였는지를 생각해 보게 되었고 자연스럽게 내 어린 시절과 친정엄마의 모습이 떠올랐다. 그리고 어린 시절 친정엄마가 해 주던 이야기들을 나도 모르게 내 아이에게 대물림했구나 하는 생각을 한 적이 있다.

친정엄마는 이야기꾼이었다. 지금도 내 머릿속에는 아주 또렷한 어린 시절의 영상이 남아 있다. 음식을 만들면서, 뜨거운 뙤약볕이 내리쬐는 텃밭에서, 들마루에 누워 밤하늘의 별을 보며, 또 추운 겨울날 따뜻한 아랫목에서 뜨개질하며 들려주던 엄마의 목소리. 친정엄마가 해 준 이야기에는 옛이야기도 있고 속담도 있고 옛사람들에 대한 이야기도 있었다.

또 엄마가 어릴 적 살던 이야기, 일제 시대와 육이오를 거친 이야기, 엄마의 엄마에게서 들었던 이야기도 있었다. 이야기와 더불어 그 따스한 분위기는 집을 떠나 살기 시작한 열두 살 때부터 평생 동안 나를 지탱해 준 힘이었다.

친정엄마가 내게 이야기를 들려주었듯이 나도 내 아이에게 자연스럽게 이야기를 들려주었고, 공동육아에서도 내 아이에게 하듯 아이들에게 자연스럽게 이야기를 들려주었던 것 같다. 그리고 공동육아에서 만난 아이들을 키우면서 친정엄마의 이야기들이 정말 소중한 재산이었음을 다시 한번 깨닫게 되었다. 공동육아는 '가르치기'보다는 '함께 생활하는' 곳이라는 개념이 더 크기 때문인 듯하다.

이야기 장난감

교사 생활을 하면서 가장 힘들었을 때도 이야기가 대안이 되었다. 교사가 많은 노력을 기울였는데도, 불안정한 정서에서 나오는 아이의 행동이 쉽게 바뀌지 않고 다른 아이들과 함께 생활하는 데 지장이 있을 정도로 반복되면 좌절을 느낀다. 아이들의 행동의 원인이 어디에 있든, 교사 자신이 아이와 어떻게 문제를 풀어가야 하는가 하는 고민은 늘 선문답 같다. 그럴 때 옛이야기 들려주기는 내게 큰 힘이 되었다. 이야기의 교육적 효과에 확신을 갖게 된 것도 내가 다루기 무척 힘이 들었던 한 아이를 통해서였다.

당시 5세였던 그 아이는 영아 시절부터 애착 형성에 문제가 있어 보였다. 맞벌이였던 부모는 바쁜 생활에 쫓겨 이 문제를 지나쳤고 아이의 행동은 점점 더 거칠고 산만해졌고 다른 아이들과 부딪치기 일쑤였다. 다른 아이들도 이 아이의 그런 모습을 싫어했으며 본인도 점점 어린이집에 오기 싫어했고 드디어 부모가 문제의 심각성을 인식하게 되었다. 나는 당시 부모의 문제까지 포함해 이 아이가 잘 지낼 수 있는 방안을 여러모로 고민하고 있었는데 솔직히 답이 잘 보이질 않았다. 그러다 우연히 포교용으로 배포된 불교 서적을 읽다가 가슴이 열리는 것 같은 글을 한 구절 읽게 되었다.

어느 아버지가 밖에 나갔다가 집으로 돌아오니 집이 불에 휩싸여 있었다. 안에는 귀여운 자식들이 있었다. 아버지는 크게 소리를 쳤다.
"애들아, 불이 났어. 빨리 나와라."
하지만 아이들은 나올 생각도 안 하고 창문으로 내다보고 있을 뿐이었다. 아무리 소리쳐도 아이들이 나오지 않자 아버지는 다시 소리를 쳤다.
"애들아, 아버지가 장난감 사 왔다. 어서 나와 보렴."

아이들은 장난감이라는 말에 단숨에 달려 나왔고 목숨을 구했다. 참으로 훌륭한 비유였다. "불이 났으니 빨리 나와라"가 아니라 "장난감을 사 왔으니 빨리 나와라." 문제는 장난감이었다. 그렇다면 이 아이에게 장난감은 무엇이 좋을까?

나는 어떤 장난감으로 이 아이를 도와줄까 고민하다가 이 아이에게 장난감은 바로 이야기일 수 있겠다는 생각을 했다. 아이의 마음을 사로잡는 데 그 어떤 것도 도움이 안 되었는데, 아이가 이야기 듣기는 무척 좋아했다. 밥 먹을 때 열 번도 더 일어나 돌아다니던 아이가 이야기를 듣느라 돌아다니지 않게 되었다. 낮잠 시간에도 늘 불안한 모습을 보였는데 이야기를 들으며 슬그머니 잠이 들었다. 나들이할 때도 무작정 떼를 부렸으나 다가가 이야기로 풀어 가면 슬그머니 아이들의 대열에 합류했다.

내가 맨 뒤에서 아이와 그런 시간을 가질 수 있도록 다른 아이들이 이해를 해 주었고, 다른 교사들도 도와주었다. 이 아이와 나눈 이야기들은 옛이야기 외에 생활 이야기, 때로는 말도 안 되는 황당무계한 이야기도 있었지만 이야기 들으러 어린이집에 온다고 아이 부모가 이야기할 만큼 이야기를 좋아했으며, 조금씩 변해 가는 아이의 모습을 보며 부모의 마음도 조금씩 열리기 시작했다. 덕분에 적어도 교사인 나와 그 아이는 매우 친밀한 애착 관계를 만들어 갈 수 있었고 다른 아이들과도 관계가 조금씩 나아지고 있었다.

이야기를 들려주면서 처음부터 아이들의 언어 발달이라든가 듣는 태도의 중요성, 아이들의 말하기 훈련 등 교육을 염두에 둔 것은 전혀 아니었다. 다만 나는 바쁜 부모들 때문에 정서가 불안정하던 아이들에게 이야기를 들려주는 것이 정서적인 안정을 가져다주는 효과가 있음을 조금씩 느끼기 시작했다. 어떤 아이든지 옛이야기를 좋아했고 재미있어했다. 재미있어하는 아이들을 보며 교사인 나도 재미와 즐거움을 느꼈고 이야기를 통한 교육의 효과에도 서서히 눈을 돌리기 시작했다.

사라져 가는 이야기 문화

어린아이들이 정서를 형성해 가는 데 매우 중요한 것 중 하나가 이야기다. 태어나면서부터 아이들은 감각으로 사물을 인식하면서 옆에서 속삭이는 어머니의 이야기를 들으며 세상을 이해하기 시작한다. 이렇게 엄마와 만남을 시작한 아이는 할머니, 할아버지, 아버지 등 집안 어른한테서 이야기를 들으며 자라고 자연스럽게 아이의 교육이 이루어졌다. 밥을 먹으면서, 잠을 재우면서, 그리고 일을 하면서 어른들은 아이에게 이야기를 들려주었다. 또 같은 공간에서 생활하는 여러 형제들이 함께 부대끼면서 맏이가 동생들에게 이야기를 들려주기도 했다. 마을 어른들도 자기가 몸담고 살아가는 마을의 다양한 이야기를 들려줌으로써 이야기꾼 노릇을 했다. 아이들이 잘못을 저질렀을 때에도 누구랄 것도 없이 자연스럽게 이야기꾼이 되어 주었다. 그 이야기 중에는 옛날이야기도 있고 다양한 생활 이야기도 있었을 것이다. 어른들의 이야기를 듣고 자란 아이들이 어른이 되면 다시 아이에게 이야기로 많은 것을 가르쳐 주었고 그 이야기는 또 다음 세대로 이어졌다. 자연스럽게 이야기가 전승된 것이다. 어려서 알게 모르게 들은 이야기들은 인생을 살아갈 때 가치 판단의 기준이 되었고 이야기는 자연스럽게 잠재적이고 통합적인 교육 과정이 되었다.

그러나 이렇듯 생활 속에서 자연스럽게 만들어진 이야기 문화는 현대에 들어와서 급속한 산업 구조의 변화로 마을 공동체와 가족 공동체가 붕괴되면서 사라지기 시작했다. 이야기해 줄 여유가 있는 할아버지 할머니들은 아이들과 함께 살지 않으며, 바쁜 부모들은 아이들에게 이야기해 줄 시간이 부족하다. 또 아이들 교육은 어려서부터 유치원이나 어린이집 같은 교육 기관에서 책임지면 된다는 쪽으로 사회 분위기가 만들어졌다. 설령 가족이 함께 모여 있다고 해도 텔레비전이 그들의 시간을 빼앗았고, 수많은 장난감과 다양한 그림책, 동화 구연 테이프, 비디오테이프에 둘러싸인 아이들은 이야기를 더는 필요로 하지 않게 되었다. 언제부터인가 부모 스스로도 이야기꾼 역할의 필요성을 느끼지 못하게 되었을 뿐 아니라 이야기꾼의 기능을 익히지도 못했다. 더구나 교육 기관조차 이야기의 중요성을 제대로 인식하지 못하는 것이 오늘날의 모습이다.

예로부터 우리 조상들은 이야기의 중요성을 알고 있었던 듯하다. 또 이야기는 소유하거나 독점하는 것이 아니고 함께 나누어야 함을 깊이 인

어른들의 이야기를 듣고 자란 아이들이 어른이 되면 다시 아이에게 이야기로 많은 것을 가르쳐 주었다. 어려서 알게 모르게 들은 이야기들은 인생을 살아갈 때 가치 판단의 기준이 되었고 이야기는 자연스럽게 잠재적이고 통합적인 교육 과정이 되었다.

식했던 것 같다. 「이야기 주머니」라는 옛이야기를 보면 그것을 잘 알 수 있다. 임재해는 이 옛이야기를 예로 들어 이야기를 살아 있는 유기적 생물체로 보았다. 이야기를 퍼뜨리지 않고 개인의 것으로 독점하는 행위를 이야기의 죽음, 즉 공동체의 죽음으로 바라본 것이다.

사라져 가는 이야기 문화를 아쉬워하는 공동육아에서는 아이들에게 이 「이야기 주머니」를 들려주면서 옛이야기는 꼭 누군가에게 들려주어야 한다고 강조한다. 우리가 지금 듣고 있는 이야기도 그렇게 해서 생겼고, 만일 우리도 누군가에게 그 이야기를 해 주지 않으면 해를 입게 된다는 이야기를 듣고 아이들은 자연스럽게 다른 사람에게 이야기를 들려주기 시작했다. 또 아이들이 집으로 돌아가 자기가 들은 이야기를 부모에게 다시 들려준다. 이야기를 전해들은 부모들의 마음이 서서히 움직여, 이제는 많은 부모들이 이야기 들려주기에 대한 고민을 하고 있다. 아이들이 텔레비전도 보고 그림책도 보지만, 이야기 문화가 조금이나마 살아나고 있다. 공동육아 교사들에 의해 이야기 문화가 차츰 살아나는 것은 매우 고무적인 일이라고 생각된다.

이야기 문화의 중요성

나는 이야기야말로 어린 시절 양육자와 아이 간에 애착과 신뢰감을 만들어 가는 아주 중요한 요소라고 생각한다. 우리가 정서적 안정감을 보이는 아이들을 만나면 애착 형성이 잘된 아이라고 말하고 그런 아이들을 만나면 마음이 아주 편하고 기분이 좋다. 그러나 그렇지 못한 아이를 대하게 되면 그 아이의 부모는 어떤 사람이며 아이가 어릴 때 어떤 양육자가 아이를 키웠는지 관심을 갖게 된다. 그리고 아이와 얼마나 시간을 보내는지 어떤 이야기들을 나누는지에 대해서도 관심이 집중된다. 볼비에 의하면 '애착'은 양육자와 아동 간의 강한 정서적 유대를 뜻하며 정서적 안정, 자기 조절뿐 아니라 성장 후 대인 관계에까지 영향을 미치는 중요한 기초가 된다(김태련 외, 2004).

이야기는 애착 형성에 강력한 힘을 가진 매개물이다. 식물이든 동물이든 어떤 대상이라도 서로 이야기하는 순간, 대상과 주체 사이에는 보이지 않는 애착과 공감의 통로가 만들어지며 애정이 싹트게 마련이다. 그래서 아이들은 나들이에서 만나는 꽃이나 길가에 뒹구는 돌멩이와도 이야기를 하고 많은 관심을 보인다. 사람 사이에서도 마찬가지다. 이야기는 사람들이 사랑을 표현하고 서로 나누는 가장 좋은 방법이다. 누구에게 이야기한다는 것은 그 사람을 사랑하거나 사랑하기 위한 노력인 것이다.

부모와 교사가 아이를 함께 키우는 것을 매우 중요하게 생각하는 공동 육아에서 옛이야기는 두 양육자가 서로 소통하는 데 매우 중요한 역할을 한다. 나는 어린이집에서 많은 아이들, 특히 맞벌이 부모를 둔 아이들을 만나며 교사의 역할이 매우 중요함을 절감한다. 놀아 주고 씻기고 밥을 함께 먹고 잠을 재우고 하는 교사들은 부모보다 더 많은 시간을 함께 보내는 제2의 양육자다. 그래서 적은 시간을 아이에게 투자할 수밖에 없는 부모와 대부분의 시간을 아이와 보내는 교사는 아이에게 있었던 일이나 아이의 감정을 서로 나누는 과정이 무엇보다 필요하다. 특히 나이가 어린 아이일수록 더 그렇다. 대개의 부모들은 아이들이 가정에 돌아왔을 때 어린이집에서 무엇을 했는지 마치 감독관처럼 꼬치꼬치 캐묻고 싶어 한다. 그러나 아이들 대부분은 부모의 그런 모습이 달갑지 않다. 그러나 옛이야기는 그렇지 않다. 어린이집에서 들은 이야기를 부모가 구태여 들려 달라고 하지 않아도 자연스럽게 엄마나 아빠에게 들려주는 예가 많았다. 아이에게서 이야기가 억지로가 아니라 저절로 튀어나오는 것이다. 그만큼 재미있었기 때문일 것이다. 부모들은 아이들이 집에 와서 자기가 들었던 이야기를 해 준다는 것만으로도 매우 흥분하고 기뻐했다.

교사가 아이들에게 들려준 이야기는 날적이를 통해 부모에게 전달되기도 한다. 날적이를 읽은 부모는 집에서 자연스럽게 아이와 이야기를 풀어 가고 다음 날 다시 교사에게 그 내용이 전달된다. 그리고 교사는 다시 이를 아이를 칭찬하는 도구로 활용한다. 옛이야기는 교사와 부모의 관계를 느슨하고 부드럽게 풀어 주면서 부모와 교사 간의 자연스런 의사소통 통로를 만들어 주었다. 일곱 살 아이들은 교사에게 이야기를 듣고 여섯 살이나 더 어린 동생들에게 이야기를 들려주기도 한다. 통합교육의 한 방안으로 큰 아이들이 동생들에게 잠을 재우는 시간이 있는데, 이 시간에 일곱 살들은 교사들이 자기들에게 했던 것처럼 동생들에게 자장가도 불러 주고 옛이야기도 들려준다. 잘하든 못하든 동생들이 한마디 불평 없이 아주 자연스럽게 이야기를 듣는 게 참 신기할 정도다.

나는 주 2회 현장 지원을 나가는 안양 친구야놀자어린이집에서 6,7세 아이들에게 1년 가까이 옛이야기를 해 주고 있다. 아이들은 내가 출근하는 날에는 늘 이야기 듣기를 원한다. 아이들은 나를 만나자마자 "오늘은 무슨 이야기해 줄 거야?" 하고 묻는다. 한번은 「내 담뱃대 어디 갔나」라는 옛이야기를 들려주고 난 다음 다시 출근을 했을 때 아이들은 어린이집에 들어선 나를 향해 일제히 내가 했던 말투와 몸짓을 따라하며 "내 담뱃대 어디 갔나? 여기 있네"를 반복하며 거실을 한 바퀴나 돌고는 그 이야기를 또 들려 달라고 했다. 주 2회밖에 만나지 않아 생활에 대한 공유가 없는 아이들과 나 사이에 보이지 않는 끈을 이야기가 만들어 준 것이다. 그리고 내가 들려준 이야기는 그 후에도 나들이를 함께 가면서, 놀이를 하면서 종종 의사소통의 수단이 되어 주었으며, 이야기를 들려준다는 것만으로도 아이들은 나를 믿고 잘 따른다. 들은 이야기를 집에 가서 매주 엄마와 동생에게 들려주는 아이도 있었다. 아이의 이야기를 들은 부모는 자기 아이가 들려준 이야기에서 받은 감동을 전하며 아이에 대한 이런저런 이야기를 함께 나누기도 한다. 이야기 한 토막으로 담임교사가 아닌 나와 아이 부모가 의사소통할 수 있게 된다. 이처럼 이야기는 아이와 아이, 교사와 아이, 교사와 부모 간의 정서적 끈이 되고 있다.

생활 속에서 이야기 문화 만들어 가기

몇 년 동안 아이들과 지내면서 나는 이야기해 주는 사람으로 통한다. 어느 날부터인가 아주 우연히 그렇게 되어 버렸다. 밥을 먹으면서도 음식을 만들면서도 아이들은 아침햇살(별명)이 무슨 이야기를 할까 하고 기대를 했다. 그건 내가 이야기를 잘하는 사람은 아니지만 친정엄마가 그랬던 것처럼 생활을 하면서 그냥 자연스럽게 늘 말문이 터지기 때문인 것 같다.

어린이집을 졸업한 아이들 중 내가 맡았던 아이들은 4학년이나 됐는데도 가끔 만나면 여전히 "아침햇살, 이야기해 줘" 하고 말한다. 그 아이들 몇 명과 함께 차를 타고 갈 기회가 있었는데, 아이들은 그날도 대뜸 "이야기해 줘" 했다. 어떤 이야길 해 줄까 했더니 매우 놀라운 일이 벌어졌다. 모두 합창하듯이 한 목소리로 "두－부, 두부－우, 부우두 부우두" 하는 것이었다. 깜짝 놀라 4년이나 지난 그 이야기를 기억하느냐는 내 말에 한 아이가 다시 "아저씨 영차 주세요" 하며 깔깔 웃었다. 전체 내용을 자세히 기억하지는 못했지만, 엄마가 두부를 사오라는 심부름을 시켰고 주인공은 시냇물을 건널 때 '영차' 하고 뛰다가 그만 두부란 말을 잊고 두부 가게에 가서 "아저씨 영차 주세요" 했던 것을 아이들은 어렴풋이 기억하고 있었다. 이 이야기는 「두부두부 영차」라는 옛이야기인데 아이들이 하도 재미있어 해서 몇 번이나 들려줬던 이야기였다.

아이들에게 이야기를 들려주기 시작하면서 요즘 아이들도 이야기 듣는 걸 무척 좋아한다는 걸 알게 된 것은 정말 다행한 일이었다. 이를 곁에서 지켜보던 교사들도 하나 둘씩 이야기의 중요성을 느끼게 되어서 지금은 공동육아 교육 활동에서 이야기는 큰 비중을 차지한다. 늘 어느 곳에서든 이야기판이 벌어지고 다행스럽게 이를 부모들도 중요하게 생각하기 시작했다.

공동육아 어린이집의 생활은 하루가 이야기로 시작해서 이야기로 끝난다고 해도 지나치지 않다. 잠자는 시간만 빼놓고 교사와 아이들, 아이들과 아이들은 가족과 마찬가지로 전면적인 만남의 관계를 유지할 수밖에 없다. 생활공간, 놀이 공간을 모두 함께하기 때문이다. 이야기를 주고받다 보면 서로 매우 즐거워지는 것 외에 많은 이야기들을 통해 우리는 서로 친밀해질 수도 있으며 때로는 이야기가 갈등을 풀어 가는 수단이 되기도 한다. 우리 어른들이 해 주는 옛이야기를 들으면서 아이들이 세상을 알아 가고, 그리고 인생의 많은 부분을 얻게 된다는 점을 우리가 인정한다면 우리가 시작한 이야기 문화가 얼마나 소중한지 깨닫게 되리라고 본다.

교사 생활을 하며 처음에는 다른 교사들이 아이들에게 왜 이야기를 들려주지 않는지 의아해했다. 그리고 답답했다. 그러나 그건 당연한 결과였다. 지금의 젊은 부모나 교사들은 이야기를 듣고 자라지 않았기 때문에, 이야기를 안 해 주는 게 아니라 못 해 주는 거였다. 그러나 지금은 대부분의 공동육아 어린이집에서 아이들에게 옛이야기를 들려준다. 재교육을 통해 교사들은 그 중요성을 알아 간다. 그래서 비디오나 인형 등 시청각 교재의 도움이 없이 교사들은 우리 옛 사람들이 했던 것처럼 생활하면서 이야기를 자연스럽게 하고자 노력한다. 마주 앉아서 낮잠을 재우며 텃밭에 주저앉아, 혹은 나들이 길에서 아이들과 많은 이야기를 나눈다. 이야기가 몸에 밴다는 것은 그것이 생활에 녹아 있어야 함을 의미한다. 이야기는 그래서 교육이고 생활이며, 우리가 살아가는 데 함께하는 문화다. 이야기 문화에는 여기에서 주로 다룰 옛이야기뿐만 아니라 다양한 인간관계에서 파생되는 이야기들, 그리고 아이들과 지내며 일어난 여러 일상생활 이야기까지 포함된다.

아이들에게 어떤 이야기가 중요한가

이야기에 맛을 들인 나는 처음에는 내가 좋아하는 이야기를 아이들에게
들려주었다. 그러나 어떤 때는 이야기를 하고 난 후 뒷맛이 개운하지 않
은 때도 더러 있었다. 아이들의 반응이 기대와 다르거나, 아이들의 사고
력 수준에 맞지 않을 때도 있었고, 한겨울에 여름 이야기를 들려주기도
했고, 아이들에게 적당치 않은 이야기를 들려주기도 했다. 이런 시행착
오를 거치고 나서야 '아, 이 이야기는 아이들에게 맞지 않구나' 하는 후
회를 하기도 했다. 그러면서 '이렇게 문자화되어 오늘날까지 살아남은
이야기들의 가치는 어디에 있을까? 또 그 이야기들을 들려주는 것이 중
요하다고 해서 아무 거나 유아들에게 들려주어도 괜찮은 것일까? 들려
준다면 어떤 이야기를 골라야 하고 어떻게 들려주어야 할까?' 그런 고민
이 늘 있었다.

부르노 베텔하임(1998)은 옛이야기를 어린이들의 내면적 삶을 풍요롭
게 만들어 주며 어린이들이 무의식적으로 겪는 심각한 내면적 억압을 해
소하거나 머릿속에 자리 잡고 있는 문제들을 다룸으로써 싹트기 시작하
는 자아의 발달을 자극하는 아주 좋은 매체라고 보았다. 그래서 이러저
런 자료를 찾아보았으나 우리나라 유아들에게 맞는 옛이야기가 제대로
정리된 걸 찾을 수 없었다. 그리고 공동육아가 근간으로 삼는 세시와 절
기에 따른 교육 과정에 맞는 이야기와 유아기의 특성에 맞는 이야기들을
찾아야 한다는 생각을 하게 되었다. 그동안 생활 속에서 자연스럽게 이
루어진 이야기를 좀 더 교육적인 효과를 볼 수 있는 매체로 활용하기 위
해 가능하면 아이들의 심리에 다가갈 수 있는 이야기, 도움이 되는 이야
기를 들려주며 어린이집 아이들에게 맞는 것들을 주제별로 나누기 시작
했고 아이들에게 필요한 이야기의 기준을 생각해 보기에 이르렀다. 이것

은 완결된 게 아니고 앞으로도 계속해 나가야 할 과제다.

민담

우리가 옛날이야기라고 말하는 것은 어떤 것일까? 예부터 전해오는 이야기를 보통 설화라고 부른다. 설화는 신화, 전설, 민담을 포괄하는 말인데, 우리가 옛이야기라고 할 때는 보통 전설과 민담을 일컫는다. 그러나 전설은 지역적인 특징이 있고 특정한 명칭이나 증거물을 가지고 있기 때문에 모든 상황에 일반적이지 못하다. 우리가 흔히 옛이야기라고 말하는 것은 민담인 셈이다. 책에서 흔히 사용하는 전래 동화라는 말도 일제 시대에 생긴 말이므로 전래 동화라는 말보다는 옛이야기라는 말이 더 좋다.

민속학자들이 민담이라고 부르는 이야기는 원래 입에서 입으로 떠돌아다니던 것들이다. 아주 오랜 옛날, 문자가 없던 시절부터 있었으나 문자가 생기고 나서도 일부 계층만의 전유물이던 글을 읽을 줄 모르는 사람들은 이야기를 기억해 두었다가 다른 사람에게 들려주고, 들은 사람은 또 다른 사람에게 이야기를 해 주면서 이어져 왔다. 전승 과정에서 많은 이야기들이 변형되었고, 가치가 없는 이야기들은 소멸되기도 했다. 그러나 살아남은 이야기들은 또 머리로만 기억해야 하기 때문에 기억할 만한 특징을 가지고 있다. 그러나 기록된 민담이라고 해서 특별히 아이들을 위해 기록된 것은 아니었다. 옛날에는 어른도 대부분이 문맹이었으므로 이야기의 대상은 어른과 어린이 모두였다. 이야기의 주제가 어린이들에게 적당하지 않은 것이 많은 이유도 그 때문이다. 오늘날 옛이야기 들려주기의 대상자는 유아에서 초등 저학년에 머물게 되었지만, 아이들이 글을 읽을 수 있게 되면 요즘 어른들은 아이들에게 이야기를 해 주려 하지 않는다. 그리고 글을 스스로 읽도록 강요한다. 더구나 지금은 옛이야기를 입에서 입으로 전하기보다는 많은 사람들이 책을 통해 옛이야기를 익히고 있으며, 우리 교사들도 아이들에게 들려줄 때 남에게 들은 이야기가 아니라 주로 책에서 읽은 이야기를 들려준다. 이야기는 그저 책 속에만 남아 있는 것이다. 그러나 여전히 아이들은 옛이야기 듣기를 매우 좋아한다. 아이들이 이야기를 좋아하고 잘 이해하는 것은 옛이야기가 가진 구조의 단순성과 전형적 인물, 언어의 즐거움 때문이다(페리노들먼, 2003). 내용이 가진 주제도 그렇지만 무엇보다도 옛이야기의 형식이 어린이들이 이해하기 매우 적합하기 때문이다.

옛이야기를 입말로 살려 쓰며 그 중요성을 강조하는 서정오(2002)가 옛이야기의 형식에 대해 정리해 놓은 것을 보면 첫째, 단순하게 되풀이된다(반복), 둘째, 성질이 뚜렷이 다른 둘이 맞선다(대립), 셋째, 점점 차오르는 틀이 있다(점층), 넷째, 흥겨운 가락이 있다(리듬), 다섯째, 시점은 언제나 주인공에게 머물러 있다(시점 고정), 여섯째, 사건은 시간에 따라 단선으로 펼쳐진다(평면성), 일곱째, 세세한 상황 설명이나 묘사를 멀리한다(간결성)로 요약할 수 있다.

동일시(내면화)의 세계가 잘 드러난 이야기

옛이야기에는 어린이가 주인공으로 나오는 경우가 많다. 특히 어린이들은 자기와 비슷한 또래의 아이가 주인공으로 나오는 이야기를 더 좋아한다. 늘 부족하게 그려지는 인간이 주인공으로 나오는 이야기도 많다. 남의 집에서 허드렛일을 해 주는 머슴이나 힘없는 노인, 나무꾼 등 힘없는 서민이 주인공으로 많이 나온다. 이러한 주인공의 성격은 민중성을 대표하기도 하지만 힘없는 약자라는 점에서는 현실 세계의 약자인 어린이들의 상황과도 흡사하다.

형과 아우 중에서 항상 아우는 손해를 보나 어려움을 헤쳐 나가 결국

엔 성공을 하거나 부자가 된다. 옛이야기에 나오는 아우는 힘이 부족한 어린이들과 비슷해 보인다. 그래서 형들에 비해 모자라지만 결국 행복을 얻는 「반쪽이 이야기」나 용기와 꾀로 「중국 임금이 된 머슴 이야기」, 「부채 귀신 잡은 아이 이야기」 같은 것은 아이들이 아주 좋아하는 이야기다. 이 이야기들은 주인공이 세상에 대한 호기심과 모험심을 가지고 세상을 헤쳐 나가거나, 힘들고 어렵더라도 슬기와 노력으로 상황을 극복하는 이야기다. 어린이들로 하여금 주인공을 닮고 싶어 하게 만드는 것은 이야기의 기능 중에서 어린이들에게 가장 필요한 부분이다.

아이들이 특히 옛이야기를 좋아하는 건 옛이야기에 나오는 상황과 아이들이 맞닥뜨리는 상황이 비슷하기 때문이다. 아이들은 자기가 늘 약하다고 생각하며 혼자 힘으로 아직 세상을 만나는 게 힘들다고 느낀다. 그리고 실제 세계에서는 약자가 강자를 이기는 예가 거의 없다. 그러나 옛이야기의 마술적 요소들은 현실에서는 일어날 수 없는 일들이 일어나게 해 주며 아이들은 옛이야기에서 대리 만족을 느낀다.

옛이야기의 주인공들은 대부분 이름이 없다. 그냥 아버지, 어머니, 할아버지, 할머니다. 또 나무꾼, 어부, 농사꾼일 따름이다. 그래서 아이들은 옛이야기에 쉽게 빠져 들고 늘 부족하다고 느끼는 자신을 주인공과 동일시한다. 옛이야기의 주인공이 이름이 없다는 점은 아이들이 옛이야기에 쉽게 빠져 들고 자신을 주인공과 동일시할 수 있는 여건을 만들어 준다.

선과 악의 세계에 대한 이야기

어린이의 공상 속에 있는 끝없는 공포심에 대해 옛이야기는 명쾌한 대답을 준다. 옛이야기를 들으며 어린이는 아무리 약한 사람이라도 용기와 지혜와 그리고 착한 마음씨를 가지고 있으면 이 세상의 악과 추한 것을 충분히 이겨 낼 수 있다는 것을 믿는다.

옛이야기에는 중간이 없다. 선과 악이 한 인물 안에서 동시에 일어나는 예는 없으며 두 가지가 대립할 때 문제는 손쉽게 해결되며 늘 선이 승리한다. 아이들은 이야기를 들으면서 악이 분명하게 벌을 받는 옛이야기의 결말을 이야기의 흐름에서 자연스럽게 받아들인다. 흔히 옛이야기는 잔인하다고 아이들에게 들려주는 것을 꺼리는 어른들이 있는데, 이것은 어른의 시각일 뿐이다. 오히려 악도 적당하게 용서해 주고, 선을 행한 자와 같이 잘 먹고 잘사는 것으로 이야기를 마무리하다면 나쁜 짓을 하고도 잘살 수 있는 세상에 대해 아이들은 불안해하고 가치관의 혼란을 느낄 것이다.

옛이야기의 세계에서는 누구를 편들어야 하고 누구를 미워해야 하는지가 분명하다. 좋은 사람과 나쁜 사람 사이의 구별은 시작부터 뚜렷하며 끝까지 두 성격이 대립한다. 때로 어떤 주인공들은 전혀 그럴 만하지도 않은데 착한 사람으로 나온다. 「흥부와 놀부」에서 바보스러울 정도로 착한 흥부의 선함은 놀부의 심술로 인해 드러난다. 「콩쥐 팥쥐」에서 콩쥐도 마찬가지다. 단지 가난하고 천대받는다는 이유 때문에 복을 받고 행복해진다. 즉 이야기의 사건들을 보면 주인공 자신의 행동보다는 남들이 하는 행동을 통해 자신의 선한 모습을 보여 준다. 동시에 옛이야기의 악인은 막강한 힘을 가지고 있다. 그리고 착한 사람은 오히려 무능력하다. 주인공은 형과 아우 중 늘 힘이 상대적으로 약한 동생이거나 약자를 대변하는 나무꾼, 소금 장수, 농사꾼 등으로 표현된다. 또 이런 무능력 때문에 도움이 필요한 처지에 있는 인물들에게는 마술적인 조력자가 나타나며 그 도움으로 마지막에는 부자가 되거나 복을 받게 된다.

옛이야기에서 추구하는 '권선징악'이라는 주제는 어린이들에게 옛이야기를 들려주는 목적에 속한다고도 할 수 있다. 어린이들의 행동에 대해 무언가 가르침을 주고 싶은데 직선적인 말로 이를 표현하면 아무리

아이들이 특히 옛이야기를 좋아하는 건 옛이야기에 나오는 상황과 아이들이 맞닥뜨리는
상황이 비슷하기 때문이다. 아이들은 자기가 늘 약하다고 생각하며 혼자 힘으로 아직 세상
을 만나는 게 힘들다고 느낀다.

어려도 반발을 살 수밖에 없다. 그러나 옛이야기는 우회적인 방법으로
이를 깨닫게 해 준다. 특히 도덕성이나 가치관이 확립되기 시작하는 7세
이전의 어린이들에게 악한 사람은 벌 받고 착한 사람은 복을 받는다는
옛이야기의 이 주제는 매우 필요한 부분이기도 하다.

　실제로 아이들과 지내면서 권선징악이라는 옛이야기의 주제로 교육
적 효과를 실감한 적이 있다. 6,7세 통합방에서 한 아이가 여러 아이들을
선동해 번갈아가며 따돌리는 일이 일어났다. 어린이집 전체에 미치는 영
향도 컸거니와 부모들 사이에서도 문제가 되었다. 이 아이들 역시 이야
기를 무척 좋아했다. 그래서 이야기 듣는 시간만은 사납게 굴거나 떠드
는 일이 없었다. 마침 아이들의 문제를 풀기에 적절한 이야기를 찾아냈

다. 당시 마당극으로 공연되던 「백두거인 이야기」였는데 나는 이 이야기의 주제나 상황 설정이 우리 아이들의 상황과 꼭 맞는다고 생각하고 이 이야기를 아이들 수준에 맞게 재구성해 들려주었다.

아이들의 생활 속에서 선의 상징인 백두거인이 악의 상징인 흑룡거인을 물리쳐야 하는데, 아이들이 분열되어 싸울 때 흑룡거인이 세상을 지배하게 되고 그 악을 물리칠 수 있는 선한 힘은 아이들의 단합된 힘에서 나온다는 이야기를 해 주었다. 이 이야기는 당시 친구를 따돌리는 자신들의 문제를 함께 돌아보는 좋은 기회였다.

반복해서 들려주는 이야기

어린이집 생활을 한 지 얼마 안 되었을 때의 이야기다. 이제 막 말문이 터지기 시작했거나 아직 말을 제대로 하지도 못하는 24개월 전후의 아이들을 맡았을 때, 별 생각 없이 어느 날 들려준 뽕나무 이야기.

> 옛날 옛날 깊은 숲 속에 뽕나무랑 대나무랑 참나무가 살았대. 어느 날 뽕나무가 방귀를 '뽕' 뀌었어. 그러자 대나무가 '대끼 놈!' 했지. 그리고 참나무는 '참아라' 했대.

이 짧은 이 이야기는 그 아이들에게 매우 적합했다. 처음에 아이들은 방귀를 '뽕' 하는 장면에서 웃었을 뿐 나머지 부분에는 관심이 없었다. 그러다가 자꾸 이야기를 반복하게 되고 조금씩 말문이 트이면서 아이들은 이야기를 따라 하며 즐거워했다.

그 후에도 가능한 한 줄거리 중에서도 반복의 구조가 들어 있는 「도깨비 방망이」나 「흉내도깨비」, 「팥죽할멈과 호랑이」, 「해와 달이 된 오누이」 등의 이야기를 줄여서 들려주어 언어가 가진 즐거움을 느끼도록 해 주었다. 아이들은 자기들이 재미있어하는 장면들을 곧잘 따라했는데, 이 나이의 아이들에게는 이야기 자체가 가진 줄거리보다는 부드러운 목소리를 들을 때 얻는 언어의 즐거움과, 함께 생활하는 교사에 대한 애착과 신뢰감이 더 중요했을 것이다. 이 아이들은 옛이야기 외에 매일의 삶에서 일어나는 간단한 것을 천천히 리듬감 있는 어조로 반복해서 이야기해 주는 것도 아주 좋아했다.

발도로프 유치원에서는 2~3주 정도 매일 똑같은 이야기를 들려준다. 아이들은 반복하는 것을 좋아하며, 반복은 아이로 하여금 그 이미지 속에서 살 수 있는 여지를 주고, 그 익숙함 속에 충분히 빠져들어 이야기를 즐길 수 있게 해 주기 때문이라는 것이다. 그리고 7세 이전의 아이에게는 이야기를 들려줄 때 감정적으로 각색하지 않는 게 좋다고 이야기한다. 아직 어린아이는 언어가 가진 억양이나 리듬을 더 즐기므로 이야기를 개작해서 너무 많은 감정을 개입시킨 채 들려주면 아이가 놀라거나 악몽을 꾸게 될 수도 있다는 것이다. 그러므로 직접 보고 있는 것을 말하듯이 음악적인 목소리로 이야기를 들려주거나 읽어 주면 어린아이는 스스로 모든 것을 받아들이고 소화해서 풍요롭게 자랄 수 있다(댄시, 2003).

또 이야기를 반복해서 들려주어야 하는 이유는 어린이는 자신의 내면적 상황을 혼자 힘으로는 다룰 수 없으나 어떤 옛이야기가 자신의 상황과 들어맞는지는 느낄 수 있기 때문이다. 또 그 이야기의 어느 부분이 자신에게 어려운 문제와 싸울 수 있는 열쇠를 제공하는지도 느낄 수 있다. 그러나 옛이야기를 처음 듣고 바로 이것을 인지하는 경우는 거의 없으며 대부분은 반복해 들으면서 깨닫는다 .옛이야기에는 매우 낯선 요소들이 있어 반복해서 들려주어야만 깊이 숨겨진 아이의 정서를 일깨울 수 있다. 그래서 옛이야기 하나를 여러 번 반복해서 듣고 그것을 반추할 만한 시간과 기회를 충분히 갖게 해 주어야 옛이야기에서 최대한의 이익을 취할 수 있게 된다(베텔하임, 1998). 그러나 공동육아에서는 한 살씩 나이를 먹어가면서 아이들은 이야기를 반복적으로 들려주는 것보다 새로운 이야기를 찾는다. 연령이 높아질수록 들려준 것을 또 들려주면 "그건 싫어. 다른 이야기 해 줘"라고 이야기한다. 여기에서 반복해 주는 것이 옳은지 늘 새로운 이야기를 들려주는 것이 옳은지는 그리 중요하지 않다. 6,7세 아이들도 유난히 여러 번 반복해서 듣기를 원하는 이야기가 있으며 아이마다 반복해서 듣기를 원하는 이야기의 종류도 다르다. 이것은 각자 자기에게 필요한 이야기가 다르기 때문이라는 것을 아이의 성격이나 당시 아이가 처해 있던 상황을 비교해 보면 알 수 있었다. 아이가 계속해서 들려달라고 하면 이야기를 들려주게 되는데 왜 그렇게 듣고 싶으냐고 물어봐도 아이는 그 이유를 잘 모른다. 아이가 반복해서 듣기를 원한다면 그 아이에게는 그 이야기가 필요한 내면적인 이유가 있을 것이다.

현장 지원을 나가는 친구야놀자어린이집에서는 주 2회만 출근하기 때문에 매주 다른 이야기를 들려준다. 그래서 지나간 이야기에 대해서 일부러 물어보았다. 아이들의 반응에서 재미있는 건 똑같은 이야기일지라도 아이들마다 기억하는 부분이 다르다는 점이다. 아이들은 자기가 필요한 부분이나 중요하게 생각되는 부분만을 기억하고 있는 셈이다. 때로는 이미 들었거나 책을 읽어 알고 있는 이야길 들려주려고 하면 "나 그거 알아"라고 이야기한다. "그럼, 오늘은 네가 친구들에게 이야기해 줄래?" 하면 "근데 다는 몰라. 그냥 아침햇살이 해줘" 한다. 아이들은 이 시간을 무척 기다리는데 이야기의 재미도 있지만 모두 함께 둘러앉아 주고받는 맛, 그 분위기 때문인 것 같다.

교육적으로 볼 때, 반복을 하면 배움에 도움이 된다는 것은 누구나 알고 있다. 대부분의 공동육아 어린이집에서는 현장성이 있는 이야기들은 그때그때 들려주나, 점심식사 후 담임교사와 아이들이 오붓하고 차분하게 마음을 가라앉히며 낮잠을 준비하는 시간에는 한 주일 내내 같은 이야기를 반복해서 들려주기도 한다.

행복한 결말이 주는 안도감은 아이들의 정서 안정에 필요

아이들은 이야기의 주인공이 아무리 힘들고 고통스러워도 마지막에는 행복하게 잘살 거라는 점을 안다. 간혹 그렇게 끝나는 결말에 대해 '시시하다'고도 하지만, 이야기에 행복한 결말이 보장되어 있어야만 무의식적으로 겪는 내면적인 억압이 의식의 표면으로 떠올라 이야기 속에 빨려 들어가는 것을 두려워하는 일이 일어나지 않는다. 이야기 중간 중간 아무리 위기가 닥치고 시련을 겪어도 어느 부분을 듣고 있는지에 관계없이 주인공이 결국 행복하게 잘살게 될 것을 알기에 이야기를 따라가는 게 두렵지 않은 것이다. 죽지도 파멸하지도 않고 적이나 경쟁자와 싸워 이기는 것, 행복하게 잘사는 것이 옛이야기의 결말에서 보장되는 것은 아이가 성숙하는 데 필요한 경험을 겪어 내야 한다는 것을 뜻한다. 주인공이 도중에 불행이나 재난을 만나더라도 끝에는 반드시 행복한 결말로 끝내야 하는 이유가 여기에 있다(베텔하임, 1998). "엄마 아빠와 함께 오래오래 행복하게 살았대"로 이야기가 끝나야 아이들은 안심을 한다는 것이다.

신화가 아이들에게 적당하지 않은 이유 중 하나도 결말 때문이다. 신화는 보통 사람들의 이야기가 아닌 특별한 영웅들의 이야기이면서도 결말은 대개 비극적이거나 비관적이다. 비극적인 죽음으로 끝나는 우리의 옛이야기 중에 「아기장수 우투리」도 유아기 아이들에게는 적합하지 않다. 서양 이야기 가운데에도 많은 이야기가 행복하게 끝나지만 성냥불로 손을 녹이다가 하늘나라로 간 「성냥팔이소녀」나, 왕자와 결혼하지 못하고 거품이 된 「인어공주」 이야기 같은 것도, 이 관점에서 보면 어린아이들에게 안도감을 주는 이야기가 아니라고 할 수 있다.

우리의 옛이야기 대부분은 행복한 결말을 갖고 있다. 그렇지 않은 이야기는 사실 그리 많지 않다. 꽃 이야기는 앞에서 말한 설화 중에서 전설에 속하는데 반드시 오늘날 실물이 남아 있거나 아니면 이름이라도 남아 있는 경우가 많다. 주변에서 많은 꽃을 볼 수 있는 공동육아 현장에서는 꽃과 관련된 이야기를 많이 들려주게 된다. 그러나 꽃에 대한 이야기는 잘살다가 죽어서 그만 꽃이 된다는 이야기로 끝난다. 물론 꽃으로 환생한다는 것은 우리 조상들의 애니미즘 세계관이나 불교의 윤회 사상과도 관련이 있겠지만 그렇게 예쁜 꽃에 슬픔이 묻어 있다는 것을 아이들은 과연 어떻게 받아들일까? 나는 이것과 관련된 아주 슬픈 경험이 있다.

꽃 이야기 중에서 비교적 이야기 구조가 탄탄한 할미꽃 이야기를 들려준 적이 있다. 뒷산 무덤가에 나들이 가서 할미꽃을 보고 온 날이었다. 그날 이야기는 매우 진지한 분위기로 이어졌고 나도 다른 때와는 달리 매우 차분하게 이야기를 진행했다. 이 이야기는 반복과 점층의 구조로 짜여 있는데 끝부분에서 할머니가 눈이 펑펑 쏟아지는 추운 겨울 날 막내 딸 집으로 가는 장면에 이르자 "아! 아침햇살, 이야기가 너무 슬퍼", "할머니가 불쌍해" 하며 아이들이 훌쩍거리기 시작했다. 그리고 할머니가 고갯마루에서 쓰러져 눈이 할머니를 덮어 버리는 장면에 이르자 우리는 모두 울어 버렸다. 슬픈 이 이야기가 다 끝나고 나서 아이들은 슬픈 이야기 말고 앞으로는 재미있거나 무서운 이야기를 들려 달라는 주문을 했다. 고생해서 세 손녀를 키워 시집보낸 할머니가 구박받고 마침내 죽음에 이르게 된 것을 아이들이 받아들이기가 힘들었던 것이다. 그 후 나는 가능하면 아이들에게 슬픈 이야기는 들려주지 않는다.

이야기는 상상력을 자극하는 가장 중요한 매체

이야기를 해 줄 때면 아이들의 표정을 자주 살피게 된다. 그리고 다양한 표정의 아이들을 바라보며 아이들 머릿속에 어떤 그림이 그려질까 궁금해진다. 옛이야기는 묘사보다는 사건의 줄거리를 따라 전개되므로 듣는 이가 그 상황을 상상할 수 있는 장점이 있다.

어린이들이 어른들보다 더 시각적 이미지에 잘 적응한다는 가설은 어린아이들이 더 구체적인 용어로 생각한다는 피아제의 이론과 관계가 있다. 우리는 시각적 이미지가 언어적 이미지보다 더 구체적이라고 생각해서 어린아이들이 그것을 더 잘 이해할 수 있다고 추정한다. 그러다 보면 아이들이 그림에 반응하기에 앞서 목소리에 먼저 반응하며, 그림 그리는 법을 배우기에 앞서 말하는 법을 먼저 배운다는 사실을 잊어버린다. 그림책을 처음 대하는 어린아이들도 텍스트에 딸린 그림보다는 어른이 읽어 주는 언어적 텍스트를 더 잘 이해한다(페리노들먼, 2003). 그림책으로 많이 출간된 「신데렐라」나 「그림동화」도 원래 민담에서 시작됐다. 최근에는 우리 옛이야기 중 많은 것들도 그림책으로 만들어지고 있으나 문자를 이해하기 이전의 유아 시기(상상력의 세계)에 들려주는 옛이야기는 문자나 그림보다 상상력을 계발하는 데 훨씬 더 효과적이다.

우리 아이들이 가장 좋아하는 도깨비의 예를 들어보자. 아이들은 도깨비나 귀신 등 무서운 이야기를 자주 원한다. 7세에 가까울수록 그렇다. 그러나 사실 옛날 도깨비 이야기 중에 무서운 이야기는 하나도 없다. 물론 이야기를 진행하는 중에 부분적으로 나오기는 하나, 실제로 도깨비가 무서운 힘을 발휘해 사람을 괴롭히는 경우는 없으며 욕심이 많거나 못된 사람은 혼내 주기도 하지만 착하고 부지런한 사람에게는 늘 복을 가져다주는 마술 같고 고마운 존재다. 도깨비 이야기를 들려주며 나는 아이들이 도깨비를 머릿속에 어떤 이미지로 그려 내는지가 늘 궁금했다. 36개월 이하의 아이들(아직 도깨비를 그린 그림책을 접하지 않은 아이들) 외에 모든 아이들은 도깨비가 어떻게 생겼냐고 물으면 하나같이 머리에 뿔이 달렸다고 대답한다. 일제 시대 이후 유입된 일본 도깨비의 영향이다. 그러나 24개월이 조금 지난 아이들에게 도깨비가 「혹부리영감」과 「도깨비방망이」를 들려주고 난 후 어떻게 생겼냐고 물었을 때는 다음과 같은 반응을 보였다.

> **교사** 도깨비는 어떻게 생겼을까?
> **아이** 아주 무서워.
> **아이** 빨간 코야.
> **아이** 키가 커.
> **아이** 그래 맞아. 우리 아빠보다 더 커.
> **아이** 그럼 까마귀보다?

까마귀는 과천 튼튼어린이집에서 함께 근무했던 덩치가 비교적 큰 남자 교사였는데 아이들은 힘이 세다는 이야기를 할 때 늘 이렇게 비교했다. 이야기를 들려주고 5세들과도 도깨비에 대해 이야기를 나누어 보았다.

> **교사** 도깨비 본 적 있어?
> **아이들** 아니.
> **교사** 그럼 도깨비는 어떻게 생겼을까?
> **아이** 무~섭지. 뿔이 달렸대.
> **아이** 방망이도 들었어.
> **아이** 뚝딱 하면 뭐든지 나와.
> **아이** 환할 때는 안 나타나.

<u>아이</u> 깊은 숲 속에서만 산대.

<u>아이</u> 벽장 속에도 살잖아.

5세들은 앞의 어린아이들에 비해 훨씬 구체적이다. 책이나 비디오에서 이미 도깨비를 봤으며 이야기 듣기를 통해 어두운 데에만 산다든가 벽장(「흉내 도깨비」) 속에도 산다고 믿는다. 그러나 6,7세들은 도깨비에 대해 가지고 있는 가장 큰 이미지가 "뿔이 달렸대"이다. 아무도 본 적이 없는 도깨비, 그래서 상상력이 더 필요한 옛이야기 속의 그것을, 아이들은 자라면서 상상력을 잃고 모든 도깨비는 뿔이 있다고 생각하는 건 그림책이나 텔레비전 같은 매체 때문일 것이다.

물론 좋은 그림책이 많이 있기는 하나 삽화 있는 이야기책은 어린이에게 가장 필요한 것을 제공하지 못한다. 옛이야기의 인물이나 사건이 어린이의 상상력에 의해 구체화되지 않고 삽화가의 상상력에 의해 구체화되고 나면 옛이야기가 지닌 개인적 의미를 많이 잃어버리고 만다는 것이다(베텔하임, 1998).

애니메이션으로 더 잘 알려진 「백설공주」나 「인어공주」, 「미녀와 야수」를 이야기만으로 들려주었으면 어떠했을까? 이미 그림책으로 나온 우리의 옛이야기 「반쪽이」는 어떤가? 아이들은 이미 삽화가를 통해 이야기 주인공의 이미지를 볼 수밖에 없는 것이다.

부모들과 방모임을 할 때의 이야기다. 그날 주제가 옛이야기였고 교사인 나는 부모들에게 옛이야기를 들려주는 게 얼마나 중요한가, 그리고 아이들의 상상력에 얼마나 큰 도움이 되는가를 이야기하며 부모들의 경험담도 듣고 있었다. 한 부모가 그런 이야기를 했다. 「잠자는 숲 속의 공주」 이야기를 아이가 무척 좋아해서 매일 들려주었는데 거기서 아이는 마녀(요정)에 많은 집착을 하며 늘 마녀에 대한 이야기를 하고 마녀 놀이를 했다고 한다. 그런데 어느 날 서점에서 그 책을 사 준 다음부터는 마녀 놀이를 하지 않더라는 것이다. 아이 엄마는 아마도 책으로 인해 자기가 상상하는 마녀의 이미지가 더는 신비롭지 않게 되었기 때문일 거라고 막연히 생각했다고 한다.

이야기를 그림책으로 아무리 잘 만든다고 해도 들려줄 때 발현되는 상상력 이상을 기대할 수는 없다. 아이의 상상력을 풍요롭게 하고 싶으면 옛이야기를 많이 들려주어야 한다. 무엇보다 더 중요한 것은 이러한 아이들의 상상력은 놀이로 이어진다는 것이다. 놀이는 바로 창조성과도 이어지고 나중에 어른이 되어 어떤 일을 성취하는 데에도 관련이 있다고 발달심리학자들은 이야기한다(댄시, 2003).

생활 속에 살아 움직이는 이야기

이야기가 아이들의 정서나 발달에 많은 영향을 준다는 것도 중요하지만, 이야기는 현재 아이들의 펄펄 살아 움직이는 생활이며 상상력을 발휘할 수 있는 놀이 그 자체여서 더 중요하다. 아이들이 이야기를 어떻게 생활 속에서 끄집어내는지, 또 옛이야기가 아이들 생활에서 좀 더 발전된 형태를 띨 수 있도록 교사들이 어떻게 지원하고 있는지 몇 가지 사례를 보자.

세시와 절기에 맞는 이야기

아이들은 어떤 이야기를 들어도 좋아한다. 그러나 공동육아의 교육 과정은 세시와 절기의 변화에 따른 자연의 흐름을 염두에 두고 모든 활동이 구성된다. 몇 년간 이야기를 들려주면서 다른 교육 활동과 마찬가지로 이야기도 가능하면 계절의 변화에 따라 들려주면 좋겠다는 생각이 들

세시와 절기에 맞게 들려주는 이야기

세시 풍속과 관련된 옛날이야기	
설날 무렵	야광귀 이야기, 말하는 남생이
대보름 무렵	약밥을 먹게 된 유래
단오 무렵	머리에 입 달린 괴물 이야기
칠월칠석	견우와 직녀
추석 무렵	절구가 왜 달에 올라갔을까, 달 모양이 변하는 이야기
동지 무렵	팥죽을 먹게 된 유래, 팥죽할머니와 호랑이
제사 때	호랑감태, 능텅감투
절기에 맞는 이야기	
봄	느티나무 총각, 도깨비 도움으로 부자 된 나무꾼, 은혜 갚은 개구리, 귀엣말
여름	지렁이와 가재, 빨간 부채 파란 부채, 부채 귀신 잡은 아이 이야기, 신기한 나뭇잎, 소나기의 유래, 나무 도령, 나무꾼과 선녀
가을	내 담뱃대 어디 갔나. 도깨비 방망이
겨울	방아 찧는 호랑이, 소금을 내는 맷돌, 호랑이가 준 보자기, 꾀 많은 토끼와 바보 호랑이, 북두칠성이 된 일곱 형제

었다. 그래서 이미 들려주었던 이야기들을 계절에 따라 분류하고 새로
찾아 정리하고 이를 교사 대회 등을 통해 다른 공동육아 어린이집 교사
들과도 나누기 시작했다. 그리고 가능하면 7세 이전 아이들 수준에 맞는
이야기를 찾고자 노력했고, 꼭 들려주고 싶은데 이야기가 어렵다고 생각
될 땐 수준에 맞춰 이야기를 재구성하여 들려주기도 했다.

아이들은 설날 아침에는 왜 떡국을 먹는지, 밤에는 「야광귀 귀신」이
왜 나타나는지를 듣고 자란다. 단오가 되면 익모초와 쑥을 먹게 된 유래
에 대한 「머리에 입 달린 괴물」 이야기를 들으며 아주 쓴 익모초 즙도 먹
는다. 농사지을 때는 거름과 관계된 「정신없는 도깨비」 이야기를, 장마

가 오면 「나무도령」 이야기, 추석이 오면 달나라에 토끼가 절구질을 하게 된 이야기를 듣고, 동지에는 팥죽을 먹게 된 이야기나 그와 관계된 「팥죽할머니와 호랑이」 이야기를 들려준다. 그리하여 몇 년 동안 어린이집을 다닌 어린이들은 우리 조상들의 삶과 문화가 고스란히 살아 있는 이야기와 함께 계절 변화를 느끼고 한 해를 보낸다(한 해의 흐름에 맞춰 들려주는 이야기들은 79쪽 표를 참조하라).

유래에 얽힌 이야기

나들이를 다니면서 어린이들은 벌레나 풀, 꽃들을 늘 만나게 된다. 우리 조상들은 동식물의 특징을 잘 잡아 그것은 왜 그런 이름을 가지게 되었는지, 어떻게 해서 그곳에 있게 되었는지에 대해 많은 이야기를 남겨 놓았다. 어린이들이 만나는 자연은 모두 이야깃거리다. 교사가 들려주는 이야기 몇 토막은 무심히 지나치던 것에 더 많은 관심과 호기심을 갖게 해 주며 애정을 갖고 자연을 들여다보게 해 준다.

장마철에는 소나기가 많이 내린다. 갑자기 쏟아지는 소나기를 피하면서 소나기의 유래에 대한 이야기를 들려주었다. 이야기를 해 주기 전에 먼저 수수께끼를 낸다.

"여름에 많이 볼 수 있는 거야. 하늘에서 내려오지. 이것이 내려오면 밖에서 놀 수가 없어."

유난히 수수께끼를 잘 맞히는 아이가 대답한다.

"나 그거 알아. 소나기지." "딩동댕."

운동하기 전 준비체조 하듯이 수수께끼 놀이를 한 다음, 갑자기 하늘에서 쏟아지는 비를 왜 소나기라고 부르게 됐을까 물어보지만 아이들이 알 턱이 없다. 그래서 그런 날엔 「소나기」 이야기를 들려준다.

"오늘도 소나기가 쏟아졌지? 저기 산골 어디선가 스님이랑 농부랑 소내기를 했을 거야.”

이야기를 듣고 난 아이들의 ‘아하!’ 하는 표정. 장마철 소나기는 계속되고 아이들은 소나기만 내리면 하늘을 쳐다보며 말한다.

“누가 또 소 내기하나 봐.”

집에 가서도 소나기가 올 때마다 그 얘기를 했다고 어느 엄마는 전해주며 “옛날이야기가 참 재미있네요” 하고 말한 적도 있었다.

텃밭을 들여다보는 일은 아이들에게 매우 중요한 일이다. 교사들이 상추를 뜯거나 고추를 따면 아이들은 그것보다는 식물들과 함께 살아가는 무당벌레나 지렁이나 방아깨비 등 움직이는 것에 더 많은 관심을 갖는다. 그리고 그런 것을 발견하면 손바닥에 올려놓고 큰 소리로 “여기에 지렁이 있다!” 하고 외친다. 놀던 아이들도 달려와 지렁이를 함께 살핀다. 그런 모습을 보고 교사는 어느 날 「지렁이와 가재」라는 이야기를 찾아냈고 아이들에게 왜 지렁이에게는 목도리가 있고 우리가 개울가에 가면 가재는 왜 바위 속에서만 찾아볼 수 있는지 들려준다. 이야기를 들은 후 아이들은 지렁이만 보면 목도리가 있는지 꼭 살펴보고 자기들끼리 이야기한다.

“지렁이가 정말 목도리를 하고 있어.”

“그래, 가재랑 바꾼 거야.”

자연에서 보는 여러 대상들에 대해 아이들은 가끔 의문을 갖는다. 때로는 교사들이 먼저 아이들에게 질문을 하기도 한다. 물론 교사는 자기가 아는 이야기를 아이들에게 들려주고 아이들의 흥미를 유발하기 위해 일부러 질문을 하기도 한다. 옛이야기는 과학적 사실과 관계없이 자연현상을 너무도 쉽고 재미있고 그럴듯하게 설명한다. 옛사람들이 만든 이야기는 어른이 보아도 감탄이 절로 나온다.

이야기를 들은 아이들은 “그거 거짓말이지?” “진짜야?” 하고 묻지 않는다. 그러나 혹 누군가가 그렇게 묻는다면 “아주 옛날에 호랑이가 담배

필 적에, 까치가 말을 할 때 있었던 이야기거든" 하고 말해 주면 된다.

피아제의 말처럼, 유아기에는 모든 사물에 생명이 있고 사물에는 인간과 마찬가지로 영혼이 있다고 믿고, 죽은 것과 산 것 사이에는 명백한 경계가 없다고 믿는다. 그와 마찬가지로 이야기 속의 동식물이 함께 이야기를 나누는 것을 아이들은 전혀 의심하지 않는다.

여기에서 이야기를 먼저 들려줬는지 아니면 자연 속에서 아이들의 관찰이 더 먼저였는지는 명확하지 않다. 중요한 것은 교사들의 이야기 들려주기를 통해 아이들이 자연을 보는 눈이나 사물을 대하는 태도가 달라진다는 점이다. 이 세상은 그저 우연히 생긴 게 아니고 서로 관계를 맺고 있다는 것도 이해하게 된다.

놀이로 이어지는 이야기

아이들의 세계에서 이야기는 놀이 그 자체이며 놀이는 생활의 전부이기도 하다. 아이들의 놀이는 자연 속에서 가장 활발하게 일어난다. 그리고 아이들이 들은 여러 가지 이야기는 놀이의 좋은 소재로 발전하기도 한다. 특히 상상 놀이에 많은 영향을 미친다. 이야기와 놀이는 매우 밀접한 관계에 있다.

이야기가 놀이로 발전하는 모습은 아이들 나이에 따라 다르게 나타난다. 나이가 어린 아이들은 교사의 주도로 놀이가 이루어지지만 큰 아이들은 옛이야기에서 놀이가 파생돼 새로운 놀이, 혹은 전혀 다른 놀이로 확장된다. 그리고 아이들이 놀이를 할 때 교사가 옆에서 어떻게 그 놀이를 지원해 주는가는 매우 중요하다.

비고스키는 언어를 통해 인지 발달을 촉진할 수 있는 우수한 교육 방법으로 '비계 설정'이라는 말을 썼다. 교육에서 비계 설정을 이용하는 교사는 아동의 발달된 인지 능력에만 반응하는 것이 아니라 사회 정서적인 욕구나 행동에 대해서도 반응하는 것으로 환경의 중재를 통해 도움을 제공할 수 있으며 이는 교육에서 매우 중요하다(김태련 외, 2004). 아이들의 놀이를 훨씬 다채롭게 하고 상상력을 풍부하게 해 준다는 점에서 이야기는 교사가 사용하는 비계 설정이다. 그러기 위해서는 교사는 판타지를 가져야 한다. 교사가 가진 판타지 역시 아이들의 언어 발달이나 놀이에 매우 중요한 요소다(앞에서 인용한 이야기에 나오는 장난감을 나는 판타지라는 말로 대신하고 싶다). 아이의 놀이를 곁에서 지켜보며 적절하게 장난감을 제공해 주는 것이야말로 교사가 발휘하는 판타지이며, 이는 아이들의 놀이가 내면화 과정을 거치는 데 매우 중요한 요소가 될 수 있다.

나는 교사가 들려주는 옛이야기가 교육적 중재 역할을 할 수 있다고 본다. 교사가 들려준 이야기가 아이들의 놀이가 되고 놀이에 함께 참여해 환경을 마련해 주고 좀 더 복잡한 상상 놀이를 할 수 있도록 비계 설정을 해 주는 역할은 매우 중요하다.

이야기가 놀이에서 어떤 역할을 했나 살펴보자. 아이들은 매주 화요일 어린이집 뒷산으로 나들이를 다녔다. 산으로 나들이를 다니며 아이들은 그곳에는 여러 가지 동물들이 산다고 믿는다. 옛이야기에 나오는 다람쥐나 토끼나 여우나 힘센 호랑이까지 살고 있다고 믿는다. 그렇다면 동물원에 가면 볼 수 있는 그 동물들을 왜 산에서는 볼 수 없을까? 옛날 옛날에 살던 그러한 동물들을 왜 한번도 만나지 못했을까? 실제로 몇몇 아이들이 심각하게는 아닐지라도 이런 의문을 제기한 적이 있다. 그러나 산에 동물들이 왜 없는지를 다섯 살 어린이들에게 오늘날의 문명과 환경, 생태 이론으로 거창하게 설명할 수는 없는 노릇이다. 아주 우연한 기회에 우리는 그러한 의문을 해결할 수 있었다. 그건 내가 꼭 일부러 의도했다기보다는 우연히 일어난 놀이였는데 옛이야기가 매개가 되어 주었다.

'산속의 여우는 왜 우리 눈에 띄지 않을까' 하고 아이들이 거창한(?) 토론을 벌이는 것을 듣다가 「여우 손수건」이라는 이야기를 찾아냈다. 옛날 이야기에 의하면 그건 도깨비의 감투처럼, 여우가 몸에 지니면 보이지 않는 손수건을 가지고 있기 때문이었다. 아이들이 그 이야기를 듣고 놀이를 한 다음부터는 여우가 왜 우리 눈에 보이지 않을까 하는 이야기를 꺼내지 않게 되었다. 물론 아이들에게 산에 진짜 여우가 사느냐 아니냐는 애초에 그리 중요한 문제는 아니었을 것이다.

이야기를 들려주고 난 후 어느 날, 나는 아이들을 재미있게 해 주고 싶어졌다. 그래서 산을 내려가는 아이들에게 누군가가 우리를 쫓아오고 있는 것 같다고 말했더니 아이들은 당연히 신나는 일이 시작됐다는 듯 흥분했다. 그리고 아이들은 우리를 쫓아오는 것은 틀림없이 여우라고 결론을 내렸고 내가 아마 그럴 거라고 맞장구를 쳐 주자 어린이집에 돌아와서도 동생들에게 혹은 다른 교사들에게 여우가 자기들을 쫓아왔다고 큰소리로 이야기했다. 그리고 우리 눈에 여우가 보이지 않는 건 손수건 때문이라고 확신했고 며칠 동안 여우 이야기로 아이들은 떠들썩했다.

아이들은 그 길을 갈 때마다 이 놀이를 반복하며 매우 즐거워했는데 아이들의 놀이가 시들해질 무렵 나는 아이들 몰래 소나무 가지에 흰 손수건을 걸어 놓았다. 그걸 발견한 아이들은 여우 손수건이 틀림없다고 환호를 했지만 그 손수건을 간직해도 이야기 속의 여우처럼 몸이 감추어지지 않는다는 걸 알고는 실망했다. 그리고 손수건에 대해 설왕설래하던 아이들은 그건 가짜 손수건이라고 단정했다. 진짜는 옛날 옛날에만 있었다거나 여우가 몸에 지니고 있기 때문에 우리가 산에 가도 여우는 절대로 우리 눈에는 띄지 않는 거라고 결론을 내렸다. 하지만 손수건이 발견된 후 그 놀이는 거기서 끝이 났다. 그 후에 벌어질 일을 전혀 예측하지 못하고 걸어 놓은 손수건(현실에서 발견된 실물)이 아이들의 상상 놀이가 계속되지 못하게 만든 셈이다. 그러나 더 오랫동안 여우 손수건 놀이를 계속했다면 아이들의 놀이는 시들해졌을 것이다. 놀이는 적당한 시점에서 끝이 나고 다음 놀이로 넘어갔다.

옛이야기의 창작과 변형

교사는 아주 재미있는 이야기를 찾으면 아이들에게 들려주고 싶어진다. 그러나 아이들에게 들려주기에는 주제나 내용이 적당하지 않을 때가 있다. 그럴 때 교사들은 그 이야기의 구조는 그대로 두되 소재를 바꾸거나 뒷부분을 변형해서 들려주기도 하고 이야기가 끝나는 시점에 아이들에게 질문을 던짐으로써 수수께끼 등의 언어 활동으로 활용하기도 한다.

이야기를 자꾸 들려주다 보니 이야기를 책에서 본 그대로가 아니어도 아이들 수준에 맞게 교사가 이야기를 재구성해 들려주는 것도 좋겠다는 생각이 들었다. 우리가 알고 있는 옛이야기들은 어차피 이야기가 전승된 것이고 문자로 기록되는 과정에서 여러 이본들이 있게 마련이므로 교사나 아이들 모두 이야기에 참여해 새로운 상상력을 발휘해 재구성해 보는 것도 꽤 재미있는 일이었다.

공동육아에서 이야기가 중요한 교육 활동으로 자리 잡으면서 어린이집마다 필요에 따라 이야기를 변형하거나 새로운 이야기를 만들어 내는 경우가 종종 있었다. 또 만들어진 이야기들은 '이야기 주머니'처럼 다른 어린이집에 퍼져서 떠돌아다니게 된다.

이야기 대회

평택 느티나무어린이집에서는 교사들만 이야기를 하는 것이 아니라 터전과 가정 모두가 함께 이야기판을 벌이는 작업을 오랫동안 해 왔다.

평택 느티나무어린이집에서는 교사들만 이야기를 하는 것이 아니라 터전과 가정 모두가
함께 이야기판을 벌이는 작업을 오랫동안 해 왔다. 이야기대회를 열어 기존의 옛이야기도
들려주지만 새로운 이야기를 만들어 내기도 한다.

교사들이 해 준 이야기를 아이들이 집에 가서 부모에게 해 주기도 하고,
이야기대회라는 게 있어서 기존의 옛이야기도 들려주지만 새로운 이야
기를 만들어 내기도 한다. 이 이야기대회에서 만들어진 「호박등 이야기」
는 다른 어린이집에서도 많이 들려주는 이야기다.

앞에서 소개한 「두부두부 영차」 이야기는 아주 잘 잊어버리는, 홀어머
니의 좀 부족한 아들에 대한 이야기다. 이 이야기는 반복되는 언어의 즐
거움이 가득하고 내용 자체도 아이들이 매우 흥미롭게 느낄 이야기이나
주제 자체는 아이들에게 바람직하지 못했다. 사실 옛이야기에는 이처럼
부족한 사람에 대한 이야기가 많이 있다. 이렇게 희화된 이야기를 아이
들에게 들려주는 것은 교육적 차원에서 적절하지 않다고 보고 교사들은
이 이야기의 구조를 살리면서도 끝부분만 바꿔 아이들에게 적절한 이야

기로 만들어 냈다. 주인공이 마지막까지 어리석은 행동을 하는 기존의 이야기를 "이른 봄에 나오는 뿌리가 하얀 약초를 먹어서 잘 잊어버리는 병을 고치고 그 후 잘 자라서 엄마에게 효도도 하고 훌륭한 사람이 되었다"는 이야기로 바꾼 것이다. 그리고 교사들은 "그 약초는 어린이집 주변에 있는 밭에서도 찾을 수 있다. 그러니 너희들도 한번 찾아봐라" 하고 수수께끼를 냈다. 아이들은 이른 봄, 밭에 나가 열심히 그 약초를 찾았고 드디어 한 아이가 뿌리가 긴 냉이를 찾아냈다. 아이들이 호기심을 가지고 자연을 탐색하는 덤까지 얻었을 뿐 아니라 이야기와 우리 주변의 생태를 연결해 주는 좋은 예가 되었다.

슬픈 이야기를 행복한 결말로

앞에서 꽃 이야기와 같이 슬프게 끝나는 이야기에 대한 부정적인 견해를 이야기했다. 보통 사람들이 열심히 살아가고 불의에 맞서거나 민중이 승리하여 대리 만족을 주는 많은 옛이야기들은 이렇게 슬프게 끝나는 예가 많지 않다. 우렁이각시는 행복하지 않은 결말로 끝나는 몇 안 되는 이야기 중의 하나다.

산어린이집에서는 벼농사를 지으면서 논에 우렁이를 넣었는데, 그와 관련해 교사들은 아이들에게 우리 옛이야기인 「우렁이각시」를 들려주고 싶었다. 그러나 이 이야기는 총각이 사랑하는 우렁이각시와 행복하게 살지 못하고 죽어서야 만나는 슬픈 이야기다. 그래서 산어린이집 교사들은 우렁이각시를 행복한 결말이 되도록 이야기를 바꿔 주었다. 그 이유를 이렇게 말하고 있다.

아이들에게 옛이야기를 들려주다 보면 때론 유아들의 정서에 맞지 않는 이야기가 많다는 생각이 든다. 아이들은 아름다운 짝을 만나 행복하게 사는 이야기를 좋아하는데, 우리 옛이야기는 서민들의 애환이 담긴 슬픈 내용이 많다. '우렁이각시' 이야기도 지혜롭게 위기를 극복하여 행복하게 사는 이야기로 새롭게 만들어 들려주었다.

— 산어린이집, 2003

그토록 마음씨가 고운 우렁이각시가 죽는다는 것을 아이들이 어떻게 받아들일 수 있겠는가.

창작한 옛이야기

아이들에게 적절한 이야기를 들려주고 싶을 때 적당한 옛이야기가 없어 교사가 부득이 이야기를 만들어야 할 때도 있다. 옛이야기의 형식과 방법을 그대로 가져와 진짜 옛날이야기 느낌을 주는 이 이야기들은 아이들에게 매우 좋은 반응을 얻었다.

친구야놀자어린이집 교사회에서는 아이들과 씨감자를 심으면서 거둘 때까지 감자 키우기를 프로젝트 활동으로 진행했다. 그래서 아이들의 흥미를 유발할 감자에 관한 이야기가 없을까 찾아보았으나 부분적으로 감자가 들어간 이야기는 있었지만(이원수, 1999), 감자를 심을 때 아이들에게 들려주기에 적당한 이야기를 찾을 수 없었다. 그래서 자료를 찾던 중 인터넷에서 다음과 같은 글을 찾았는데 서너 줄의 짧은 글밖에 없었다.

조선 후기 실학자 이규경의 『오주연문장전산고』에는, 순조 갑신·을유 양년 사이(1824~25)에 명천의 김이라는 사람이 북쪽에서 가지고 왔다는 설과 청인이 인삼을 몰래 캐 가려고 왔다가 떨어뜨리고 갔다는 설을 수록하고 있어, 중국으로부터 19세기 초보다는 이른 시기에 한국에 전래되었을 것으로 추정된다.

이 글에서 청나라 사람이 몰래 인삼을 캐가려고 왔다가 떨어뜨리고 갔다는 설을 글의 소재로 삼아 「감자 이야기」(97~100쪽 참조)를 만들어 냈다. 역사적 내용을 그대로 삽입하였더니 재미라는 면에서 아쉬운 부분이 많았기에 옆집에 살던 욕심꾸러기 친구도 역시 감자를 짊어지고 인삼을 찾으러 왔으나 강원도의 금강산 호랑이에게 잡아먹혔다는 별개의 이야기도 만들어 추가하였더니 아이들은 매우 재미있어했다.

아이들은 씨감자를 심을 때 또 감자를 캔 다음, 자기들이 보는 감자가 옛이야기에 나오는 두 감자 중 어떤 것인지 서로 이야기했다. 모두 효자 감자라고 하고는 효자 감자를 먹었으니 자기들도 효자가 될 거라고 했다.

이해하기 힘든 내용을 옛이야기로 들려주기

교사는 쉽게 설명하기 어렵거나, 무언가를 이해시킬 필요가 있을 때, 박물관이나 고궁을 견학할 때나 아주 곤란한 이야기를 들려주어야 할 때, 어떻게 아이들과 이야기를 풀어갈지 고민이 된다.

과천 튼튼어린이집에서 움집 프로젝트를 할 때 어린이들과 담당 교사와 함께 차를 타고 가게 되었다. 선사 유적지에 대해 어떤 사전 활동을 했나 알아 봤더니 설명하기가 어려워서 충분히 설명하지 못했노라고 했다. 그래서 차 타고 가는 동안 한 시간 남짓 아이들에게 암사동 선사 유적지 이야기를 옛이야기로 만들어 들려주었다. 등장인물들이 어찌어찌 살았으며 아들 딸 낳고 행복하게 살았고 그 아들 딸이 또 아들 딸을 낳고 이 마을 저 마을에 널리 퍼져 행복하게 살고 있다더라 하는 이야기였다. 주인공 이름도 즉석에서 콩이와 팥이로 만들었다. 그 두 가족이 수렵을 해서 고기를 말리고 가죽으로 옷을 해 입고 불씨를 꺼뜨리지 않기 위해 애를 쓰고 찰흙으로 토기를 만들고 어느 날부터인가는 논농사를 짓기 시작했다는 이야기를 만들어 들려주었더니, 아이들은 그곳에 도착해 움집 구경을 하는데도 "콩이 집이야, 팥이 집이야?" 하거나 "콩이 할아버지 활!", "콩이 아버지 옷!" 하면서 모든 것을 차 안에서 들려준 이야기와 연결지었다. 그리고 집에 돌아가서도 엄마, 아빠에게 콩이랑 팥이네 집에 다녀왔다고 해서 무슨 영문인지 모르는 부모들이 나중에 그 옛이야기를 듣고는 한바탕 웃었다고 한다.

이야기를 자꾸 하다보면 누구든지 이야기를 만들어 낼 수 있다. 옛이야기의 형식을 이해하고 있으면 또 이야기를 많이 들려주는 어른이라면, 또 이야기를 들려주는 것이 얼마나 중요한지 이해하고 있는 어른들이라면 이야기를 만드는 것은 그리 어려운 일이 아니다.

아이들이 만든 이야기

어린이집에서 몇 년간 자란 아이들이 다시 방과후 과정을 다니는 예들이 있다. 해맑은어린이집에는 아이들과 열심히 이야기 문화를 주도하고 만들었던 교사 하나가 방과후에서 그 아이들을 다시 만나고 있다. 늘 이야기를 듣고 자란 아이들은 남에게 들은 이야기도 언제 어디서든 잘해주지만 이야기를 아주 잘 만들어 낸다고 한다. 이야기의 구조가 아이들의 머릿속에 자리 잡고 있는 것이다. 아이들은 이미 풍부한 상상력의 소유자다. 이렇게 풍부한 상상력을 가지고 자라는 아이들은 성인이 되어서도 창의적인 인간으로 자라날 수 있을 것이다.

생활 이야기를 옛이야기처럼 들려주기

말문이 트이기 시작하는 조금 더 어린 아이들은 상상력이 더 많다. 이 아이들에게 현실과 상상의 세계의 구분은 중요하지 않다. 아이들은 모든 상황을 단순화하거나 이야기에 대한 반응도 매우 즉각적이다. 생활 이야기도 이 아이들에게는 옛이야기와 똑같다. 밥을 잘 안 먹으려고 한다든지 아침에 부모와 떨어지기 싫어할 때, 아니면 그림책 속의 주인공을 실제 생활 속의 주인공으로 끌어내 이야기를 만든다. 이런 이야기는 교사 혼자 만드는 것이 아니고 교사와 아이가 함께 만들게 된다. 이를 통해 아이들이 마음껏 상상의 나래를 펼 수 있을 뿐 아니라 아이들과 교사 간에 매우 의미 있는 활력소가 되거나 상상 놀이로 확장되기도 한다.

어느 날 책을 읽는데 아이들이 그림책 속의 멧돼지를 매우 흥미롭게 바라보았다. 아이들이 지내는 공간은 마침 산이 보이는 곳이어서 책 속의 멧돼지는 그곳에서 살아났다. 그리고 이 멧돼지는 아이들이 어린이집을 그만둘 때까지 몇 년 동안 아이들과 함께 그곳에 살아 있었다. 이 이야기는 옛이야기처럼 상상 속에 있으면서도 아이들의 실제 생활에서 살아 있기도 했던 아주 멋진 일화이며 나에게는 매우 흥분되고 경이로운 체험이었다. 그것은 아주 우연히 시작되었다. 그중 한 부분만 인용해 본다.

어느 날 아침 간식 시간

교사 얘들아, 오늘 아침에 나 할아버지 멧돼지 만났다.

아이들 정말이야? 어디서? 어디서 만났는데?

교사 음. 저기 느티나무 있는 데서.

아이들 할아버지 멧돼지는 수염도 났어?

교사 그럼, 여기 턱 밑하고 코 밑에 아주 긴 수염이 났던데. 근데 뾰족한 주둥이 밑으로 이렇게 기다란 송곳니도 났더라.

집중이 안 되는 아이들은 자연스럽게 모여앉아 내 이야기에 귀를 기울이기 시작했다. 그리고 며칠 후 아침 간식 시간. 아이들이 먼저 물었다.

아이들 오늘은 할아버지 멧돼지 안 만났어?

교사 아, 오늘은 할머니 멧돼지 만났어.

아이들 어디서 만났어?

교사 응, 오늘은 내가 터전에 제일 먼저 왔거든. 근데 마당에 허리가 꼬부라진 할머니 멧 돼지가 앉아 있어서 깜짝 놀랐지 뭐야. 근데 할머니 멧돼지는 송곳니도 하나 빠졌더라. 감자 캐먹다가 그만 땅 속에 있는 커다란 돌멩이랑 부딪친 거래.

아이들 하하!

모두 깔깔거리고 웃음. 그러다 다시 심각한 얼굴로

아이들 멧돼지가 감자도 먹어?

교사 그럼, 근데 할머니 멧돼지가 아침햇살한테 부탁 하나 하러 온 거래.

아이들 뭔데?

교사 으응, 우리가 나들이 갈 때 꼭 아침햇살이 먼저 와야 된대. 삼촌 멧돼지가 하나 있는데 아주 힘이 세대. 먼저 뛰어가다가 붙들리면 보내 주지 않는대. 조심하래.

그 무렵 나들이를 다닐 때 아이들이 하도 뛰기 시작해 다섯의 남자아이들을 감당하기 힘든 때였다. 사나운 삼촌 멧돼지는 그런 아이들의 행동을 절제시키는 데 큰 역할을 했다. 언덕길에서 "쉿, 살금살금" 하고 다녔고 막 뛰다가도 "삼촌 멧돼지" 하면 발걸음을 멈추었다. 그래서 우리는 나들이를 가다가 나무 사이에서 놀고 있는 아기 멧돼지도 찾아보고, 힘이 센 삼촌 멧돼지를 화나지 않게 하기 위해 살금살금 걷기도 하고, 긴 나뭇가지로 풀 사이를 헤치며 멧돼지 똥을 찾아냈다. 아이들은 굉장한 것을 발견한 듯 고함을 질렀다. "야! 여기 멧돼지 똥이 있어"(물론 개똥이지만). 그림책 속에서 우연히 맞닥뜨린 작은 이야기 하나는 생활공간에서 살아나고 아이들의 놀이와 상상력을 더욱더 풍부하게 해 주었다. 어린이집 생활 몇 년 동안 아이들과 함께 뒷산에서 살았던 이 멧돼지 이야기는 아이들이 좀 더 자라 삶에 지쳐 생활이 많이 메말라져 있을 때 가슴에 촉촉한 추억을 가져다 줄 게 틀림없다.

옛이야기를 교육 활동으로 확장하기

동극

옛이야기의 연장선에서 바라볼 수 있는 동극은 잘만 계획하면 아이들의 관계를 풀어 가는 데 절대적인 영향을 미칠 수 있다. 소재를 찾으면 교사가 방향을 잡고 아이들과 모둠 회의를 해서 역할을 정하고 소품을 만들고 연습을 하고 부모들 앞에서 공연을 하는 단합된 과정에서 갈라졌던 아이들의 마음이 대부분 하나로 모이게 된다. 때로는 원작에서 이야기가 많이 벗어나는데 아이들과 함께 해 나가는 각색은 현재 상황에 맞는 이야기로 전개되기 때문에 배역을 포함해서 아이들 스스로도 많이 만족한다. 물론 역할을 나눌 때 교사가 함께 참여해 주도적인 역할을 맡을 수도 있고 다른 아이들을 못살게 굴거나 주먹이 나가는 아이가 중요한 역할을 맡도록 이끌어 나가는 것도 매우 중요하다. 동극을 하면서 그런 역할을 맡아 본 아이는 스스로 절제하는 힘이 길러진다. 많은 부모들 앞에서 칭찬을 받은 아이들은 세상의 모든 것을 얻은 것 같은 자신감과 만족을 갖게 되기 때문에 잘못된 행동을 하더라도 곧바로 잡아갈 수 있는 힘을 갖게 된다.

교사들의 마당극

아이들이 좋아하는 옛이야기를 가지고 교사들은 마당극을 공연하기도 한다. 튼튼어린이집은 해마다 나뭇잎이 노랗게 물들어 으스스한 가을이 되면 「흉내도깨비」를 공연한다. 해마다 공연되는 이 마당극을 아이들은 무척 좋아하는데, 해마다 교사의 배역이 바뀌기 때문에 아이들은 '작년에는 아무개가 아기도깨비를 했는데 올해는 누가 하나' 하고 많은 기대감을 갖는다. 똑같은 이야기지만 해마다 다른 느낌을 주는 이 마당극을 아이들은 참 좋아한다. 공동육아의 다른 어린이집에서도 옛이야기를 가지고 교사들이 아이들에게 보여 주는 마당극을 공연한다.

테이블 이야기

발도로프에서 헝겊 인형으로 하는 테이블 동화는 기존의 유아 교육 기관에서 사용하던 여러 시각 매체들보다 훨씬 더 생명력 있어 보이며 아이들에게 자연스럽게 다가간다. 그에 영향을 받아 많은 어린이집에서 우리 옛이야기에 나오는 인물들을 인형으로 만들어 아이들에게 들려주고 있다. 물론 가능하면 천연 염색한 헝겊을 사용하고 피부, 머리카락 색에도 신경을 써서 우리나라 사람과 비슷하게 보이는 인형을 만들려고 노력한다. 교사가 보여 주는 테이블 이야기는 아이들에게는 다시 좋은 놀이의 소재가 된다. 교사를 모방해 아이들은 자기들끼리 놀며 새로운 이야기를 함께 만들어 내곤 한다.

그림책 만들기

이야기를 늘 듣고 자란 아이들은 자유롭게 그림을 그리며 이야기책을 만드는 경우가 흔하다. 또 일곱 살 정도가 된 아이들은 이야기를 듣고 인상적이었던 부분을 그림으로 그리거나 이야기 끝부분을 완결되지 않은 상태로 남겨 놓고 이야기의 마무리를 각자 그림으로 표현해 보는 활동을 하기도 한다.

앞으로의 과제

「별난놀이터」*에서 공동육아의 경험이 전혀 없는 아이들 17명을 데리고 옛이야기 프로그램을 5개월 정도 진행한 적이 있었다. 처음에는 진행하기가 무척 어려웠지만 점차 아이들이 이야기 듣는 것을 얼마나 원하는지 확인할 수 있었다. 아이들 중에는 그날 들은 이야기를 집에 가서 엄마에게 해 주는 경우가 더러 있었다. 36개월 전후의 아이들과도 엄마와 함께 하는 옛이야기 프로그램을 진행했는데 엄마들이 더 좋아했다. 그때 20분 정도는 엄마들과 여러 이야기를 나눴는데 어린이들보다는 엄마들이 이야기 문화의 중요성을 인식하는 시간이 되었다.

우리나라 유아 교육 현실에서 3,40명이나 되는 아이들을 데리고 그림이나 인형 등 매체 없이 옛이야기 들려주기가 과연 가능할 것인가 생각해 보게 된다. 더구나 시청각 매체에 익숙한 요즘 아이들에게 말이다. 그러나 교사가 들려주는 이야기가 아이들의 상상 놀이로 발전하고 아이들의 정서 안정에 도움이 된다고 생각한다면 포기하지 말아야 한다고 생각한다. 이야기를 들려주는 일은 사명감이 없이는 힘들다는 것도 인정해야할 것이다.

그러나 일반 유아 교육 기관에서도 연령이 낮은 아이들부터 서서히 생활 속의 이야기 문화를 만들어 가면 연령이 조금 높아지더라도 집중하는데 큰 문제는 없으리라 생각한다. 아니면 반을 맡지 않은 원장이 이야기해 주는 사람이 되어 시간을 정해 놓고 이야기를 들려주면 어떨까?

지역 자원을 활용해 보는 것은 어떨까? 경기도 과천 지역에는 아이들이 '이야기할머니'(이학선, 80세)라 부르는 분이 있다. 벌써 7년째, 일주일에 한 번씩 두세 군데 공동육아 어린이집을 방문해 아이들에게 이야기를 들려준다. 아이들은 이야기할머니가 이야기를 해 주러 오는 날엔 무릎에

---

* (사)공동육아와 공동체교육과 (재)서울여성에서 공동 운영하는 어린이 문화 공간. 영상 놀이터, 인형 놀이터, 책 놀이터, 자연 놀이터로 구성되어 있으며, 5세에서 초등학생을 대상으로 하는 체험 프로그램이 운영된다. 서울 대방동 서울여성플라자에 있다.

가서 앉기도 하고 목걸이도 만져 보고 거칠거칠한 피부도 만져 본다. 그러면서 자연스럽게 이야기를 듣는다. 물론 이 분은 아이들이 좋아서 자발적으로 시작한 것이지만, 우리가 이렇게 지역에 살고 계시는 할아버지나 할머니를 어린이집으로 모셔다가 아니면 직접 찾아가서 이야기를 들어보는 것도 아이들과 교사 모두가 이야기 문화를 배우는 좋은 기회가 되지 않을까?

오늘날 이야기 문화의 판은 이미 많이 깨져 있다. 그래서 이야기 문화를 복원하는 데 교사들의 역할이 매우 중요하다. 교사들이 부모들에게 이야기 문화를 제안하고 함께 실천하는 것이 필요하다. 유아 교육 기관에서 들려줄 이야기를 교육학자에게만 맡기는 것은 최선이 아니라고 본다. 현장에서 교사들이 해 오던 것을 정리하는 게 중요하다. 교사들이 옛이야기의 중요성을 이해하고 지역 단위나 교사회 단위로 이론도 공부하면 좋을 것이다. 어떻게 이야기를 들려주어야 하는지도 함께 나누어 보면 좋을 것이다. 수많은 이야기 가운데 글을 모르거나 글을 알아도 깊이있게 이해할 수 없는 나이인 7세 이하의 아이들에게 어떤 이야기가 좋은지 골라내는 것도 필요하다. 아이들과 교사만이 아닌 부모들과도 이야기 문화의 중요성에 대해 함께 나누고 자료를 제공해 주자. 부모 교육이나, 교육 내용의 공유를 통해, 이야기 문화 복원의 중요성을 설명하고 집안에서 이야기를 할 수 있도록 각종 자료도 제공해 주어야 한다.

책에 문자로 남아 있는 옛날이야기를 찾아 그저 이야기로 들려주고 마는 것은 아이들에게 별 의미가 없다. 그러면 아이들은 현실과는 거리가 먼 그야말로 옛날의 이야기로만 인식할 것이다. 그래서 옛날의 이야기도 오늘의 이야기로 재구성하여 들려줄 수 있어야 한다. 생활 속에 살아 있는 이야기로 만들어 우리의 정서를 대물림해 주는 이야기 문화를 되살려야 한다. 이야기를 하는 것은 의미와 문화를 구성하는 매우 유익한 인간 활동이기 때문이다.

　요즘 아이들이 텔레비전을 보면서 지내는 시간이 많다는 것을 우리는 인정해야 하지만, 그럼으로써 우리는 가장 소중한 것을 잃고 있다는 것도 인정해야 한다. 또 유아기에 이런 영상 매체들이 무차별적으로 주어진다면 어떤 일이 벌어질까도 심각하게 고민해야 한다. 이야기를 주고받는 행위 자체가 따뜻한 정서적 교감을 이루면서 서로에 대한 이해와 사랑을 키워 나간다는 점을 인식하고 조상들처럼 생활 속에 살아 있던 우리의 이야기 문화를 더 늦기 전에 복원해 나가야 할 것이다.

함께 읽기

감자 이야기

옛날 옛적 중국이라는 나라에 어머니와 아들이 살고 있었어. 이 총각은 동네에 효자로 소문이 났거든. 매일 열심히 일해서 어머니를 잘 모셨지. 근데 그만 안타깝게도 어머니가 이름 모를 병에 걸려 버린 거야. 아들은 어머니의 병을 고치려고 귀하다는 약은 다 써 보았지만 어머니 병은 좀처럼 낫지를 않았어. 효자 아들이 만날 어머니의 병을 고칠 생각만 하고 있어서인지 하루는 낮에 어머니 옆에서 잠깐 낮잠을 잤는데 꿈속에 머리가 하얀 노인이 나타나 이렇게 말하는 거야.

　"애야, 그만 일어나거라. 네 효성이 지극하니 내가 어머니 병을 고치는 방도를 일러 주겠다. 배를 타고 동쪽으로 가면 아주 아름다운 섬이 나타나는데 거기에 인삼이란 뿌리가 있느니라. 그걸 달여 먹으면 어머니 병이 나을 것이다" 하더니 연기처럼 사라졌어. 깜짝 놀라 잠이 깬 아들은 꿈이 꼭 사실인 것처럼 느껴져. 어머니에게 인삼을 캐 와서 병을 꼭 고쳐드리겠다고 약속하고 그 날로 먼 길을 떠났어. 옆집에 사는 친구에게 어머니를 부탁하고서…

쌀같이 귀한 곡식은 자기가 없는 동안 어머니가 드셔야 하니 아들은 감자로 양식을 하기로 하고 감자를 등에 가득 짊어지고 길을 떠났지. 그리고 꿈에 나타난 노인의 말대로 배를 타고 노를 저어 동쪽으로 동쪽으로 갔어. 바람이 불어 파도가 쳤지만 이 총각은 하나도 무섭지 않았어, 어머니 병을 고쳐야 하니까. 드디어 배가 어떤 섬에 도착했지. 얼마나 섬이 예쁘던지 마침 봄이어서 예쁜 꽃들이 온 섬을 가득 덮고 있는 거야. 배를 타고 오느라 힘은 들었지만 자기네 나라에서는 보지 못하는 식물들이 많은 걸 보니 피로가 다 가시고 막 용기가 생겨 이렇게 생각했어.

"아! 이렇게 멋진 섬이라면 틀림없이 우리 어머니 병을 고칠 수 있는 인삼이란 약이 있을 거야."

그 섬이 바로 강화라는 섬이었다나 봐. 강화도는 옛날부터 인삼이 많이 나는 마을이거든. 총각은 아름다운 꽃들이 피어 있는 산속으로 걸어갔어. 산속에 인삼이 있을 것 같았거든. 하지만 아무리 찾아 헤매도 도대체 인삼이란 걸 찾을 수 있어야지. 한번도 본 적이 없으니 말이야. 이 총각은 배고프면 감자를 꺼내 그냥 날로 어적어적 씹어 먹었어. 그리고 열심히 인삼을 찾는 거야.

"이걸까? 아니면 이건가?"

그러다가 너무 힘이 들어 바위 위에서 잠깐 쉬고 있는데, 저쪽 산 위에서 지게에 나무를 한 짐 지고 머리가 하얀 영감님이 내려오는데, 글쎄, 꿈에서 본 할아버지랑 똑같이 생긴 거야. 깜짝 놀랐지. 이건 분명히 산신령님이 날 도와주려는 게 틀림없어, 저 분이 날 도와줄 분이구나, 이렇게 마음먹고 얼른 일어나 넙죽 절을 했지.

"아이고, 영감님. 인삼을 캐려고 하는데 좀 가르쳐 주십시오" 그러면서 어머니가 병이 난 이야기랑 꿈에서 머리가 허연 노인이 나타난 이야기를 했어. 그랬더니 영감님이 이러는 거야.

"여보게, 젊은 양반. 인삼은 워낙 귀하고 비싼 거라서 아무나 캐면 잡혀간다네.

나라님의 허락을 받아야 캐는 걸세. 이 섬에 사는 사람만 캘 수 있다네. 허지만 어머니 병을 고친다니 할 수 없군. 날 따라오게" 하더니 자기 집으로 데려가는 거야. 영감님의 집은 다 쓰러져 가는 오두막인데 할머니랑 둘이 살고 있었어. 영감님 집에는 마침 할머니가 병이 났을 때 먹고 남은 인삼이 몇 뿌리 남았는데 영감님은 그걸 주며 얼른 돌아가 어머니 병을 고치라고 했어. 아, 그러니 이 총각이 얼마나 고마웠겠어. 그래서 자기 등에 짊어지고 온 남은 감자로라도 보답을 하려고 내려놨는데, 다 먹고 다섯 개밖에 남지 않았어. 하지만 할아버지 할머닌, 총각이 꺼낸 감자를 보더니 입이 딱 벌어졌어.

"아니, 무슨 씨앗이 이렇게 크담."

"글쎄 말이유. 내가 태어나서 이렇게 큰 씨앗은 처음이구랴. 허허." 그때만 해도 감자라는 게 우리나라에는 없었거든. 이 총각이 가져온 감자는 바랑에 오랫동안 있었기 때문에 씨눈이 생겨 있었어. 지난번에 너희들이 심은 것처럼. 총각은 할아버지 할머니한테 씨감자를 심고 키우는 방법을 가르쳐 주었지. 심은 감자는 얼마 후 싹이 나더니 잎이 나고 무당벌레가 막 날아다니더니 어느 날 하얀 꽃이 피더니 잎이 시들시들해지더라구. 할아버지랑 할머니는 총각이 알려준 대로 잎을 걷어 내고 조심조심 호미로 땅을 팠거든. 그랬더니 글쎄 주먹만 한 감자가 한 뿌리에 열 댓 개가 넘게 주렁주렁 매달려 있는 거야. 할아버지 할머니는 그게 너무 신기하고 기뻐서 덩실덩실 춤을 췄어. 그리고 딱 다섯 개만 삶아 먹고 잘 두었다가 다음 해 봄이 되자 이웃에 사는 사람에게도 나누어 줬어. 그래서 이웃집 사람도 감자를 심어 많이 캐서 덩실덩실 춤을 췄어. 그리고 다섯 개만 삶아 먹고 마을 사람들에게도 모두 나눠 줬지. 그 마을 사람도 자기들끼리만 먹지 않고 다음 해에 이웃 마을에 나눠 주었어. 이웃 마을 사람들은 다시 자기 이웃 마을에 다시 나눠 주고 그래서 몇 년 후에는 감자가 온 나라에 퍼졌대. 그래서 지금까지 우리가 감자를 먹을 수 있는 거지. 삶아 먹고 지져 먹고 볶아 먹고 튀겨 먹고, 부침개 해 먹고.

근데, 옆집에 사는 친구는 아주 욕심꾸러기였다나 봐. 그 효자 총각 이야기를 들고 자기도 인삼을 캐서 돈을 많이 벌려는 욕심에 친구의 부탁도 들어주지 않고 자기도 감자를 한 짐 짊어지고 그 다음 날 길을 떠났어. 배고플 때마다 감자를 먹으면서 말이야. 그 욕심꾸러기는 배를 타고 바다를 건너지 않고 백두산을 넘고 산을 아흔아홉 개나 넘어서 금강산까지 왔어. 금강산이 어찌나 경치가 좋던지 꼭 그곳에 인삼이 있을 것 같더라고. 하지만 인삼이 어떤 건지 도대체 알 수가 있어야지. 한번도 본 적이 없으니. 호미로 이런저런 풀뿌리를 다 캐 봐도 도대체 인삼이 어떤 건지 알 수가 없는 거야. 하하, 근데 말이야. 이 욕심꾸러기가 호미로 땅을 팔 때마다 등에 진 바랑에서는 감자가 한 알씩 굴러 떨어졌어, 바랑에 구멍이 뚫린 거야. 감자는 한 알, 두 알, 세 알, 똥 덩어리처럼 땅위로 떨어졌어. 이 욕심꾸러기는 눈이 시뻘개져서 인삼을 찾느라고 감자가 떨어지는 것도 몰랐지. 그러다가 "아이구, 힘들어라" 하고 고개를 딱 들었는데…

　바로 앞에 "어흥!" 하고 금강산 호랑이가 나타났어. 그리고 놀라 자빠지는 욕심꾸러기를 호랑이는 꿀꺽 삼켜 버렸지. 욕심꾸러기는 소리 한번 못 지르고 그냥 호랑이 뱃속으로 들어간 거야. 그리고 얼마 후 한 나무꾼이 그곳을 지나가게 되었어. 나무꾼은 땅에 똥 같은 게 한 발짝마다 떨어져 있는 걸 발견했지. 똥인가 하고 코에 대고 냄새를 맡아 보니 냄새가 안 나는 게 똥은 아닌 것 같았어. 엄청나게 컸지만 씨앗 같기도 해서 '에라, 모르겠다' 하고 모두 주워서 지게에다 얹고 집에 돌아와 밭에다 심어 봤어. 그랬더니 신기하게도 싹이 나고 잎이 나고 꽃이 피고 어느 더운 날 잎이 시들시들해지기에 파 보니까 큰 똥덩어리 같은 게 역시 땅 밑에 주렁주렁 매달려 있는 거야. 그래서 또 '에라, 한번 먹어 보자' 하고 삶아 먹고 지져 먹고 볶아 먹고 튀겨 먹고, 부침개 해 먹으니… 맛있었대. 그래서 남은 건 이웃에 나눠 주고 이웃 사람은 또 이웃 동네에 나눠 주고… 그래서 그 욕심쟁이가 가져온 감자도 온 나라에 다 퍼졌대. 욕심꾸러기는 아직까지도 금강산 호랑이 뱃속에 있다는데…

중국에 사는 그 효자 총각은 어떻게 되었을까? 어머니 병을 고쳤을까? 우리가 심은 씨감자는 효자 감자일까? 욕심꾸러기 감자일가? 너희들 생각은 어때?

참고문헌

김중철(1994), 「동화읽는어른」. 1994년 3월호.

김태련 외(2004), 『발달심리학』. 학지사.

댄시, 라히마 볼드윈(2003), 『당신은 당신 아이의 첫 번째 선생님입니다』, 강도은 옮김, 정인출판사.

막스뤼티(1978), 『유럽의 민화』, 이상일 옮김, 중앙일보사.

문재현(2001), 『사람과 사회를 살리는 이야기, 이야기 문화』, 마을공동체교육연구소.

버크, 로라·애덤 윈슬러(2000), 『어린이들의 학습에 비계 설정』, 홍용희 옮김, 창지사.

베텔하임, 부르노(1998), 『옛이야기의 매력1, 2』, 김옥순·주옥 옮김, 시공주니어.

산어린이집 엮음(2003), 『코뿔소 쇠뜨기가 뭐야』, 잉걸.

서정오(1995), 『옛이야기 들려주기』, 보리.

서정오(2002), 『어린이문학』 1월호.

어린이도서연구회(1994), 「어떤 것이 좋은 옛이야기일까?」, 월례강연,

어린이문학(2000), 「옛이야기 들여다보기」 8월호.

이송희(2001), 「동화읽는 어른」 2001년 3월호.

이원수(1995), 『아동문학전집 21』, 웅진출판

_____외(1999), 『한국전래동화집 1-15』, 창작과 비평사.

페리노들먼(2003), 『어린이문학의 즐거움1, 2』, 김서정 옮김, 시공주니어.

_____외(1995), 『옛이야기 보따리 1-10』, 보리.

_____외(2000), 『우리 옛이야기 백가지 1-2』, 현암사.

_____외(2003), 『남북어린이와 함께 읽는 전래동화 1-10』, 사계절.

↠ **조봉호** 별명은 아침햇살. 과천 공동육아 튼튼어린이집 교사를 하면서 이야기를 잘 들어주는 아이들과 함께 사십대의 풍요로운 인생을 보냈다. 「공동육아와 공동체교육」의 현장교육지원전문가로 활동하다 2005년부터 공동육아 초등대안 산어린이학교에서 교장 일을 하고 있다.

먹을거리로
교육하자

김기나

공동육아에서 가장 두드러지게 드러나는 부분이 음식 문화다. 아주 어렸을 때나 있었던, 자라면서는 잊고 살았던 고향의 음식들을 공동육아 현장에서는 수시로 만날 수 있기 때문이다. 부모들이 가장 뿌듯해 하는 부분이기도 하다. 공자는 "말과 글로써 사람을 가르치는 것은 비열한 일이다. 먹는 것으로써 가르쳐야 한다"고 했다(이광조, 2003). 공동육아의 교육 내용과 완벽하게 일치하는 명언이 아닌가? 특히 유아기 아이들에게 이보다 더 적절한 표현이 있겠는가?

먹을거리는 문화를 바꾸는 것

먹을거리는 단순히 육체적 생존과 건강만 담보해 주는 것이 아니고 우리의 정서와 정체성에도 큰 영향을 끼치기 때문에 바른 먹을거리의 선택은 매우 중요하다(천규석, 2004).

공동육아에서는 설립 초기부터 먹을거리 재료로 유기농(친환경) 농산물을 선택했다. 이는 단순히 우리 아이들에게 좋은 재료로 만든 음식을 먹이겠다는 욕심에서 출발한 것은 아니다. 그것은 우리 현실에 대한 정확한 문제의식에서 출발한다. 아이들의 밥상을 제대로 차린다는 것은 건강한 먹을거리 이상의 의미가 있다. 이는 농촌을 살리고 우리의 환경과 경제를 살림의 문화로 만드는 것이다.

제 땅에서 나는 재료로 요리를 하면서 우리의 전통 요리법을 고민하게 되었다. 우리의 식단과 식습관이 상당히 서구화되어 있다는 것을 자각하면서 밥상을 우리 식으로 다시 차리기 시작했다. 밀가루 중심의 간식 문화부터 차츰 바꿔 나갔고, 과도한 육식 섭취도 조금씩 줄여 나갔다. 아침 간식을 빵과 우유, 수프에서 보약 한 첩에 맞먹는다는 죽으로 대체했고, 오후 간식은 호박, 감자, 고구마, 옥수수 등 제철에 나는 재료를 이용했다. 빵 대신 떡을 먹이고, 밀가루로 된 음식도 당 성분이 많이 들어가는 빵보다는 여러 영양소를 함께 섭취할 수 있는 칼국수, 수제비, 장국수 등으로 대신했다. 밥 한 끼니를 바꾸는 노력은 우리나라 연중 먹을거리인 장과 저장 음식에 대한 관심으로 이어져, 장(간장, 된장)과 김장을 직접 담가 먹게 되었다.

이제 밥상을 제대로 차린다는 차원을 넘어서서 음식을 통해 지역적 특성과 문화를 이해하려고 한다. '지역 음식 만들어 먹는 날'이 그것이다. 우리나라 국토가 좁기는 하지만, 지방마다 독특한 음식과 문화가 있어 아이들이 색다른 경험을 할 수 있다.

이런 노력은 다른 나라 음식에도 그대로 적용할 수 있다. 아이들이 좋아하는 피자, 스파게티, 탕수육이 어느 나라 음식인지, 또 왜 그런 음식을 만들어 먹게 되었는지 알고 먹으면 무조건적이고 무비판적인 음식에 대한 선호도 상당히 극복할 수 있다.

먹을거리와 세시 절기

음식은 문화다. 문화는 다양성이 생명이다. 문화는 '삶의 방식'이며, 삶의 방식은 환경에 의해, 지역과 역사마다 독특하게 형성되어 전달된다. 음식도 마찬가지다. 나라마다 지역마다 독특한 음식 문화가 있다. 문화 중에 가장 오래도록 그 집단에 남아 있는 것이 음식 문화다. 사람의 입맛이 가장 느리게 변하기 때문이다.

우리 사회도 예외는 아니어서 음식에서만 우리 전통이 남아 있음을 확인할 수 있다. 우리나라 전통 복식인 한복은 혼수품 정도로만 남아 있고, 집도 거의 서구화되어 버렸다. 음식도 많은 변화를 겪고 신세대를 중심으로 빠르게 변해 가고 있다. 그래도 여전히 우리 밥상에는 김치와 된장찌개가 오르고 있긴 하다. 오늘날 우리 생활에 음식에 관련된 세시 풍습은 삼대 명절(설, 추석, 정월 대보름)만 남아 있다. 세시 때 함께 이루어졌던 놀이 문화는 거의 없어지고 음식 문화로 그 명맥을 겨우 유지하고 있는 셈이다.

현재 공동육아 현장에서는 우리의 전통 음식인 세시 음식이 세시 문화와 함께 많이 복원되고 있다. 우리나라의 세시 풍습이 농경 사회에서 만들어진 문화이므로 현대의 도시의 삶과는 괴리가 있지만, 우리는 그러한 음식과 문화를 즐기면서 세대 간의 문화적 일체감을 회복하는 중이다. 이 과정에서 우리는 잃어버린 우리의 정체성을 찾기 위해 노력한다.

먹을거리를 통해 본 농사(텃밭)의 의미

도시의 바닥은 흙을 거부한다. 보도블록과 아스팔트로 뒤덮인 도시에서 아이들이 할 수 있는 놀이는 매끈한 바닥 위에서 바퀴의 속도감을 즐기는 것뿐이다. 어른들이 자동차의 편리함을 즐기는 것처럼.

아이들은 도시의 말끔함과 편리함에 익숙해져 간다. 아이들은 보이는 것을 통해 세상을 이해하고 받아들인다. 그렇기 때문에 도시 아이들은 먹을거리는 슈퍼나 시장 가게에서 나온다고 생각한다. 쌀이 없으면 라면을 먹으면 되고, 돈은 은행 자동인출기에서 '빼면' 된다고 생각한다. 이래서 아이들에게 간접 교육이 아닌 실물을 통한 현장 교육이 필요하다. 감자 캐기, 고구마 캐기, 밀 타작하기 같은 행사의 수확 체험이 아이들에게 의미가 있지만, 생명의 근본을 이해하는 데에는 한계가 있다. 씨앗을 직접 뿌리고, 자라는 과정을 눈으로 확인하며, 수확물을 자기 손으로 거둬들일 수 있는 텃밭은 단순히 수확물을 손에 쥐는 기쁨 이상을 준다.

공동육아는 작으나마 마당이 있으면 텃밭을 가꾼다. 식물들의 작은 변화를 놓치지 않기 위해서, 가꾸는 식물의 보살핌을 위해서도 멀리 있는 외부 텃밭보다는 옆에서 항상 들여다볼 수 있는 마당 텃밭이 유리하기 때문이다. 그렇게 노력하다 보니 '고무통 논'까지 공동육아 터전 마당에 들어오게 되었다(산어린이집, 2003).

공동육아 어린이집의 텃밭은 작게는 1~2평에서, 크게는 몇 백 평으로 각 어린이집의 조건에 따라 다르다. 텃밭에는 주로 상추나 쑥갓과 같이 날로 먹을 수 있는 잎채소와 토마토·고추·가지·오이·호박같이 열매를 딸 수 있는 채소, 고구마·감자 등 땅속에서 수확물을 캘 수 있는 작물, 그리고 자그마한 텃밭에는 어울리지 않지만 아이들이 너무 좋아해 빠지지 않는 딸기가 있다.

'일' 개념을 몸으로 익힌다

어린이집 텃밭은 관상용이 아니다. 부모와 교사, 그리고 터전의 아이들이 고사리 같은 손으로 품을 들여 작은 농사를 짓는 농토다. 농촌에서는 정월 대보름부터 객토를 갖다 붓고 한 해 농사를 시작하듯이, 손바닥만 한 텃밭이라도 긴장하지 않으면 시기를 놓쳐 그해 농사를 망치게 된다. 도시의 텃밭 농사도 땅이 풀리는 때에 시작한다. 이때는 본격적인 농사짓기에 앞서 겨우내 단단해진 흙덩이를 부드럽게 해 주고, 거기에 거름을 넉넉히 넣어 두는 일을 한다. 텃밭 활동 중에 가장 아이들의 참여가 두드러지게 나타나는 시기다. 평소에는 쉽게 사용하지 못하는 큰 삽과 호미를 만져 볼 수 있는 기회이기 때문이다. 아이들은 자기 키만 한 삽을 들고 의기양양하게 내리꽂아 보지만 낑낑대다가 변죽만 울리고는 만만해 보이는 호미를 잡는다. 그러고는 호기롭게 단단한 흙덩어리와 씨름을 하는데, 그도 여의치 않다. 그러면 아이들은 모든 것 내팽개치고 친구들과 놀이에 빠진다. 아이들은 텃밭에서 자기 관심만큼만 참여한다. 아예 일과 관련된 것을 쳐다보지 않고 주변의 놀이감에 빠져 놀기 바쁜 아이가 있는가 하면 처음부터 끝까지 어른들 옆에서 꾸역꾸역 참여하는 아이도 있다. 아이들은 이 과정에서 일의 의미를 어렴풋이 느낀다. 일은 힘이 들고 끝까지 해야 한다는 것을. 직접 참여는 하지 못해도 농사짓기에 어떤 일들이 필요한지도 옆에서 놀면서 곁눈질로 익힌다.

기다림을 배운다

요즘 아이들에게 가장 부족한 부분이 기다림이다. 모든 것이 상품으로 나와 있는 세상에서는 기다릴 필요가 없기 때문이다. 그래서 요즘 아이들을 설명하는 대표적인 말들이 '참을성이 없고, 산만하고, 급하고, 하나에 집중하는 시간이 적다'다. 텃밭을 가꾸는 것 자체가 기다림이다. 씨앗을 뿌려 싹이 나오기를 기다리고, 꽃이 피고 열매를 맺으면 그것이 익기를 기다려야 한다. 시간이 똑딱거리는 시계 속에 있는 것이 아니라 자연

평소에 채소를 거들떠보지 않던 아이들도 자기들이 직접 가꾼 채소는 두말 않고 먹는다. 상추나 깻잎으로 쌈을 싸서 잘도 먹는다. 자신이 직접 가꾼 채소는 싫고 좋고가 있을 수 없는 '내 것' 이기 때문이다.

의 흐름 속에 있다는 사실을 아이들이 몸으로 확인하는 과정이다.

과일과 채소의 본래 맛을 느낄 수 있다

텃밭에서 아이들의 관심의 절정은 먹을 수 있는 열매가 열렸을 때다. 딸기나 방울토마토가 익을 때쯤이면 텃밭의 밭두렁이 몸살을 앓는다. 제대로 익기도 전에 성질 급한 놈 입으로 덜컥 들어가기도 해 다른 아이들의 원성을 사기도 하지만 그래도 아이들은 끈기 있게 기다린다. 이 과정에서 아이들은 그 열매들이 가지고 있는 여러 가지 맛을 느끼게 된다. 설익었을 때의 풋풋한 맛에서부터 제대로 익었을 때의 맛까지 자신의 예민한 혀로 느낀다.

평소에 채소를 거들떠보지 않던 아이들도 자기들이 직접 가꾼 채소는 두말 않고 먹는다. 상추나 깻잎으로 쌈을 싸서 잘도 먹는다. 심지어 고추까지도 "호호 매워"를 연발하며 맛을 보기도 한다. 자신이 직접 가꾼 채소는 싫고 좋고가 있을 수 없는 '내 것'이기 때문이다.

텃밭은 자연 생태계의 순환을 이야기해 준다

우리가 텃밭 가꾸기에서 가장 얻고 싶은 것은 생명의 근원에 대한 성찰이다. 모든 생명은 바로 흙에서 나고 흙으로 돌아간다는 당연한 명제를 아이들에게 실제 생활 속에서 보여 주고 싶다. 우리는 우리가 뿌린 작은 씨앗들에서, 잘린 감자 한 토막에서, 가는 고구마 줄기에서 흙의 기적을 확인한다. 아이들은 스스로 심고 가꾸지 않았으면 흙이 주는 이 기적을, 흙과 생명의 연관성을 깨닫지 못했을 것이다. 아이들은 텃밭을 가꾸면서 나고, 성장하고, 씨앗을 맺어 그 다음을 준비하는 생명의 순환을 본다.

여기에 우리는 생태계의 순환을 실천하기도 한다. 도시 삶의 특성상 '밥은 똥이요, 똥은 밥이다'를 실천하지는 못하지만, 음식물 찌꺼기를 모아 발효시켜 농사에 사용한다. 조금이나마 아이들에게 자연의 순환을 직접 체험으로 알게 해 주는 것이다. 똥(썩은 것)은 더럽고 싫은 것이 아니라 또 다른 생명의 탄생에 없어서는 안 될 귀중한 자원임을 실천을 통해 몸으로 익혀 간다(임재해, 2002).

부모가 참여하는 급식 문화

가장 안전하게 잘 먹는 음식은 내 텃밭에서 손수 가꾼 음식 재료로 자신이나 자신과 가까운 혈육이 만든 음식이라고 한다. 여기에는 사랑과 정성, 믿음이 들어가 있기 때문이다. 그러나 현실은 이런 밥상을 기대하기가 어렵다(천규석, 2004). 많은 사람들이 땅과 분리된 도시에 둥지를 틀고 있고, 어머니들은 전통적인 역할에 묶여 있기보다는 자신의 성취 욕구를 직접 만족시켜 주는 사회적 활동에 더 많은 비중을 둔다. 이런 현실이 필연적으로 어린아이의 사회적 보육을 요구하게 되고, 거기에서 당연히 집단 급식이 이루어졌다.

지금 학교나 보육 단체에서 하는 급식의 내용이 충실한지에 대해서는 많은 부분에서 부정적이다. 식재료의 안전성, 시설의 위생성, 조리 과정 등 거의 모든 부분에서 문제가 되고 있다. 이러한 집단 급식의 문제가 학교 급식에만 있는 것은 아니다. 국가의 재정적 지원을 받지 못하거나 시설을 제대로 갖추지 않은 유아 보육 기관의 급식도 이러한 문제를 안고 있다.

이에 비하면 공동육아의 먹을거리는 이런 문제에서 가장 자유로운 편에 속한다. 비록 식재료를 직접 재배하거나 가족의 손으로 음식이 만들어지는 것은 아니지만, 그 이상의 정성을 기울여 안전하게 만든 먹을거리가 아이들에게 제공된다. 이런 안전한 먹을거리는 몇몇 선택받은 집단에서만 누릴 수 있는 것이 아니다. 그래서 어떤 사람은 이렇게 주장한다. "어머니 밥상과 가장 유사한 급식 제도를 도입하자!" 그러기 위해서는 "내 텃밭은 아니지만 내가 잘 아는 사람들이 지은 농산물을 식재료로 하여 그 운영과 조리에 학부모가 참여하는 급식"으로 문제를 해결해야 한다(천규석, 2004).

아이들의 건강과 성장에 필수적인 영양을 공급하는 급식에 부모들이 적극적으로 나서서 아이들에게 건강한 먹을거리를 찾아 주어야 한다. 공동육아 어린이집이나 생태 유아 공동체에서 실시하는 건강한 먹을거리 급식은 그런 노력의 좋은 모델이 되고 있다.

자본의 논리로 아이들의 먹을거리에 접근하면 당연히 시장에서 가장 값싼 재료를 선택하게 된다. 인류의 미래인 아이들의 먹을거리는 자본의 논리가 아닌 부모의 정성으로 접근하자. 그래야 우리의 미래에 대한 희망이 있는 것이 아닌가?

공동육아의 급식 문화

어린이집마다 약간의 차이는 있지만 기본적으로 지켜야 할 원칙은 공유하고 있다.

식단을 작성할 때

① 친환경 농수축산물을 사용한다

가장 좋은 것은 자기 지역에서 생산된 농수산물을 먹는 것이다. 그러나 생산과 분리된 도시에서 그것은 가능하지 않다. 수입 농수산물이 범람하는 현실에서 국산 농수산물을 먹는 것만으로도 많은 도움이 된다고는 하지만, 어린이집에서는 그것으로 만족하지 않고, 땅을 살리고 사람을 살리는 그래서 나라도 살리는 친환경 농수축산물을 먹는다. 유기농 유통 조직인 「한살림」이나 지역의 생활협동조합을 이용한다.

② 천연 조미료를 사용한다

공동육아 현장에서는 그 유해성이 밝혀진 인공 조미료 대신 멸치, 다시마, 새우 가루, 표고버섯 가루, 황태 가루 등을 이용해 국물 맛을 내고, 콩 가루, 들깨 가루 등을 이용해 고소한 양념 맛을 낸다. 단맛을 낼 때도 되도록이면 백설탕보다는 황설탕을, 황설탕보다는 곡식으로 만든 조청이나 효소 등을 이용한다.

터전에서는 모든 음식을 직접
만들어 먹는 것을 기본 원칙으로 한다.
이 원칙은 사라져 가는
우리 생활 문화를 복원하고,
진정한 생활 교육을 실천하려는
의지에서 나온 것이다.
장 담그기 교육이 터전에서
자연스럽게 이루어지고 있다.

③ 제철 채소를 먹는다

요즘에는 초등학교 교과서에 '제철에 나는'이라는 항목이 빠져 있을 만큼 농산물은 사시사철 생산된다. 덕분에 식탁이 풍성해지기는 했지만, 그것이 진정으로 우리의 건강을 지켜 주고 있는지는 논란의 여지가 많다. 더운 여름에 먹어야 하는 수박을 한겨울에 먹는다거나, 여름에는 배추 재배 자체가 힘든데도 포기김치를 한여름에 먹는 것은 맛을 떠나 자연의 흐름을 거스르는 것이다. 당연히 이런 음식은 우리 몸에도 좋은 영양을 줄 수가 없다. 가장 좋은 먹을거리는 자연의 해와 바람과 물이 키운 제철 농산물이다. 추운 겨울 햇볕에 충분히 말린(양기를 듬뿍 받은) 나물을 먹는 것이 비닐하우스에서 온갖 화학 비료와 농약을 써서 억지로 자란 생 채소를 먹는 것보다 더 낫다. '조금 더 빨리'가 인간에게 편리와 풍요를 가져다주었지만, 상대적으로 이제는 자연을 거스르는 지경에까지 이른 것이다.

④ 직접 만들어 먹는다

터전에서는 모든 음식을 직접 만들어 먹는 것을 기본 원칙으로 한다. 이 원칙은 사라져 가는 우리 생활 문화를 복원하고, 진정한 생활 교육을 실천하려는 의지에서 나온 것이다. 장 담그기, 떡 만들기 같은 교육이 터전에서 자연스럽게 이루어지고 있고, 더 나아가 소스(마요네즈, 돈가스, 케첩 등)를 만들어 먹이는 어린이집도 있다. 소스만이 아니라 두유도 직접 만들어 먹이기도 한다.

⑤ 육류와 생선은 필요 이상의 섭취를 지양한다

동물성 단백질보다는 식물성 단백질을 더 많이 섭취하려고 한다. 동물성 단백질의 과도한 섭취는 환경을 해치고 건강에도 좋지 않기 때문에 필요 이상으로 먹지 않으려고 한다.

⑥ 기타
음식 궁합을 고려한다.
나들이(시장 나들이나 방앗간 나들이)와 연계한다.
텃밭 작물을 이용한다.

조리 원칙

어린아이들이 먹는 음식이라 해서 아이들만을 위한 조리법을 쓰기보다는 보통 식탁에 올라가는 대로 조리하되 간을 약간 약하게 한다. 재료를 너무 잘게 잘라 조리하기보다는 조리 후에 아이들 입 크기에 맞게 잘라 줄 수 있게 한다. 큰 아이들에게는 내용물의 크기가 좀 큰 듯한 음식도 제공하는데 이는 아이들이 씹는 습관을 기르는 것을 돕기 위해서다.

음식을 조리할 때는 열량을 높이고 영양소를 파괴하는 볶음이나 튀김보다는 조림이나 무침 요리를 한다. 또한 재료 고유의 맛을 살릴 수 있도록 양념을 많이 넣지 않고 담백하게 조리한다.

급식 문제에서 건강한 식재료를 선택하는 것 못지않게 중요한 것이 위생이다. 부엌에서 사용하는 기구나 도구는 모두 삶거나 소독이 가능한 제품을 사용한다. 주방 세제가 환경을 오염시키고 씻은 뒤에도 그 성분이 그릇에 잔류하는 것 때문에 논란이 되는데, 공동육아 터전에서는 세제도 친환경 제품을 사용하며, 되도록 적은 양을 사용한다. 부엌 위생의 척도가 되는 행주는 면으로 된 것을 사용하며, 매일 삶아서 사용한다. 또한 식재료는 되도록이면 공급 후 1주일 안에 사용한다. 음식과 식재료를 보관하는 냉장고도 매일 영양교사가 관리하고, 조합원들이 한 달에 한 번 정기적으로 청소를 한다.

공동육아 어린이집 2004년 9월 식단

			9.1(수)	9.2(목)	9.3(금)	9.4(토)
아침			떡국	잣죽	들깨죽	모닝빵/스프
점심			감자양파국 갈치구이 가지전 오이생채	야채볶음밥 계란	카레밥 멸치볶음	자장밥
간식			잔치국수	감자구이	고구마	
	9.6(월)	9.7(화)	9.8(수)	9.9(목)	9.10(금)	9.11(토)
아침	모닝빵/스프	검은콩죽	단호박죽	들깨죽	쇠고기야채죽	조랭이떡국
점심	계란양파국 소불고기 -당면 양배추쌈 고사리나물	열무된장국 미역튀각 삼치구이 오이생채	육개장 해물전 김구이 콩자반	자장밥 계란국 단무지	호박된장국 소시지케찹 조림 콩나물무침 멸치조림	새우야채 볶음밥 계란국 과일
간식	해물수제비	떡꼬치	쨈샌드위치 두유	궁중떡볶이	귤머핀 매실주스	
	9.13(월)	9.14(화)	9.15(수)	9.16(목)	9.17(금)	9.18(토)
아침	팥죽	프렌치토스트 토마토주스	새우야채죽	잣죽	검정콩죽	콩나물죽
점심	감자양파국 돼지고기보쌈 상추 연근조림	순두부국 -양념 감자햄야채 볶음 멸치조림 연근조림	비빔밥 무다시마국 멸치조림	팽이버섯 된장국 갈치구이 오이무침 김구이	아욱국 쇠고기달걀 장조림 감자깻잎전 숙주나물	오무라이스 맑은장국 과일
간식	밤고구마 매실주스	주먹밥	찐감자 요플레	잔치국수	삼색샌드위치 산양유	
	9.20(월)	9.21(화)	9.22(수)	9.23(목)	9.24(금)	9.25(토)
아침	쇠고기버섯죽	녹두죽	장국죽	조랭이떡국	모닝빵/스프	잣죽
점심	북어계란국 잡채 연근조림	쇠고기미역국 흰살생선전 고사리나물	동태찌개 계란찜 오이부추김치 멸치조림	카레라이스 단호박샐러드 오이초무침	콩나물국 새우살호박전 멸치조림	쇠고기야채 볶음밥 과일
간식	감자버터구이 과일	감자수제비	송편	꼬마김밥 (단무지/오이 당근/계란 /우엉)	찐만두 과일	

출처: 강서·양천 개구리어린이집

하루의 먹을거리

　공동육아의 부모들은 대부분 맞벌이다. 그래서 아이들은 엄마가 일하는 시간보다 더 많은 시간을 어린이집에서 생활한다. 아이들은 하루에 필요한 영양분 가운데 70~80%를 어린이집에서 섭취한다. 이른 시간부터 어린이집에 오고 장시간 어린이집에 머물러야 하기에 아이들은 많이 피곤하다. 아이들이 엄마 출근 시간에 맞춰 일어나기란 쉽지 않다. 겨우 눈만 뜨고 오거나 아예 자던 이불에 싸여서 등원하는 아이들도 있다. 그래서 공동육아 어린이집에서는 이 아이들을 위해서 충분한 영양을 공급하기 위해 노력한다.

　현재 공동육아에서 제공되는 먹을거리는 아침(오전 간식), 점심, 오후 간식이다(114쪽 참조). 오전 간식은 두 가지 유형이 있다. 부모가 일찍 출근하는 탓에 집에서 아침을 먹지 못하고 겨우 눈만 뜨고 오는 아이들을 위한 한 끼 식사 개념의 오전 간식과, 말 그대로 중간에 허기를 채우고 영양을 보충해 주는 간식 본래의 의미를 갖는 간식이 있다(전국보육교사교육원대학협의회편, 1997). 밥 개념의 간식(아침)에는 점심보다는 가볍지만 영양 면에서는 한 끼 식사로 손색이 없게 준비한다. 아이들은 밥보다는 빵을 선호하나, 입맛이 없는 시간에 먹기 쉽고 소화가 잘 되는 죽을 다른 음식보다 많이 제공한다. 죽도 한 종류로 일관하기보다는 여러 재료를 이용해 다양한 맛을 느낄 수 있도록 배려한다.

　점심은 가벼운 아침과 오전 나들이를 한 후이기 때문에 가장 비중 있게 준비한다. 밥은 현미에 다른 잡곡과 콩을 섞은 잡곡밥으로 준비하고, 국, 반찬 세 가지를 준비한다. 반찬은 앞에 밝힌 조리 원칙에 따라 제공한다.

　오후 간식은 되도록 저녁 식사에 지장을 주지 않을 정도로 담백한 음식으로 하며 과일, 음료 등을 낸다. 담백한 음식으로는 떡, 죽, 감자, 고구마, 옥수수 등이 있고, 과일은 친환경 농산물을 사용하기 때문에 깨끗이

씻어 껍질째 먹인다. 음료는 우유보다는 두유나 직접 담근 효소(매실이나 산야초 등), 전통 음료(식혜, 수정과, 오미자차 등)를 제공한다.

한 해의 먹을거리

제철에 나는 과일과 채소를 주 재료로 사용해서 음식을 만들어, 세시와 절기에 따라 먹인다. 그것을 크게 나누어 보면 계절 음식, 저장 음식, 세시 음식이 있다(117쪽 참조).

계절 음식으로는 제철에 나는 과일로 만드는 잼(딸기, 사과, 호박 등)과 차(감잎, 유자, 모과, 효소)가 있고, 쑥개떡, 진달래 화전, 아카시 부각, 호박죽, 감자떡 등 별미로 먹는 음식이 있다.

저장 음식으로는 감, 호박, 가지, 애호박, 무, 무청, 고구마 줄기, 찐 고구마 등을 말린 것이 있다. 간식이나 다른 음식의 부자재로 사용하고, 채소가 나지 않는 겨울철 찬거리로 사용하기도 한다.

세시 음식으로는 대표적으로 설날에 먹는 만두와 타래과, 강정이 있고, 대보름에는 오곡밥과 말린 나물 등이 있고, 단오에 수리취떡, 추석에 송편, 동지에 먹는 팥죽이 있다. 그 외에 절기마다 먹는 음식들이 다양하게 있다.

아이들의 참여

공동육아에서는 기본적으로 생활 중심 교육, 체험 중심 교육을 지향하기 때문에 터전에서 하는 모든 활동은 아이들의 참여를 기본으로 한다. 요리 활동 역시 마당의 텃밭 가꾸기처럼 가능한 한 모든 과정을 함께하려고 한다.

영양교사가 식단에 따라 준비해 주는 음식을 빼고는 식재료 구하는 일부터 아이들이 직접 한다. 나들이에서 얻을 수 있는 것(쑥과 진달래꽃, 솔잎,

한 해의 먹을거리

양력	절기(양력 날짜)	계절 음식	지역	저장 음식
1월				
2월	설(2/1)	떡만두국/잡채/구절판/약과/강정녹두지짐	서울	
	입춘·상춘시식(2/4)	화면/화전		
	대보름(2/5)	오곡밥/오곡나물/귀밝이술/부럼/약밥/복쌈/진채/복괴		
3월	중화절(3/15)	노비 송편/콩 볶아먹기		
4월	삼짇날(4/4)	두견화전(진달래꽃)/화면/수면	경기도	딸기잼 만들기
	한식(4/6)	찬밥/메밀국수/쑥떡		
5월	입하여름시식(5/6)	장국/밀전병/호박볶음		
	초파일(5/8)	느티떡/볶은 검은콩/미나리나물/장미화전		
	소만(5/21)	냉잇국		
6월	단오(6/4)	수리취떡/익모초 즙	전라도	매실차 만들기
7월	유두일(7/14)	유두면/떡수단/보리수단/편수/상화병/밀전병		오이지 담그기
	초·중복(7/16,26)	개찰떡/증편/삼계탕/육개장/팥죽		
8월	말복(8/5)	개찰떡/삼계탕/육개장/팥죽		오이장아찌
	칠월칠석(8/4)	밀전병/밀국수/육개장/취나물/고비나물/복숭아화채/오이소박이/오이깍두기		
	입추·가을시식(8/8)	밤단자/국화전/인절미		
	백중절(8/12)	게장/게찜/두부/순두부/햇과일/떡/멸치젓/어리굴젓		
9월	한가위(9/11)	송편/토란탕/신도주/햇밤 먹기	강원도	대추차 담그기
10월	상달(월)	팥시루떡/애단자/밀단고/난로회/연포탕/ 신선로		유자차, 모과차 만들기
	중양절(10/4)	국화전/국화주/밤떡/유자화채		
11월	입동·겨울시식(11/8)	골동면/동치미/김장	충청도	곶감 무말랭이 호박고지 만들기
12월	(노)동지(12/22)	팥죽/보양식인 전약		김장

출처: 신촌 우리어린이집 2003년 자료집

아카시꽃 등)은 직접 들로 산으로 나들이 가서 채취해 온다. 직접 채취할 수 없는 재료는 시장 나들이에서 사 온다. 떡을 만들 때도 시중에서 파는 쌀가루나 어른이 빻아다 놓은 것을 쓰기보다는 직접 쌀을 씻어 불리고, 불린 쌀을 방앗간에 가서 가루로 빻아 오는 일을 아이들이 같이한다. 그렇다고 모든 과정이 아이들의 손으로만 이루어지는 것은 아니다. 음식을 대부분 익혀서 먹기 때문에 불을 다루는 과정은 어른들이 도와준다. 아이들이 음식 준비에 참여하는 과정을 형태별로 구분해 보면 다음과 같다.

① 직접 참여

불을 사용하지 않아도 되는 활동(차 만들기, 썰어서 말리기)에는 아이들이 전 과정에 참여한다. 특히 '아이들 김장'이라고 해서 텃밭에서 거둔 배추로 김장을 담그기도 하는데 이때 아이들이 전 과정에 적극적으로 참여한다. 그리고 일상적으로는 콩 껍질 까기, 고구마순 껍질 벗기기 등이 있다.

② 부분 참여

불을 사용하는 음식이 대부분 여기에 해당한다. 조리 시간이 짧고 과정이 간단한 것은 주의력이 있는 큰 아이들이 참여하기도 하는데, 되도록이면 어른이 맡는다. 잼 만들기, 진달래 화전, 팥죽에 들어갈 새알심 만들기, 송편 빚기 등이 여기에 속한다.

③ 간접 참여(관찰하기)

어린이집의 겨울나기 김장이나 된장, 고추장을 담는 일과 같이 작은 부분으로 쪼개기 힘든 일은 어른들이 주로 하고 아이들은 그 과정을 지켜보게 한다.

공동육아에서는 기본적으로 생활 중심 교육, 체험 중심 교육을 지향하기 때문에 터전에서 하는 모든 활동은 아이들의 참여를 기본으로 한다. 요리 활동 역시 가능한 한 모든 과정을 함께하려고 한다.

공동육아에는 영양교사가 있다

공동육아에서는 영양학적인 면을 고려해서 식단도 짜고 아이들 요리도 직접 하는 사람을 영양교사라 한다.* 거기에 교사의 본래적 의미, 먹을 거리에 대해서 '인도하고 안내하는' 전문인의 모습이 추가된다. 영양교

---

* '영양교사'라는 명칭에 대해 외부에서 문제를 제기하는 이들도 일부 있긴 하지만, 이것 은 공동육아의 독특한 문화에서 탄생한 개념이다. 일반 현장에서는 보통 아이들의 먹을거 리를 책임지는 사람을 '주방 아줌마' 정도로 부르고, 규모가 100명 이상인 곳에는 직접 조 리를 하지는 않지만, 영양학적인 면을 책임지고 식단 작성이나 재료 구입을 담당하는 영 양사가 따로 있다.

사는 교사회의 일원으로서 다른 교사들과 동등한 위치와 지위를 지닌다. 또한 이 영양교사에게 공동육아에서는 독특한 역할을 요구하는데 바로 아이들과 직접 만나는 일이다. 공동육아에서는 영양교사가 아이들과 상호 교감할 수 있는 시간이 종종 만들어진다. 조출교사(일찍 출근하는 교사) 역할을 맡으면 터전에 등원하는 아이들을 맞이하고 다른 교사가 올 때까지 아이들의 보육을 담당한다. 그리고 아이들과 함께하는 요리 활동을 직접 지도하고, 요리와 관련된 이야기를 아이들에게 들려준다.

이 밖에 터전 생활에 미숙한 아마에게는 도우미의 역할을, 급하게 교사가 빌 때에는 방 교사 대체 근무까지 하며, 먹기 싫어하는 음식 때문에 힘들어하는 아이들에게는 영양교사만의 특별식(당근 빼빼로, 오이 소시지 등)으로 음식에 대한 거부감을 없애 주기도 한다.

공동육아 모든 현장에서 주방을 영양교사가 담당하는 것은 아니다. 조합의 재정이 충분치 못해, 자신이 영양교사라는 지위와 역할에 대한 부담을 느끼기 때문에, 적당한 사람을 만나지 못해서 등의 이유로 영양교사의 지위 없이 그냥 생활하는 분들도 있다. 또한 대안적 시각을 가지고 아이들의 먹을거리를 고민하는 사람들이 상대적으로 적기 때문에 영양교사 선택의 폭이 좁기도 하다.

우리에게 영양교사 10년의 경험은 역할 담당자를 주체로 세웠을 경우 얼마나 많은 에너지가 나오는지 확인하게 해 주었다. 공동육아의 모든 현장이 먹을거리의 기본적인 원칙은 대체적으로 지키지만, 주방 담당자의 성격(영양교사냐 단순 주방 담당자냐)에 따라 그 내용은 천차만별이다. 주어진 일만 하는 사람과 자신의 일에 상상력을 불어넣는 사람이 만들어 내는 일은 같을 수가 없기 때문이다. 주체적인 영양교사들에게는 항상 덤의 일이 존재한다. 그러나 그런 덤의 일들이 비록 육체를 힘들게는 하지만 아이들의 입맛과 먹을거리를 책임지는 중요한 사람이 되게 한다.

지역 음식에 대한 연구 및 요리, 음식과 관련된 이야기 발굴 및 아이들과 이야기 나누기 등도 영양교사가 나서서 하는 일이다.

일반 교사들의 주 관심이 아이들의 보육이라면 영양교사의 주된 관심사는 바른 먹을거리 문화의 창출과 보급이다. 영양교사는 일반 교사, 조합원, 아이들, 세 집단을 교육할 수 있는 내용을 가진 사람이다. 일상생활에서는 서로의 역할을 이해하고 인정하기 위해 서로 '역할 바꾸기(나누기)'를 하기도 한다. 그것은 자기 역할을 더 잘하게 하기 위한 일이며, 교사들은 이 과정에서 자기역할에 대해 객관적인 시각을 가질 기회를 얻는다. 또한 동료 교사의 입장이 되어 봄으로써 서로를 이해하는 폭이 커지면서 전체적으로는 교사회의 결속이 단단해지는 효과를 나타내기도 한다. 방법은 터전마다 다르지만, 일반 교사와 영양교사의 역할 하루 바꾸기, 부분 역할 돌아가기(설거지) 등이 있다. 이외에도 교사들과 직접 역할을 바꾸기는 하지 않지만, 영양교사가 운영소위에 참석하여 아마들과 역할 나누기를 하는 예도 있다.

마술 공간, 부엌

아이들에게 영양교사는 어린이집의 '엄마'다. 집에서보다 더 맛난 것을 해 주는, 매일 다른 식단으로 아이들 입맛을 돋우는 사람. 그래서 아이들에게 영양교사는 부엌에 있다는 이유만으로 친근한 존재다. 아이들이 담임교사 다음으로 영양교사를 친숙하게 느끼는 이유이기도 하다.

공동육아의 부엌은 아이들에게 열려 있다. 아이들이 등원해서 제일 먼저 물어보는 것이 "오늘 간식 뭐야?"다. 아이들에게는 그날의 어떤 활동보다도 궁금한 것이 그날의 먹을거리다. 연령이 어리면 어릴수록 더 관심이 많다. 이런 아이들은 아예 부엌에 상주하기도 한다. 그러다가 무쪽 하나라도 하나 얻어먹으면 의기양양 또래에게 달려가 입을 벌리고 자랑하기 바쁘다. 그러면 다른 아이들도 모두 부엌으로 달려오고… 이런 상황이 뜨거운 불 앞에서 제 시간에 일을 마쳐야 하는 영양교사에게 항상 반가운 것은 아니다. 그러나 영양교사들은 이런 아이들이 있어 행복하고, 일하는 즐거움을 느낀다.

부엌은 아이들에게는 마술의 공간이기도 하다. 뚝딱뚝딱, **쏴쏴**, 덜그럭덜그럭 몇 번 들리고 나면 오늘의 먹을거리의 실체가 서서히 드러난다. 그러면 터전 한쪽 구석에선 오늘 먹을거리에 대한 논란이 일어나기도 한다. 냄새에 대한 민감한 반응들이다. 그 마술 공간(부엌)에서는 다양한 소리도 들린다. 그중에서도 도마 소리는 아이들의 귀를 잡아챈다. 그리고 그 경쾌한 리듬에 몸을 싣게 만든다. 이런 아이들은 어린이집을 졸업하고도 이 소리를 기억해 후에 추억담으로 이야기한다.

개방된 부엌 환경은 영양교사에게는 음식에 대한 아이들의 반응을 확인할 수 있는 공간이다. 사실 아이들은 색과 모양에 따라 음식을 받아들이는 정도가 다르기 때문에 아이들의 반응에 민감해지는 것이 그만큼 필요하기도 하다. 어린 시절의 먹을거리가 영양 공급을 넘어 평생의 입맛을 좌우한다고 했을 때 먹을거리를 책임지는 사람의 이런 반응은 매우 바람직한 교육적 자세라고 할 수 있다.

소통과 교육의 공간, 부엌

부엌은 조리의 영역을 넘어 소통의 공간이라고 할 수 있다. 공동육아의 부엌도 어린이집 구성원들의 먹을거리만 조리하는 곳이 아니다. 구성원들의 소통 장소이고 교육 장소이며, 아이들에게는 언제나 맛있는 것을 주는 따뜻한 공간이기도 하다.

공동육아 영양교사로서 완벽하게 준비된 교사가 들어오기는 쉽지 않다. 현재 우리 사회에서 그런 훈련을 받을 기회가 거의 없기 때문이다. 준비 상태가 어떻든 간에 영양교사가 어린이집에서 하는 모든 먹을거리 활동은 새로운 경험이다. 이미 조미료가 일상화된 생활에서 천연 조미료만으로 맛을 내는 것은 영 불안하고 자신 없는 일이다. 그것을 완성시켜 주는 것은 교사들과 아이들이다. 음식에 대한 품평을 듣고 좀 더 나은 맛을 찾아 나가는 과정을 어린이집 구성원들이 주체적으로 한다.

주부 경력이 있는 사오십대 분들은 어렸을 때 먹어 본 전통 음식에 대한 기억이 있다. 이런 경험이 공동육아에서 영양교사 역할을 하는 데 상당히 도움이 된다. 하지만 그것이 전부는 아니다. 기억만 있지 생활에서 해 보지 않았기 때문에 제대로 된 음식이 나오기까지는 몇 번의 실험적인 음식 맛을 보아야 한다. 미숙한 영양교사가 진정한 부엌의 주인으로 거듭나는 과정이다. 이 과정은 일반 교사들이 아이들과 교육 과정을 이루어 가는 과정과 별반 다르지 않다.

부엌은 공동육아가 지향하는 음식이 그대로 조리되는 곳이다. 그렇기 때문에 구성원들의 관심이 높은 곳이기도 하다. 영양교사의 요리 과정을 어깨너머로 배우기도 하고, 먹고 나서 나중에 물어 보기도 해서 간접 경험을 한다. 그러면서 교사와 부모들은 요리 수업을 받는다.

공동육아 부엌은 부모들에게는 아이를 데려다 주고 데리러 오면서 잠깐 짬을 내 차 한잔 마실 수 있는 공간이고, 영양교사나 교사 대표(원장)와 이야기를 나누는 장소이기도 하다. 어린이집에 대해 궁금한 것을 물어 보기도 하고, 바람과 불만을 은근히 풀어놓기도 하면서 어린이집과의 비공식적인 의사소통을 하기도 한다. 또한 교사들에게는 업무를 시작하기 전에 잠깐 짬을 내 차를 마시며 전날 있었던 일과 그날 일정에 대해 대화를 나눌 수 있고, 조출교사와 인수인계도 할 수 있는 공간이다.

이렇듯 공동육아 부엌은 모든 구성원들이 쉬는 공간이며, 공간과 공간을 연결하고, 사람과 사람을 맺어 주는 공간이다. 아이들이나 교사들이 입이 궁금할 때 들러, 볶은 땅콩이나 마른 멸치, 마른 오징어 하나라도 집어 먹을 수 있고, 방에서 친구나 교사한테서 위로받지 못한 아이들이 찾아와 위로받고 갈 수 있는 곳, 방 교사들이 아이들이나 동료 교사들한테 받은 스트레스를 하소연하고 갈 수 있는 넉넉한 공간이 공동육아가 지향하는 부엌이다. 그렇게 되면 교사들에게는 공동육아 현장이 의무로만 똘똘 뭉친 딱딱한 직장이 아니고, 부모 품을 떠나 있는 아이들에게는 낯설어서 빨리 집에 가고 싶은 공간은 아니게 된다.

부엌 구조상 개선해야 할 점도 있다. 공동육아 현장이 대부분 마당 있는 가정집을 빌려 생활하므로 부엌도 가정 집 부엌 그대로 사용하는 경우가 많다. 싱크대 크기, 후드의 양, 화력이 가정집 수준이기 때문에 집단 취사에 적합하지 않다. 터전 매입 후 개조해서 사용하거나, 다시 지어 사용하는 곳은 이런 점이 어느 정도 개선되지만, 그렇지 않은 현장에서도 영양교사들의 고충을 덜어 주고 안전에도 이상이 없도록 조치를 취하는 것이 필요하다.

먹을거리를 통해 변화하는 사람들

부모들의 변화

공동육아의 먹을거리의 기본 방향과 틀은 부모들이 가져왔지만, 그 음식 문화를 꽃 피우는 곳은 어린이집이다. 아직 부모들은 어린이집의 음식 문화에 참여하지 못하고, 다만 사진이나 날적이를 통해 확인하니 군침만 흘리고 말 뿐이다. 앞으로 교사들이 나누어야 할 부모 교육의 과제다. 부모들과 함께 나누는 시간은 맛난 것을 먹는 즐거운 시간이기보다는 부모들이 어린이집을 떠나서도 아이들과 지속적으로 우리 전통문화를 생활 속에서 실천할 수 있는 교육 시간이기도 하다.

공동육아가 '필요하면 만들어서라도 하자'에서 출발했듯이 공동육아 부모들은 문제의식을 공유하고 필요하다고 생각되면 그것을 현실에서 만들기 위해 노력한다. 가장 오래된 어린이집이 있는 지역에서는 생활협동조합(예. 마포두레생활협동조합)을 조직해 친환경 농산물 직거래를 하고 있다. 이것은 공동육아 구성원만을 위한 것이 아니고, 마을 사람들에게도 개방이 되어 있다. 처음에는 어린이집과 관련된 사람들이 주축이었지만, 지금은 3분의 2 이상이 지역 주민으로 어린이집을 넘어 마을의 건강한 먹을거리 문화를 만들어 가고 있다.

교사의 변화

노동을 통해서 인간은 삶의 진실한 보람을 느끼고 자기실현을 이룬다고 한다. 히브리말로 '노동'이라는 말은 '섬긴다'는 뜻을 가지고 있는데, '섬김'이 가능하려면 그 일이 창조적이고 보람 있는 활동이어야 한다고 한다(김종철, 1999). 그런 의미에서 보면 공동육아 교사들은 가장 행복한 어른이라고 할 수 있다. 비록 몸은 피곤하고, 박봉이기는 하나, 자기가 좋아하는 일을 하면서 자기 성장을 할 수 있는 직장, 이념과 실천이 분리되지 않고 일치되어 진행되는 곳, 하고자 하는 뜻을 충분히 펼칠 수 있는 공간, 직장이라는 관점에서 보면 분명 매력적인 공간이 아닐 수 없다. 거기에 교사들이 마음으로 가장 안심이 되는 부분이 먹을거리다.

교사들 중에는 공동육아와 정서적으로 맞아 선택한 사람도 있지만, 그저 아이들 돌보는 일이 좋아서 일하는 사람들도 많다. 그런 교사들이 몇 개월의 음식 섭취로 혀의 미감이 살아나는 경험을 한다고 한다. 또 음식 고유의 맛에 민감해지고, 전통 음식에 대한 거부감도 많이 없어진다고 한다. 그리고 밖에서 외식할 기회가 생기면 되도록이면 우리의 먹을거리를 찾게 되고, 주위에도 권하게 된다고 한다.

교사들은 하나같이 매일 자연으로 나가는 나들이와 친환경 농산물로 이루어진 음식 덕분에 전보다 훨씬 건강해졌다고 이야기한다.

아이들의 변화

공동육아 아이들은 참 잘 먹는다. 큰 아이들은 교사 밥그릇의 양만큼 먹기도 한다. 오전에 대부분 나들이를 다녀오기 때문이기도 하다. 산으로 다니는 나들이 걸음 수는 성인의 하루 권장 걸음 수인 만보를 넘는다(열리는어린이집의 사례, 2004년 5월 EBS 「하나뿐인 지구」). 이렇게 많이 걸어 다니는 아이들은 매운 김치국도 잘 먹고 육개장도 잘 먹는다. 아침에 죽을 먹을 때도 김치가 없으면 먹기 힘들어한다. 김치 맛으로 그 밋밋한 죽을 먹는지도 모른다. 설사 집에 가서는 김치를 안 먹고, 물에 씻어 먹더라도 터전에서는 조금이라도 뒤질까봐 열심히들 먹는다. 아이들이 가장 먹기 힘들어하는 것이 나물인데 그래도 전혀 입에 대지도 못하던 초반에 비하면 시간이 갈수록 잘 먹는 것을 확인할 수 있다.

다양한 재료에 대한 거부감 없이 먹는 것은 큰 아이들보다 오히려 작은 아이들(3~4세)이다. 작은 아이들은 음식에 대한 편견이 거의 없고, 음식에 대한 선호가 아직 형성이 안 된 시기라 가리지 않고 잘 받아먹는다. 어렸을 때부터 어린이집의 음식을 먹였던 아이들이 그렇지 않은 아이들에 비해 특정 음식에 대한 거부감이 적게 나타난다. 그래서 아이들은 어렸을 때, 즉 4살 이전에 다양한 음식 맛을 느낄 수 있도록 해 주는 것이 필요하며, 재료가 가지고 있는 맛을 느끼도록 하는 것이 좋다.

3~4세 아이들은 어린이집에 등원하게 되면 몰라볼 정도로 통통하게 살이 오른다. 규칙적인 식사와 건강한 먹을거리 덕분이다. 이유식과 먹기 편하고 입맛에 맞는 음식만 먹었던 아이들이, 다른 아이들과 어울려

먹는 가운데 나물도 먹고, 매운 김치도 먹고, 먹기 싫은 국도 먹으면서 음식의 맛과 먹는 즐거움을 알게 된다. 이렇게 터전에서 2~3년 생활한 아이들은 건강한 먹을거리와 나들이 덕에 몰라보게 체력이 강해진다. 이 아이들은 3~4킬로미터의 산길도 거뜬히 걷는다. 어린아이들이 한바탕 감기 소동을 벌여도 큰 아이들은 그냥 지나가거나 약하게 지나간다.

공동육아 아이들은 전통 음식에 대한 적응도 다른 아이들에 비해 월등히 높다. 생활 속에서 수시로 이루어지는 세시 음식 먹기와 요리 활동으로 전통 음식이 익숙하기 때문이다. 생일 때도 화려한 케이크보다는 백설기 한 시루 쪄서 김이 모락모락 나는 떡을 나누어 먹는다. 과자와 빵에 익숙한 아이들은 우리나라 전통 음식인 한과나 떡을 잘 못 먹는다. 한과 중에서 타래과나 약과같이 튀기고, 단 시럽을 바른 것은 그런대로 좋아하기는 하나, 약밥 같은 것은 아주 싫어하는 경향을 보인다. 주변의 어른들 눈에는 빵만큼이나 떡을 잘 먹는 공동육아 아이들이 그저 신기할 따름이다.

각종 인스턴트식품과 감미료에 익숙해진 아이들이 성인이 될 때쯤에는 우리 음식을 찾아보기 힘들고 만약 우리 음식이 있다 하더라도 어릴 적부터 서양식 입맛에 길들여져 우리 음식 맛을 느낄 수 없게 될 것이라고 경고하는 이들이 많다(김애자·김정혜, 2003).

공동육아 아이들은 이런 염려를 무색하게 만든다. 아주 어릴 때부터 우리 음식을 먹고 자란다. 또한 자연의 맛을 최대한 잃지 않은 음식을 섭취하기 때문에 자연의 미각을 그대로 간직하고 있다. 우리의 먹을거리에는 현대 음식에 대한 알레르기라고도 부르는 아토피를 낮게 하는 치료 기능도 있다. 아토피가 있는 아이들이 매일의 나들이와 공동육아의 먹을거리 덕분에 처음 등원했을 때보다 나아지는 것을 보면 바른 먹을거리가 현대 아이들에게는 선택이 아니라 필수 사항임을 알 수 있다.

참고문헌

공동육아연구회 편(1994), 『함께 크는 우리 아이』, 또 하나의 문화.

김애자·김정혜(2003), 「유아를 위한 먹을거리 프로그램 개발에 관한 연구」, 미래유아
교육학회지, 147-166.

김종철(1999), 『녹색운동과 녹색문화』, 녹색평론.

무지개꽃(2003), 「영양교사 회의록 2003(12)」.

산어린이집(2003), 『코뿔소 쇠뜨기가 뭐야?』, 잉걸.

서형숙(2003), 『거꾸로 사는 엄마』, 리즈앤북.

윤영태(1996), 『한국 부엌 변천에 관한 연구』, 『예술문화』 9(12), 계명대학교 예술문화
연구소, 143-175.

이광조(2003), 『채식이야기』, 연합뉴스.

임재해(2002), 『민속문화의 생태학적 인식』, 당대.

전국보육교사교육원 대학협의회 편(1997), 『영유아 영양관리 및 식생활지도』, 양서원.

천규석(2004), 「학교급식 ─ 시장의 논리를 넘어서」, 『녹색평론』, 74(1), 71-79.

➥ **김기나** 별명은 진달래. 강서양천 공동육아 협동조합 창립 멤버로서 두 아이를 공동육아 어린이집에서 8년여에 걸쳐 키웠으며 지금은 「공동육아와 공동체교육」의 현장교육지원전문가이며 해와달어린이집 원장으로 재직 중이다.

지역 사회와
더불어

어린이집이 마을의 한 구성원으로서 마을 분들과 정서적 공감대를 형성할 수 있는 것은 서로 상대가 처한 상황을 심리적으로 지지하고, 더 나아가서는 직접적인 도움을 주고받기 때문일 것이다. 농촌에 자리한 어린이집 아이들은 볍씨를 내는 것에서부터 수확하는 과정을 자연스럽게 보면서 벼의 생장에 대한 것은 물론 사람들이 서로 어떻게 관계 맺는지도 배워 갈 것이다. ― 박현숙

공동육아 어린이집이 일상생활 속에서 익혔던 생태적인 생활 방식이나 민주적인 의사 결정 구조, 조직화된 참여 활동은 지역 활동에서 매우 큰 힘을 발휘하고 있다. 이러한 생활 경험과 공동육아 관계자가 늘어났던 것이 개인으로 파편화된 서울에서 마을 만들기를 구상할 수 있었던 힘이다. ― 이경란

지역공동체학교는 서로 솔직하게 의사소통하는 법을 터득하고, 마음속 깊이 관계를 나누고, 함께 웃고 함께 울면서 서로를 행복하게 해 줄 만큼 서로에게 헌신하는, 그래서 타인의 처지를 나의 처지로 받아들이는 그런 관계를 만들어 가는 교육 공동체다. ― 김미아

마을에서 살아나는 세시 풍속

박현숙

공동육아를 시작할 때 공동육아를 통해 실현하려는 교육 이념이 있었다. 자연이 인간과 조화롭게 존재해야 함을 깨우치고, 인간들 사이의 평등하고 차별 없는 관계 맺기, 생활하면서 배우는 것 등이 그것이다. 생활하는 과정 자체가 교육이지, 교육이라는 것이 따로 프로그램으로 존재하는 것을 경계했다. 또한 전통문화를 찾고 계승하여 오늘날에 맞게 재창조해 가야 할 필요성도 인식하고 있었다. 이 부분이 공동육아에서 세시 풍속을 찾으려고 하고, 배우고, 익히고, 시대적 변화 요구를 반영하여 새롭게 창조해 가려는 노력의 근간이 되었다. 전해 내려오는 세시 풍속에 대해 잘 알지도 못하면서 배척하는 것이나, 우리 것이니까 무조건 계승해야 된다는 생각 모두를 경계했다. 전승되어 오는 우리 세시 풍속의 의미를 충분히 알고 그것에 바탕을 두고 현실에 맞게 재조명하여 계승, 창조해 나갈 때 오늘날에도 살아 있는 우리 문화로 전승될 것으로 믿었다.

그래서 시기에 맞게 행해졌던 놀이나 음식, 이야기 등에 대한 자료를 찾고 어린이집 교육 내용으로 직접 활용해 보려고 노력했다. 이런 과정

중에 자연스럽게 세시 풍속과 절기 활동에 대한 관심이 높아졌다. 절기는 해가 떠 있는 시간의 변화에 따른 자연의 변화를 24절기로 나누어 놓은 것이다. 세시 풍속은 이런 절기에 따른 자연과 우주의 질서와 조화를 사람들의 생활과 조화롭게 맞춘 것이다. 그래서 그때가 되면 그것을 해야 하는 것으로 알고 주기적으로 행해지고 전승되는 것이다. 어른들이 하는 칭찬 중에 아이들이 때를 알고 대견하게 행동했을 때 '철들었다'고 이야기하는 것은 자연의 변화를 몸으로 느낀다는 것을 인정해 주는 말이다. 계절감을 몸으로 느낀다는 것은 하루아침에 되는 것이 아니고 열심히 머리로 외운다고 되는 것도 아니다. 그 계절을 온몸으로 느끼면서 살아 보아야 몸에 들어온다.

공동육아 내부 움직임

1994년 첫 어린이집이 문을 연 이래 수 년 동안 공동육아 어린이집 교사들은 봄, 여름, 가을, 겨울의 특징에 맞게 생활하면서 그 생활과 동떨어지지 않은 노래, 놀이, 음식, 이야기 등을 연구하여 1년 계획을 구성했다. 그러나 대부분의 교사들에게 세시와 절기 활동은 몸에 밴 자연스러운 활동들은 아니었다. 단지 여러 자료를 수집해 놓고 교사 나름대로 흉내만 내듯이 세시와 절기 활동을 하고 있었다. 교사들 중에서도 세시 풍속이 남아 있을 때 어린 시절을 보낸 교사와 그렇지 않은 젊은 세대의 교사들 간에는 세시와 절기 활동에 대한 이해의 폭이 달랐다. 그래서 교사회 차원에서도 세시에 맞는 어린이집 교육 과정 구성에 합의점을 찾지 못하고 중요성을 인식하고 있는 교사 중심으로 세시에 맞는 활동을 구성하여 실천했다.

어린이집의 뜻있는 교사들이 중심이 되어 좀 더 체계적으로 연구하고 의미를 찾기 시작하면서 2001년 교육 연구 모임이 만들어졌다. 전문 강사의 도움도 받고 자체 세미나도 하면서 각 터전에서 하고 있는 세시 활동을 모으고 평가해 보았다. 그동안 각 어린이집에서 해 온 세시와 절기 활동이 생활 속에 녹아 있지 못하고 분절적이고 단편적으로 끝남을 확인하였고, 세시 풍속의 틀을 가정의례인 설과 추석, 마을 의례인 대보름과 단오로 구분하여 각 의례의 특징을 살펴보게 되었다. 세시와 절기의 유래와 풍습, 놀이, 음식, 각 어린이집 사례를 중심으로 정리해서 「공동육아에서의 절기와 세시 놀이」라는 자료집을 냈다. 이 자료집은 각 어린이집에 전해져 지금도 참고 자료로 쓰이고 있다(공동육아 교사협의회, 2001).

2002년에는 「세시와 한 해 흐름」 모둠 안내자 과정이 개설되었다. 공동육아 경험이 5년 이상 축적된 교사들과 세시 풍속에 관심 있는 교사, 그리고 이 분야의 전문 강사를 모시고 1년 동안 교육이 진행되었다. 이 모둠을 이끈 마을공동체교육연구소 문재현 소장은 공동육아 초기부터 공동육아의 교육 과정에 관심을 가지고 조언을 아끼지 않으신 분으로 공동육아 현장에 대한 이해가 깊었다. 그래서 모둠원과 공감대가 잘 형성되었다.

공동육아에서 하던 세시 활동에 대한 평가와 반성, 역법에 대한 이해, 각 세시 활동의 의미 분석 등을 했다. 어린이집에서 해 온 세시 활동에 대하여 행위, 상징 분석을 해 봄으로써 왜 그때 그렇게 했는지 이해할 수 있었고, 그런 이해를 바탕으로 현대적 의미를 부여해 봄으로써 오늘날에 맞게 바꿀 것은 바꾸어서 오늘날에도 의미 있는 세시 풍속으로 전승될 수 있는 것을 알게 되었다. 이 교육 과정은 이후 소모임으로 이어졌다.

현장 실천의 성과

1년 동안 세시 풍속에 대해 분석하고 그 분석한 것을 기초로 현장에서 실천적으로 적용해 보는 과정에서 나타난 첫 번째 성과는 '세시와 한 해 흐름'이라는 공동육아 어린이집 교육 과정의 큰 틀을 짜게 되었다는 점이다. 나들이, 놀이, 먹을거리, 이야기 등 각각의 활동으로 진행되던 교육 과정이 세시와 한 해 흐름이라는 틀로 통합되었다. 세시와 한 해 흐름에 따라 살아가면서 그 시기에 맞는 나들이, 놀이, 이야기, 먹을거리가 풍부하게 결합되는 교육 과정이 되었다.

세시 활동은 단지 하루 활동으로 끝나는 것이 아니라 준비 과정부터 진행, 평가까지를 포함한다. 예를 들어, 진달래 화전을 만들어 먹는다고 하면, 우선 겨울이나 봄에 진달래가 꽃을 피우지는 않았지만 어디에 나무가 있는지 찾아보고 살펴보았다가, 꽃눈 속에서 꽃이 피는 과정을 지켜보고 하나쯤 따먹으면서 맛도 보고, 진달래를 참꽃이라고 부르는 이야기도 들려주고, 진달래 노래도 부른다. 꽃이 질 때쯤에 진달래꽃을 따서 화전을 만들어 먹는다. 이렇게 하는 것은 진달래와 아이들이 충분히 만날 수 있는 시간과 관심을 갖게 함으로써, 진달래꽃이 단지 먹을거리로만 인식되는 것을 막기 위해서다. 아이들은 그 다음 해에도 진달래를 그리며 봄을 맞이할 것이다. 이렇게 세시 활동은 나들이 속에서 오감으로 느끼고, 때가 되면 그 활동을 주기적으로 하면서 아이들에게 안정감을 갖게 해 준다.

두 번째 성과는 가정의례와 마을 의례를 각각 분석해 본 결과 의미가 크게 다른데도 구별하지 못하고 모든 것을 어린이집에서만 소화하려 했다는 반성을 했다는 것이다. 가정의례는 가족의 결속과 건강을 기원하는 의례이므로 마땅히 가정에서 의미를 갖도록 해야 하는데, 별생각 없이 어린이집에서 가정을 대신하여 하면서 가정의 결속을 다질 기회를 빼앗는 것이 될 수 있음을 발견했다. 마을 의례는 같은 지역에 살고 있는 지역 주민들 간의 결속력을 강화하여 공동체 의식을 갖게 하는 의례다. 지역 공동체 문화가 해체되면서 마을 의례는 어렵게만 느껴졌지만, 과천이나 분당, 신촌, 강동 지역의 공동육아 어린이집에서는 지역 주민과 함께 어우러지는 단오나 대보름 잔치를 기획했다. 그것은 지역 주민으로서 하나 됨을 느끼는 계기가 되었고, 해마다 참여 인원이 늘고 있다. 시작은 어렵지만 작은 움직임이라도 때가 되면 으레 하는 것으로 알고 하다보면 문화로 부활할 수 있을 것이다. 이런 공동체 문화는 인간의 삶을 풍요롭게 하는 것으로 아이들에게 물려주어야 할 문화유산인 것이다. 그런데 문화유산이라고 해서 예부터 전해 내려오는 것을 그대로 전승하는 것은 바람직하지 않다. 오늘날의 현실에 맞는 세시 풍속 문화를 만들어 가야 한다. 예를 들어, 오늘날 불합리하게 보이는 전통 사회의 유교적 위계질서는 평등 문화로 바뀔 수 있도록 노력하는 것이 필요하다. 그래서 어른, 아이, 남자, 여자, 모든 가족이 어울려 일과 놀이를 함께 즐길 수 있을 때 전통문화가 올바르게 계승될 수 있을 것이다.

세 번째는 세시 풍속을 어린이집 단위, 지역 단위, 마을 단위에서 만들어 갈 수도 있다는 생각을 하게 된 것이다. 모든 어린이집마다 일정한 시기마다 연례적으로 하는 행사들도 어린이집 단위의 세시 풍속이라고 할 수 있을 것이다. 예를 들어 '조합원과 교사의 단합 대회', '개원 잔치', '아나바다 장터', '해 보내기 잔치' 등 그 조합에서 해마다 열리는 잔치는 새로운 의미에서의 세시 풍속이라 할 수 있다. 세시라고 하는 것은 일정한 행위와 그에 따른 나름대로의 의미를 가지며 놀이판도 벌어지고 먹을거리도 풍성하게 준비된다. 어른이나 아이 모두에게 그날은 바로 잔치인 셈이다. 그 어린이집만의 고유 행사들을 정착시켜 가면 그 집단 고유의 세시 문화가 되는 것이다.

농촌 마을과 공동육아 어린이집의 만남

전국에 걸쳐 60여 개의 공동육아 어린이집이 있는데 이 중 3분의 2 이상이 대도시나 대도시 인접 지역에 있고 중소 도시에는 많지 않다. 중소 도시에서는 농촌에 가까이 갈 가능성이 대도시에 비해 높다. 평택은 중소 도시다. 느티나무어린이집이 위치한 양교리는 도심지에서 16킬로미터 정도 떨어진 농촌 마을이다. 농사를 짓는 마을이기 때문에 계절의 변화를 몸으로 느끼고 전해 내려오는 풍습을 몸에 익히고 있는 지역 주민이 있어서 세시 활동 자원은 어느 곳보다 풍부하다고 할 수 있다. 그런데 여느 농촌과 마찬가지로 기계화가 도입되기 전만 하더라도 마을의 전통 두레에 의한 공동 경제 활동을 통해 전통문화(풍물, 소리)가 보존되었으나 기계화로 노동이 개인별로 분업화되면서 전통문화가 단절된 상태다.

농촌 마을에 둥지를 튼 공동육아 어린이집

자연 친화적인 교육 환경을 중요시하는 공동육아에서 터전이 어떤 곳에 자리 잡느냐는 아이들에게 많은 영향을 준다. 도시에서 이 목적에 맞게 터전을 잡는다는 것은 하늘의 별따기인데다 전세 기간이 만료되면 이사를 해야 하는 등 부담이 많았다. 다행히 평택은 도시와 농촌이 공존하는 지역이기에 이 문제를 동시에 풀 수 있었다. 평택 지역을 중심으로 모인 초기 조합원들이 평택 도심 부근에서 터전을 구하고자 백방으로 물색해 보았으나 터전 전세 비용과 적당한 환경에 맞는 곳을 찾지 못하다가 마을 이장님의 소개로 양교4리와 연결되었다(이때까지는 사실 평택에 있는 조합원은 안중 부근까지 아이를 데리고 와야 한다는 부담이 컸다).

마을 전체가 내려다보이는 느티나무 옆의 마을회관 옆으로는 일명 '바람 부는 언덕'이라고 부르는 2만 평의 넓은 밭과 소나무 숲이 있었고,

아이들은 농촌의 자연환경 속에서 매일 자연으로, 마을로 나들이하며 사계절의 변화와 농작물의 파종, 성장, 추수 과정을 보며 자란다. 계절의 변화에 따른 사람들의 생활양식도 자연스럽게 몸으로 체득하며 지낸다.

전면으로는 오봉산과 연결된 삼정승산이 마주 보고 있었다. 수령 400년이 지난 느티나무는 든든한 수호자처럼 보였고 여름에는 아이들에게 더할 나위 없는 놀이터이자 쉼터가 될 것 같았다. 한 발짝만 내밀면 주변에 널려 있는 수많은 풀들과 곤충, 나무, 새들. 이리저리 동네를 거닐다 보면 만날 수 있는 동네 할아버지 할머니들. 동네를 조금 벗어나면 펼쳐지는 드넓은 논과 푸른 하늘. 아이들을 모두 품어 안을 수 있는 환경이었다. 겨울에 서해 바람이 너무 세차게 불어 대서 아이들이 추울 것 같다는 염려가 있었지만, 주변 몇 군데를 더 다녀 봐도 이만 한 환경은 찾을 수 없었다. 또한 마을에서 생활하려면 마을 분들의 적극적인 협조와 이해가 필요한데, 마을 이장님의 적극적인 도움이 터전 선택에 결정적인 영향을 주었다. 결국 1년간 터전을 찾아 헤맨 끝에 양교4리 마을회관에 둥지를 틀기로 했다. 2000년 3월, 드디어 느티나무어린이집이 문을 열었다.

마을에 정착하기까지

마을로 들어온 첫해에는 우선 마을 이장님과 신뢰를 쌓으려고 노력했다. 이장님은 마을의 중심이다. 이장님과 어떻게 관계 형성을 하느냐에 따라서 마을에서 자리 잡기가 좌우된다고 할 만큼 농촌에서 이장님은 영향력이 크다. 이장님과 많이 만나면서 어려운 일도 상의 드리고 친교를 나누도록 다각도로 노력했다. 어린이집 개원 잔치 때 마을 어른들을 모셔서 술과 음식을 대접하고 마을의 품속에서 아이들을 키울 수 있어 감사하다는 마음을 전했다. 실제로 많은 마을 어른들이 마을에 나들이 다니며 만나는 아이들을 귀여워해 주셨고 따뜻한 시선과 손길을 보내 주셨다.

더욱 긴밀한 관계를 형성하게 된 계기는 조합원이 마을로 이사 오면서부터인 것 같다. 이사 와서 동네에 떡도 돌리고 집들이로 마을 분들을 초대하기도 했다. 한 해를 무사히 보낸 후 동네 어른들께 감사의 마음을 표하려고 수건을 돌렸다. 아이들이 집집을 방문하여 수건을 돌리면서 "한 해 동안 고맙습니다" 인사를 했다. 그러면 마을 분들은 인자하게 웃어 주셨고, 무언가 먹을 것들을 들려 보내는 손길, 눈길 속에 오가는 정이 쌓여 갔다. 부모들은 가능하면 동네에 일어나는 일에 빠지지 않고 앞장서서 참여했다. 특히 나쁜 일일수록 적극적으로 참여했다. 모판 만들기, 모내기, 벼 베기, 김장 등 일손이 필요한 때 적극적으로 도왔다.

어린이집 아이들의 생활이 한 해의 자연 흐름에 맞게 살아가는 것이라 시기에 맞게 이루어지는 행사가 있다. 설을 지내고 오면 동네 어른들께 세배 다니고 대보름 때는 나물을 얻으러 다녔다. 삼월 삼짇날에는 진달래 화전 만들어 동네 어른과 나눠 먹었다. 쑥떡과 쑥버무리를 만들어 나눠 먹기도 하고, 오월 단오에는 부채 만들어 선물하고 수리취떡을 나눠 먹고, 시월상달에 시루떡 해 먹었다. 이런 행사를 치를 때마다 모르는 것은 동네 어른께 물어 가며 했다. 어른들은 말로 설명해 주시기도 하고 미덥지 않으면 직접 오셔서 방법을 알려 주신다. 젊은 사람들이 배우려고 하는 것이 대견하다고 기분 좋아하신다.

추석 전, 마을길 풀도 베고 청소도 하고 마을 공동 상수도 청소하는 날에 양교4리에서는 오래전부터 행해지는 풍습이 있다. 마을의 당산나무(약 400년 된 느티나무) 밑에서 마을 사람들이 일을 한 후 술과 음식을 먹으면서 이런저런 이야기를 한다. 이때도 어린이집의 젊은 부모들이 앞장서서 참여하여 풀도 베고 청소도 하고 심부름도 한다.

어린이집 아이들 소리가 농촌 마을에 활력을 불어넣고 아이들은 계절의 변화를 몸으로 느낀다. 아이들이 다니면서 관계 맺는 내용에 따라 동네 할머니 할아버지의 별칭을 붙였다. 토끼 할머니네, 보리수 할머니네, 감자 할머니네, 마당 넓은 집, 장구 아저씨, 앵두 할머니, 대나무 할머니, 덤프트럭 할머니, 바람 부는 언덕 등.

어린이집 개원 이듬해에는 마을회관에서 월세로 어린이집을 운영하다가 땅을 구하여 집을 짓기로 했다. 집 지을 땅을 마을 이장님이 알아봐 주시고 땅 구입과 관련된 어려운 문제들을 직접 풀어 주셨다. 또한 어린이집 진입로 등 공사와 관련되어 불편한 많은 점들을 마을 분들이 이해하고 도와주셨다. 집 짓고 이전 잔치 할 때도 동네 일로 생각하시고 일도 거들어 주시고, 발 틀을 만들어 발 만드는 것도 보여 주시고, 잔치 끝까지 손님을 맞이해 주셨다.

어린이집과 함께 조합원 4가구도 집을 짓고 양교리 주민이 되었다. 이는 어린이집이 단지 교육 기관이 아니라 마을 속에서 같이 생활하는 마을 구성원이 되는 계기가 되었다. 이사 온 조합원은 '양교리 이웃사촌회'에 가입했다. 마을 어른들은 놀아 본 경험이 있어서 노는 것이 몸에 배어 있다. 처음 관계 맺을 때는 같이 놀아도 이것저것 살피는 듯 부자연스러웠는데 이제는 스스럼없이 어울린다. 동네 어른들은 오랜 세월 같은 동네에 살면서 같이 놀고 같은 가락에 흥겹게 놀아 본 경험이 있어 지금도 그 가락만 나오면 같이 놀 수 있는 것 같다. 그런 문화를 자연스럽게 접하면서 몸에 젖어들 때까지는 받아들이려는 노력과 일정한 시간이 필요한 듯하다. 우리 자식들도 자연스럽게 그런 문화 속에서 자라고 몸으로 배워 갈 것이다.

마을에 정착한다는 것의 의미

자연과 접촉하면서 한 해의 흐름을 몸에 익힌다는 것은 아이들에게 다양한 가능성을 심어 준다. 인위적인 환경에서 훈련되어 빠르게 반응을 나타내지는 않지만, 아주 천천히 자연과의 교감 속에서 느끼는 부분을 자신의 마음 한구석에 차곡차곡 쌓아 두면서 그것이 충만할 때 자신의 모습을 서서히 드러내 보인다. 농촌 마을의 자연 환경은 풍요로운 마음과 건강한 육체를 만드는 데 더없이 훌륭한 교육 환경이다. 찾아 나서지 않아도 마을에서 사계절의 변화를 느낄 수 있다.

또한 마을에 계신 할아버지 할머니들의 따뜻한 관심과 접촉 속에서 아이들은 사람 사이의 따뜻한 관계를 느끼면서 성장한다. 아이들뿐만 아니라 이곳에서 생활하는 교사나 조합원에게도 많은 배움을 준다. 농사짓는 시기나 방법, 장 담는 법, 둥구미 짜는 법, 엿기름 기르는 방법, 인절미 만드는 방법 등 헤아릴 수 없을 정도로 전수해 주시는 것이 많다. 이곳 마을 주민 또한 아이들 소리에 힘을 얻고 젊은 엄마들과 만나서 더 젊게 생활하는 것 같다고 좋아하신다.

140

아이들에게 이곳은 고향이다. 넓은 들과 산, 때가 되면 익는 열매들, 함께 놀았던 친구들, 어른들, 한없이 따뜻한 할머니, 할아버지의 눈길.

　전통적인 농촌의 구조가 붕괴되고 있는 상황에서 농촌 마을의 필요성에 대한 이해와 지속을 위한 실천이 필요하다. 무한 경쟁과 자본의 힘이 지배하는 사회 구조에 대응할 수 있는 올바른 힘은 농촌의 '공동체 문화'가 저변에 확대될 때 생기리라 본다. 농경 사회 중심이었던 우리 문화는 마을을 중심으로 한 공동체 문화의 특성이 강했으며 '나'가 아닌 '우리'의 개념이 절대적이었다. 기존 농촌 마을이 전통적인 농사 경제를 중심으로 하는 구조였다면, 우리가 맞이하는 새로운 문명에서는 문화를 중심으로 하여 농촌 마을을 재구성하여 전통적인 농촌 마을을 보존하는 것이 대안이 될 수 있다. 이러한 관점에서 양교4리는 교육 문화를 매개로 도시의 젊은 세대와 농촌의 세대가 결합하여 마을을 재구성하는 하나의 가능성을 보여 주는 현장이라 할 수 있다.

마을 사람들과 함께한 세시 활동, 일손 돕기

조팝나무 꽃이 필 무렵 황토 모판 위에 볍씨를 뿌리는 모판 만들기를 서너 가구씩 두레를 묶어 품앗이로 한다. 이때는 아이들 일손도 아쉽다 할 만큼 일손이 많이 필요한 때다. 약 1주일 사이에 온 동네 볍씨 뿌리기가 이루어지다 보니 무척 바쁘다. 느티나무어린이집에 아이를 보내는 젊은 부모들도 휴일을 이용해서 일을 거든다. 동네에 살면서 농사를 짓는 조합원은 1주일 내내 동네 일을 한다. 어린이집 교사들도 아이들과 나들이 길에 일하시는 어른들에게 노래도 불러 드리고 어깨도 주물러 주면서 어려움을 함께하려고 노력한다. 그럴 때마다 동네 어른들도 매우 고마워하시며 먹을 것도 주시고 바쁘신 가운데 웃어도 주신다.

모내기는 기계로 하기 때문에 많은 일손이 필요하지는 않다. 그렇지만 못자리에서 모판을 떼어 내는 일은 가장 힘든 일이라 일손을 거들면 상당히 도움이 된다. 또한 모내기는 아무리 기계화되어 쉽다고는 하지만 농부들에게는 매우 중요한 일이다. 그래서 이때는 경운기나 트랙터로 모판을 나르는 일이 빈번해 조합원들은 차량을 되도록 동네 안으로 끌고 들어오지 않도록 조심한다.

어린이집이 마을의 한 구성원으로서 마을 분들과 정서적 공감대를 형성할 수 있는 것은 이렇게 서로 상대가 처한 상황을 심리적으로 지지하고, 더 나아가서는 직접적인 도움을 주고받기 때문일 것이다. 농촌에 자리한 어린이집 아이들은 볍씨를 내는 것에서부터 수확하는 과정을 자연스럽게 보면서 벼의 생장에 대한 것은 물론 사람들이 서로 어떻게 관계 맺는지도 배워 갈 것이다.

마을 사람들과 함께한 대보름 잔치

대보름은 정월 보름에 보름달 같은 풍요를 기원하는 잔치다. 설이 한 해를 시작하는 의례라면, 대보름은 개인의 복을 비는 요소도 있으나 마을의 안녕과 결속을 다지는 것에 더 큰 의미를 두는 마을 공동체의 한 해 시작 의례라고 할 수 있다. 농사가 시작되기 전에 한바탕 어우러져 놀면서 마을 구성원으로서 연대감을 쌓는다.

기획 회의
2004년 양교리 대보름 잔치는 마을 주민 대표들이 주관하고 어린이집

대표들이 참여하는 형태로 대표단을 구성하여 기획 회의를 했다. 이장님과 마을 지도자, 이웃사촌회 총무, 어린이집 원장과 조합원 1인으로 기획단을 구성했다. 날짜 정하기, 행사 규모, 행사비 마련, 일정 정하기 등을 협의하고 역할을 분담했다. 기획단은 수시로 연락하고 아침저녁으로 만나면서 행사를 철저하게 점검하고 준비했다. 어린이집에서 주관할 때와는 매우 다른 모습이 인상적이었다. 어린이집에서 행사를 주관할 때는 준비 과정이 더 느슨하다. 정월 대보름이 공휴일이 아니라서 많은 사람이 참여할 수 있도록 정월 대보름을 전후로 한 공휴일을 잔칫날로 정했다. 날짜가 정해지면 미리 방송으로 동네 사람들에게 알린다.

풍물패 구성하여 연습하기

새마을 지도자가 상쇠로 꽹과리를 치고, 풍물을 칠 수 있는 마을 주민, 조합원, 교사들로 대보름 잔치 두 달 전부터 풍물패를 구성하여 매주 토요일에 연습을 했다. 잔칫날이 가까워질수록 연습 강도가 세지고 완성도가 높아진다. 풍물 소리는 듣는 사람에게나 치는 사람에게나 잔치를 기대하게 하고 마음을 설레게 한다. 이렇게 같이 연습하고 만나면서 친분도 두터워졌다.

음식 함께 준비하기

대보름 놀이 준비 중 가장 손이 많이 가는 것은 음식 마련이다. 그래서 잔치 전날 부녀회를 중심으로 이장 댁에 모여 잔치 때 쓸 음식을 함께 만든다. 음식을 함께 만들면서 이런저런 이야기꽃을 피우며 떠들썩하다.

윷놀이

대보름 잔치의 꽃이다. 아이들 판과 어른 판이 나뉘어 있다. 일단 참가자에게 도장이 찍힌 쪽지를 세 장씩 나눠 주어 세 번 도전할 수 있는 기회를 준다. 이기면 그 종이 위에 도장을 또 찍는다. 놀이가 어느 정도 진행된 후 도장 개수가 다섯 개인 사람들끼리 윷놀이하여 점점 많이 이긴 사람이 줄어들게 하여 나중에 두 명이 남게 한다. 이렇게 진행되는 동안 점심도 먹고 술도 먹으면서 즐긴다. 결승전을 할 때는 참가자 모두 큰 원을 그리고 윷놀이를 한다. 우승자를 가릴 때는 모든 사람의 관심이 쏠린다. 팽팽한 긴장감이지만 기분 좋은 긴장감이다. 윷놀이가 끝나면 참가한 모든 사람이 한데 어우러져 풍물패의 장단에 맞춰 신나게 논다.

지신밟기

윷놀이가 끝나면 마을 곳곳을 다니며 지신밟기를 한다. 지신밟기 풍습은 끊이지 않고 마을에서 지켜오는 것으로 마을 신뿐만 아니라 집 구석구석에 있는 모든 신들에게 인사를 하는 것이다. 풍물패가 집집을 들러 마당을 돌고 수돗가에 가서 물을 틀고 집안을 한 바퀴 돌아다니는 동안 주인과 구경꾼이 신명나게 어울려 놀며 그 가정이 1년 동안 별 탈 없이 지내기를 기원하고 집 주인은 술상을 차려서 답례를 한다. 예전에는 집집마다 돌다보면 새벽에야 끝난다고 하는데 지금은 원하는 집만 다닌다. 그래도 12시는 넘겨야 지신밟기가 끝난다.

대보름과 관련된 풍습

• 고기와 김치 먹지 않기 — 예전 우리 조상들은 대보름 전날인 14일에는 고기와 김치를 먹지 않았다고 한다. 고기를 먹으면 1년 동안 부정을 타고 김치를 먹으면(구체적으로 고춧가루) 물것에 많이 물린다고 금했다. 동네 어른들은 이미 기억조차 희미해진 풍습이지만, 하루 정도 먹지 않으면서 왜 안 먹는 것인지를 생각해 보고 이야기하는 시간은 매우 의미

144

있는 시간이다. 그래서 어린이집에서는 고기를 뺀 곡식과 야채로만 식단을 짠다. 이렇게 할 때 느끼는 것은 우리 조상들은 1년을 부정 타지 않고 건강하게 지낼 수 있도록 시시때때로 조심하면서 살았구나 하는 생각이 들어 절로 고개가 숙여진다. 나들이를 많이 다니는 어린이집 생활이라 물것에 물리는 것을 걱정하는 교사들이나 부모들은 이날만큼은 김치를 먹지 않고 여름 동안 물것의 피해를 덜 받기를 기원한다.

• 무엇이든 아홉 번 하는 날 ― 대보름 전날은 무엇을 해도 아홉 번 하는 날이다. 나무를 해도 아홉 번, 세수도 아홉 번, 밥도 아홉 번 먹고, 청소를 해도 아홉 번, 울어도 아홉 번, 싸워도 아홉 번 싸워야 하는 날이다. 이렇게 하는 것은 아홉에 대한 상징적 의미도 있지만 더 중요한 것은 행동을 일치시키고 규범을 공유하게 하여 구성원들의 일체감을 확인하기 위한 것이라고 한다.

동네 어른들은 아이들이 인사를 해도 아홉 번 인사하면 "어, 이놈들 어디서 그런 걸 다 알어?" 하시며 대견해하고 반기는 표정으로 예전 이야기를 해 준다. 옛날에는 동네 사람들이 모두 그렇게 했다고 한다. 마실을 가도 아홉 집에 가야 하고 쌈을 싸도 아홉 번… 그래서 평소에 가 보지 못했던 집도 이날은 들어가 보고, 또 그 규범을 따르지 않는 집은 동네에서 동네 사람 취급을 하지 않았다고 한다.

• 저녁 일찍 먹는 날 ― 저녁 식사도 해가 떨어지기 전에 먹는다. 이때 오곡밥과 나물로 복쌈을 싸서 먹는다. 한 해의 풍요를 기원하는 식사법이다. 양교리에는 아직 이런 풍습이 남아 있다. 서너 집에서 오곡밥과 나물로 이른 저녁을 준비해서 모여 먹는다. 어린이집 구성원은 대부분 맞벌이를 하는 부모들이라 대보름 전날이라고 일찍 올 수 있는 형편이 아니라서 이른 시간에 저녁을 먹지는 못하지만 오곡밥과 나물을 챙겨 먹는다. 특히 한 집에서 나물을 한 가지씩 해 와서 나누면 색다른 나물을 먹을

수 있어 좋다.

• 부럼 깨기 — 아침에 일어나자마자 부럼을 깼다고 한다. 집집마다 부스럼으로 고생을 하는 이들이 많아 부럼 깨기를 했는데 요즘에는 집집마다 하지는 못하고 어린이집에 왔을 때 부럼 깨기를 한다.

• 더위 팔기 — 더위를 팔기도 한다. 대보름날 아침에 친구 이름을 부르는데 평소처럼 대답을 하면 "내 더위 사 가라" 하면서 더위를 파는 것이다. 더위를 사고 싶지 않으면 대답을 하지 않고 먼저 "내 더위 사 가라" 하면 먼저 이름을 부른 사람이 더위를 사는 것이다. 아이들은 이렇게 하는 것을 무척이나 재미있어 한다. 그리고 더위를 많이 팔아서 더운 여름에도 덥지 않을 것이라며 좋아한다.

• 귀밝이술 마시기 — 귀밝이술을 마시는 풍습이 있다. 마을 사람들은 직접 빚은 맑은 술을 어린이집에도 나눠 주어 귀밝이술을 아이들과 교사들이 조금씩 나눠 마신다. 이런 의식을 통해 1년 동안 사람들과, 자연과 소통을 잘할 수 있는 잘 듣기를 실천하도록 강조한다.

• 약밥 먹기 — 보름날 오후 간식으로는 약밥을 해 먹는다. 까마귀 제삿날로 대보름을 정하게 된 이야기를 듣고 감동하여 절기 음식으로 해 먹고 있다(165~166쪽 참조).

• 달집태우기 — 보름날 저녁에는 달집을 태운다. 전에는 산에 올라가 달이 떠오르기를 기다려 달이 뜨면 달집을 태웠다고 한다. 어린이집에서는 저녁 때 아이, 부모, 교사가 함께 준비하여 달집태우기를 한다.

일주일 전부터 달집에 매달아 소원을 빌 소원지에 소원을 써 놓는다. 두 장을 쓰는데 하나는 개인이 바라는 것, 한 장은 어린이집 전체를 위해서 바라는 것을 쓴다. 아이들의 소원은 진솔하고 간절하다. 엄마, 아빠 싸우지 않게 해 주세요, 동생 낳게 해 주세요, 장난감 사 주세요, 아빠가 담배 끊게 해 주세요…

보름날 저녁 어린이집 마당에서 아이, 부모, 교사가 함께 달집을 태운다.

달집을 태우려면 나무가 필요하다. 그래서 일주일 전부터 나들이 갔다 오면서 나뭇가지를 하나 둘 주워 나른다. 그렇게 모아 놓은 나무를 움집 모양으로 세우고 그 속에 둥근 모양으로 달을 만들어 단다. 소원지를 새 끼줄에 끼우고 그 새끼줄로 세워 놓은 나뭇가지를 칭칭 감는다. 그리고 부모와 아이, 교사들이 다 함께 소원을 빌면서 달집에 불을 붙인다. 이렇 게 하면서 구성원은 개인의 소원뿐 아니라 공동의 바람을 함께 기원한다.

• 쥐불놀이 — 겨울 동안 얼었던 땅이 이때가 되면 촉촉해지고 온갖 잡초들이 올라오기 시작한다. 농사 준비를 해야 하는 때가 된 것이다. 마 을 사람들은 이때부터 분주해진다. 예전에는 동네 아이들이 이웃 동네 아이들과 편을 갈라 쥐불놀이 대결도 했다지만 근래에는 쥐불놀이 할 아 이들이 없어 사라져 가던 놀이였다고 한다. 어린이집 아이들이 쥐불놀이 를 하면 예전의 기억으로 돌아가 다들 반긴다.

단오 잔치

단오는 모내기가 끝나고 한숨 돌리는 시기에 들어 있다. 음력 5월 5일로 일명 수릿날, 중오절, 천중절이라고도 한다. 1년 중 가장 양기가 왕성한 날, 즉 태양의 힘이 왕성하여 만물이 번성하고 성장하는 때다. 여기에 맞춰서 만물의 성장과 풍년을 기원하고 더운 여름을 준비하는 날이 단오다. 단오는 마을 의례로 마을 사람 전체가 같이 놀고먹으면서 공동의 염원인 만물의 성장과 풍년을 기원하는 잔치다. 이런 마을 잔치를 통해 마을 구성원의 소속감과 유대감을 강화하고 대보름 이후에 바빠서 잘 나누지 못한 동네 사람들 간의 정을 나눈다.

기획 회의

2004년 6월 10일 기획단 회의를 했다. 어린이집이 중심이 되어 마을 분들과 기획단을 구성했다. 어린이집에서는 원장, 마을 담당을 맡고 있는 멋진 오빠(교사), 운영이사인 도치(부모), 마을에 살고 있는 독수리가 참석하였고, 마을에서는 이장님, 전(前)이장님, 새마을 지도자, 토끼 할아버지, 부녀회장님이 참석하셨다. 단오 잔치는 양교리에서 따로 하지 않던 풍속인데, 어린이집이 이사 오면서부터 해마다 어린이집을 중심으로 하다가, 이 해 처음으로 마을 잔치로 기획되었다. 날씨도 덥고 단오를 전후해 일거리도 많은 철이라 준비를 될 수 있는 대로 간단하게 하기로 했다.

길놀이

대보름 때 구성되었던 풍물패가 모여 꽹과리 소리에 맞춰 풍물을 쳤다. 모처럼 풍물을 치니 처음에는 잘 안 맞지만 얼마 지나지 않아 호흡이 맞추어진다. 풍물패가 동네를 한바퀴 돌고 나면 마을 분들이 한두 분 오

마을 의례는 같은 지역에 살고 있는 지역 주민들 간의 결속력을 강화하여 공동체 의식을 갖게 하는 의례다. 과천이나 분당, 신촌, 강동 지역의 공동육아 어린이집에서는 지역 주민과 함께 어우러지는 단오나 대보름 잔치를 기획했다.

시고 잔치가 시작된다.

인절미 만들기

단오 때 절식으로 수리취떡을 해 먹던 풍습이 있다. 올해는 찹쌀을 시루에 쪄서 김이 모락모락 올라올 정도로 뜨거울 때 동네 어른들이 만들어 주신 떡메로 쳐서 인절미를 만들었다. 떡을 방앗간이나 시장에서만 만드는 줄 알았던 젊은 부모들이나 아이들은 신기한 듯 인절미에서 눈을 떼지 못했고, 떡메 만드는 방법에서 떡 치는 것까지 전수해 주시는 어른들은 마치 젊은 시절로 돌아간 듯 즐거워하셨다.

인절미를 옛날 방식으로 직접 만들어 보면서 많은 생각을 하게 되었다. 기계가 도입되기 전에 만들던 방식으로 떡도 쳐서 만들고 싶다고 어른들에게 말씀드렸을 때 처음에는 관심을 보이지 않으셨다. 관계를 맺고 해를 거듭해 지내면서 옛날 방식에 대해 진심으로 배우고 받아들이고 싶어 하는 젊은 사람들의 마음을 그대로 받아들여서 도와주겠다는 어른들이 한둘 생겼고, 이제는 어린이집에서 하려고 하는 일에는 될 수 있으면 도와주려고 하신다.

전수해 줄 것이 있어도 전수받으려는 사람이 준비가 되어 있지 않으면 한 번의 체험으로 끝나겠지만 전수받을 만한 가치에 대해 충분히 공감하며 받아들일 때 지속성을 가지고 정착되어 풍습으로 만들어지는 것이 아닐까? 동네 어른들에게는 몸에 배어 별것도 아닌 것, 하찮은 것으로 생각되었던 생활 문화에 젊은 사람들이 관심을 갖는 것을 보고, 또 그것을 재현해 보면서 동네 어른들 자신들도 그저 하찮고 쓸모없는 것쯤으로 생각하지는 않는 것 같다. 많은 사람들이 먹을 떡을 같이 만드는 과정에서 즐겁게 참여하고 풍성하게 나누는 실제 경험이 좋을 때 사람들은 그때 그 상황을 오래 기억하고 다시 그렇게 하고 싶어 한다. 마을 분들도 처음에는 도와주려고 시작했지만 인절미를 만드는 과정에 흠뻑 빠져 흥겹게 떡을 치시며 "어, 이제부터 방앗간에 가서 인절미 할 일 없구만. 쉽고 맛있고 재밌고 이게 일석삼조지 뭐야, 허허허" 하신다. 그 후 어린이집 간식 때도 찹쌀을 쪄서 메로 쳐 인절미를 즐겁게 만들어 먹었다.

줄씨름

잔치에 빠질 수 없는 것이 놀이다. 전통 씨름으로 대회를 하려고 했으나 나이 많으신 어른들이라 다치실 것이 염려되어 줄씨름을 했다. 마을 대표와 어린이집 대표로 나누어 했는데 씨름이 너무 쉽게 끝났다. 자신이 속한 편이 잘할 수 있도록 마음을 모아 응원하면서 마음을 모으는 놀이의 개발이 필요하다.

음식 나눠 먹기

준비한 음식을 먹으면서 조합원들이 동네 어른들께 인사도 드렸다. 아침저녁으로 오가면서 만나기는 하지만 누가 누군지 잘 모르는 젊은이들을 잘 이해해 주시는 것에 대해 감사의 마음도 전했다.

마을 의례인 단오 잔치를 어린이집이 중심이 되어 처음으로 마을과 함께 기획해 치렀다는 것은 큰 의미가 있다. 떡메를 만들어 주신 마을 어른들 덕분에 재미있게 인절미를 만들었다. 음식 만들기는 조합원과 부녀회에서 맡아 주셨다. 당일에 비가 와서 처마 밑에서 떡을 치고 줄씨름 대회도 실내에서 진행되어 아쉬움이 남는다. 단오 잔치의 경험이 쌓여 마을에서 단오가 되면 같이 놀면서 공동체 의식을 다지는 행사로 지속될 수 있도록 노력해야겠다.

단오 풍속

• 단오 부채 만들어 선물하기 ─ 단오 부채는 궁궐 내 공조에서 여름철에 사용할 부채를 만들어 임금에게 진상하면, 임금은 재상부터 여러 신하들에게 나누어 주었다고 한다. 어린이집에서는 부채에 아이들이 그림을 그려 집집마다 돌아다니며 선물한다. 선물로 드리면서 "더운 여름에 시원하게 부치세요" 하고 드리면 어른들은 "오냐, 고맙다" 하시며 기쁘게 받으신다. 아이들 마음도 흐뭇하다. 길에서만 만나서 인사하고 알던 할머니 할아버지 댁을 직접 방문하는 기회가 되고, 그 후로 더욱 친숙하게 어른들을 만나게 된다. 다양한 가옥 형태도 보고 제비가 지어 놓은 집도 유심히 살핀다.

• 약쑥 뜯어 매달아 놓기 / 익모초 뽑아 말리기 / 익모초 즙 마시기 —
단옷날 정오에 벤 약쑥은 양기가 많아 약효가 좋다고 한다. 쑥으로 호랑
이 모양을 만들고 그 위에 쑥을 비늘처럼 입혀서 쑥 털을 가진 호랑이같
이 보이게도 했다고 한다. 쑥은 살균력이 강하고 벌레가 싫어하는 향기
를 내서 벌레를 퇴치하고 잡귀들을 물리치는 구실을 하고, 호랑이는 날
쌔고 용맹스러운 동물이므로 전염병이나 재앙을 미리 막는 작용을 한다
고 믿었기 때문에 행해졌던 풍습인데 어린이집 아이들은 나들이 다니면
서 약쑥이 있는 곳을 잘 봐 두었다가 단오 때 베어다가 묶어 각 방에 달아
놓는다.

쑥과 함께 익모초를 뽑는 풍습이 있는데, 이날 뽑은 쑥과 익모초가 가
장 효능이 있다고 해서 이것을 말려 약재로 사용한다. 어머니 몸을 이롭
게 한다는 익모초는 더위 먹은 사람에게 치료 효과가 있고 쓴맛이 입맛
을 북돋아 준다고 한다. 단오 때 익모초 즙을 마시는 것은 앞으로 다가올
무더운 여름을 건강하게 보내길 기원하기 위해서다.

• 장명루 만들어 아이들 손목에 매달아 주기 — 장명루는 오색실로
만들어 아이들 팔에 매달아 주는 것인데 이것은 아이들의 무병장수를 기
원하는 의미를 담고 있다. 오색은 노랑, 빨강, 파랑, 검정, 하양 이렇게 다
섯 가지 색인데 이것이 오방색이다(166~167쪽 참조).

오색 팔찌를 하는 것은 어느 곳(방향)에 가더라도 오방신을 상징하는
색의 팔찌를 몸에 지니면 오방장군이 지켜 주어 무사히 잘 자라게 해 주
기 때문이라고 한다. 장명루에 담긴 의미를 부모들이 알고 나니 장명루
만들기에 매우 적극적이다. 단오가 들어 있는 달의 방모임 때 함께 만들
어서 단옷날 아이들 팔찌로 해 주고 오래도록 하고 다니도록 한다.

• 수리취떡 해 먹기 — 쑥이나 수리취의 어린 잎을 뜯어서 데친 후 찹
쌀가루에 섞어 시루에 찐 다음 떡메나 절굿공이로 찧으면 푸른 빛깔의

찹쌀떡이 되는데 이것을 수레바퀴 모양으로 둥글게 만든 것이 수리취떡이다. 수리취떡은 단오 때 먹는 절식이다.

• 놀이 ─ 단오 때 하는 놀이는 간단한 준비로 할 수 있는 것들이다. 농번기에 짬을 내서 하는 놀이이기 때문에 준비에 많은 시간과 노력을 기울이지 않는 것이다. 어린이집에서는 씨름 중에 줄씨름과 돼지씨름을 아이들이 해 보았다.

동지 지내기

동지는 1년 중 밤이 가장 긴 날로서 동지 다음 날부터는 낮이 다시 길어지기 때문에 옛날 사람들은 이날 태양이 죽음에서 되살아난다고 생각하고 태양신에게 제사를 올리고 마을굿을 했다. 오늘날 태양신에게 제사를 지내는 관습은 사라졌지만 한 해 농사를 마무리하고 겨울 준비를 하면서 새해를 맞이하는 마을 공동체의 염원을 모으려는 공동체의 의식은 여전히 의미 있다.

대동회의

이날은 마을의 일년살이를 결산하고 이장을 선출하는 마을 '대동회의'를 함께 연다. 대동회의 후 점심을 같이 먹는다.

당산제

대동회의를 마치고 마을 풍물패와 아이들, 부모들, 마을 어른들이 모두 마을에서 가장 오래된 당산나무를 찾아가 제를 올린다. 한 해 동안 동네 사람들의 건강과 안녕을 지켜 준 것에 감사하는 마음으로 제를 올린다. 마을에서 가장 나이 많은 분이 기원문을 읽는 동안 다 같이 숙연해졌다.

동지 팥죽 먹기

옛날 사람들은 동짓날이 가까워질수록 태양이 힘을 잃고 죽어가니 얼마나 불안했을까? 그래서 양과 음이 대결하는 날인 동짓날에 태양이 다시 힘차게 살아날 수 있도록 양기를 많이 불어넣어 주어야 한다고 생각했다. 양기의 대표적 색이 붉은색이다. 팥죽의 붉은색이 태양에 힘을 불어넣고 집안의 잡귀를 몰아 낼 수 있다고 믿어 예부터 동지에는 팥죽을 쑤어 먹었다. 잡귀를 없애고 액운을 막기 위해 팥죽을 쑤어 가장 먼저 사당에 놓고 차례를 지내고 방, 마루 등에 한 그릇씩 떠 놓는다.

태양이 다시 힘차게 살아나기를 바라는 마음에서 태양을 상징하는 새알심을 넣어서 먹는다. 가마솥을 어린이집 마당에 걸고 팥을 삶아 앙금을 내서 끓이다 찹쌀가루로 만들어 놓은 새알심을 넣고 끓여 먹었다. 솥 주변에 할머니들이 모여 앉아 이야기꽃을 피운다. 예전에는 동지 팥죽을 반드시 쑤어 먹었으나 요즘에는 몇몇 집에서만 한다고 하신다.

둥구미 짜기, 새끼 꼬기, 김칫광 만들기

어른들의 몸에는 배어 있으나 여러 이유들로 사라져 가는 소중한 문화유산들이 있다. 농한기인 겨울철의 짚풀 문화가 그중 하나인데 생활 속에서 다시 살아날 수 있도록 동지 때 판을 만들었다. 짚으로 짜는 둥구미, 닭 우리, 짚신, 똬리, 망태기 만드는 법을 배우기도 하고 할머니, 할아버지가 만들어 오신 것을 실생활에 이용하기도 한다.

생산물 직거래

동지 잔칫날은 어린이집 조합원들이 마을에서 생산된 농산물과 가공식품을 살 수 있는 날이기도 하다. 한 해 동안 농사지은 것 중 넉넉해서 팔 수 있는 것을 가지고 나오고 손수 만든 가공품(된장, 고추장, 맑은술, 도토리 묵 등)을 자랑하는 시간도 갖는다. 이런 잔치를 계기로 농산물을 직거래 하는 것은 농민과 소비자들의 요구가 만날 수 있는 좋은 기회로 앞으로 더 확대되어야 할 것 같다.

풍물놀이

누가 먼저랄 것도 없이 짬짬이 풍물이 울리고 너 나 할 것 없이 어우러 지는 놀이판이 벌어진다. 춤사위가 어색한 젊은 부모들도 쑥스럽지 않게 참여하게 만드는 놀이판이다. 이렇게 같이 뛰고 놀고 나면 막걸리를 나 눠 마시며 신명을 함께한 정을 나눈다. 풍물은 마을 분들과 타지에서 마 을에 들어 온 느티나무어린이집 사람들의 소통의 창구 노릇을 한다.

마을 의례에 참여한 구성원들의 반응

어린이집 아이들

아이들은 농촌의 자연환경 속에서 매일 자연으로, 마을로 나들이하며 사계절의 변화와 농작물의 파종, 성장, 추수 과정을 보며 자란다. 계절의 변화에 따른 사람들의 생활양식도 자연스럽게 몸으로 체득하며 지낸다. 그때가 되면 으레 그것을 하는 것으로 알고 한다. 대보름을 예로 보면 달 집을 태우면서 간절히 소원을 빌고, 오곡밥을 쌈에 싸서 먹으면서 풍년 이 들 것이라고 믿고, 풍물 소리에 덩실덩실 어깨춤을 절로 춘다.

어린이집이 양교리에 이사 온 후 아이들이 나들이를 다니며 집집마다 붙여준 각 집의 별명은 그때 경험을 오래도록 간직하게 해 준다. 아이들

아이들은 직접적인 경험을 통해 관계를 맺으면서 마을 할머니, 할아버지와 쉽게 정을 쌓고
감정을 교류한다. 동네 어른들이 일하는 곳이 있으면 아이들도 무엇이든 해야겠다는 생각을
한다.

과 직접적인 관계를 맺게 한 것이 바로 호칭으로 정해진다. 보리수나무
를 통째로 아이들에게 내 주신 할머니를 '보리수 할머니'라 부르고, 농촌
의 좁은 마당에 비해 상대적으로 넓은 마당이 있어 자전거를 신나게 타
고 나서 '마당 넓은 집'이라는 이름을 붙였다. 토끼를 돌보고 있을 때 나
들이 가서 아이들에게 '토끼 할아버지'라는 별명으로 불리게 된 할아버
지는 지금까지도 단 한 마리의 토끼를 꾸준히 키우고 계신다. 이렇게 아
이들은 직접적인 경험을 통해 관계를 맺으면서 마을 할머니, 할아버지와
쉽게 정을 쌓고 감정을 교류한다. 동네 어른들이 일하는 곳이 있으면 아
이들도 무엇이든 해야겠다는 생각을 한다. 애써 가꾼 농산물이 손상되지
않도록 행동을 조심하는 모습도 볼 수 있다. 이런 모습에서 마을 어른들
과 아이들 사이에 정서적 공감대가 형성되어 있다는 것을 느낄 수 있다.

잔치가 있을 때 누구보다 먼저 나서서 흥을 돋우는 집단이 아이들이다. 아이들이 잔치에 즐겁게 참여하면 부모들은 자연스럽게 참여하게 된다. 길놀이를 할 때도 아이들은 경중경중 춤을 추며 풍물패를 앞질러 동네를 누빈다. '이 아이들이 없었으면 잔치가 얼마나 싱거울까' 마음속으로 생각해 본다.

교사

교사들은 양교리에서 많은 것을 느끼고 배운다. 한 해의 자연 변화와 그 변화에 따른 사람들의 생활과의 연관성에 대해 자연스럽게 느끼고 배울 수 있다. 이렇게 직접 느끼고 생활로 경험했을 때 세시 풍속과 한 해 흐름에 대해 더 분명히 이해할 수 있게 된다.

이렇게 세시 풍속에 대한 이해가 높아지면서 양교리뿐만 아니라 교사들이 살고 있는 가정에서도 세시의 의미를 새롭게 인식하려는 노력을 한다. 더 나아가 마을 잔치 때 소통 창구 역할을 하는 풍물을 배우고 풍물을 할 때 함께할 수 있도록 노력을 계속하고 있다.

매일 나들이 길에 만나는 동네 어른들과 교사들 관계는 각별하다. 어른들은 교사들을 아들, 며느리, 딸같이 생각해 주신다. 집에 맛있는 것이 있으면 나눠 주고 싶고 어려움이 있으면 도움도 청하신다. 교사들은 마을 어른들을 만나면 여쭤 볼 것들이 많다. 농사짓는 법, 장 담는 법, 떡메 만드는 법, 둥구미 짜는 법 등 많은 것을 동네 어른들에게 배운다. 생활에 꼭 필요한 배움이 바로 이런 것 아닐까 하는 생각과 함께, 배워서 직접 내가 해 보았을 때 가슴 가득 뿌듯함을 느낀다.

부모

삼사십대인 어린이집 부모들은 양교리라는 농촌 마을에서 고향 같은 마음의 풍요로움을 얻는다. 집에서 가꾼 농산물을 맛보라고 조금씩 나눠 주시는 손길, 항상 웃음으로 반겨 주시는 얼굴, 친손자들처럼 애정을 갖고 아이들을 대하시는 모습 등. 이렇게 따뜻한 정을 느낄 수 있는 마을에 자리하고 있는 것에 감사하는 마음을 갖는다.

마을 잔치가 있을 때마다 젊은 부모들은 마을 분들의 신명에 감동을 받는다. 소리면 소리, 풍물 가락이면 풍물 가락, 서로 호흡이 척척 맞고, 보는 사람이 절로 흥이 난다. 아마 오랫동안 같은 마을에서 태어나 같이 놀고 성장하면서 형성된 공동체 문화 덕분일 것이다. 이것은 앞으로 부모들이 공동육아를 통해 만들어 가야 하는 문화로 마을 공동체 속에서 많은 것을 배워야겠다고 생각한다.

농산물 소비자가 대부분인 부모들이 양교리 마을에서는 우리 농산물을 믿고 구입할 수 있다. 더 나아가 직접 텃밭을 가꾸어 봄으로써 농사의 기쁨, 어려움을 이해하게 된다. 이 과정에서 농사를 짓는 마을 주민들과 공감대를 형성해 갈 수 있고 공통된 주제의 이야깃거리를 갖게 된다.

마을 잔치가 있을 때마다 준비하는 것부터 참여하여 행사를 하고 나면 세시 풍속의 의미에 대해 더욱 새롭게 이해하게 된다. 더 나아가 마을 공동체 문화의 계승과 전승의 필요성을 가슴 가득 느끼고 마을 잔치에 적극적으로 참여하게 된다.

마을 사람들

동네 사람들은 농사만 짓는 것이 아니라 다른 일도 병행하고 있어 낮에는 거의 마을이 텅 빈 듯하다. 급한 일이 생겨도 연락할 사람이 없어 답답할 때가 많았는데 요즘은 "낮에도 동네에 사람들이 있어서 좋고 안심이 된다"고 한다. 동네에 사람이 있으니 급한 것은 부탁도 할 수 있다. 또한 농촌이 낮에 사람이 없다는 것을 알고 도둑이 들어 농작물이나 가축을 훔쳐 가는 일이 있어 불안했는데 이제 안심이 된다고 한다.

자식들이 다 커서 도시에 살고 있고 남아 있는 부모들은 점점 고령화되다 보니 아이 소리가 끊긴 지 오래다. 그러나 "아이들 소리를 들으니 옛날 생각이 나고 젊어지는 것 같아 좋다"며 흐뭇해하시는 모습을 보거나 "옛것을 소중히 하는 모습을 보니 내가 대우받는 것 같아서 기분이 좋다"고 하실 때면 송구스럽기도 하다.

마을 어른들은 생활 속에서 자연스럽게 몸에 익은 것을 알려 주실 때, 별것 아닌 것을 배우려고 한다거나 쓸모없고 하찮은 것이라고 생각하신다. 그러나 실제로 마을 어른들이 가지고 있는 것은 대단한 문화유산이다. 그런 문화를 가까이서 배울 수 있는 것에 감사하며 열심히 배워 끊이지 않고 전해질 수 있도록 노력해야겠다는 생각을 한다.

풍물은 어린이집과 마을을 연결해 주는 중요한 역할을 했다. 동네에서 함께 치던 가락을 치며 한 동네 사람으로 호흡을 맞출 수 있었다. "악기를 칠 수 있는 사람들이 하나둘 없어져서 풍물놀이가 사라지고 있었는데 어린이집이 이사 오면서 젊은 사람들이 관심을 가져 주니까 풍물을 사랑하는 사람으로서 고마워요" 하시며 어린이집의 존재를 의미 있게 해 주시기도 한다.

큰일이 났을 때 젊은 사람들이 해야 할 일을 마을에 살고 있는 중장년층 두세 명이 해야 될 때는 힘이 많이 들었는데 "마을에 대부분 노인들만 있었는데 젊은 사람들이 많이 들어와 힘이 된다"며 젊은 사람들이 이사와서 살게 되니까 힘든 일을 같이할 수 있어 도움이 된다고 좋아하신다.

고향을 찾아오는 가족들은 "내가 태어나 자란 우리 동네에 대해 내 자식들이나 아내에게 자랑스럽게 말할 수 있다"고 한다. 마을 잔치가 있을 때 가족이 같이 참석하여 같이 놀면서 부모의 어린 시절 이야기를 해 줄 수 있고, 부부간에 서로를 이해하는 데 도움이 된다고도 한다. 또 어린 시절에 함께 놀았던 친구들을 만나 어린 시절을 회상할 수 있는 시간이 된다.

가족들도 지금은 아이들 교육, 먹고사는 문제 등으로 아직은 돌아올 수 없으나 "앞으로 퇴직하면 내 고향에서 살고 싶고 내 손자는 우리 동네 어린이집에 보내고 싶다"며 장기적으로는 고향에 돌아와서 살 계획을 이야기하기도 한다.

마을에 좋은 어린이집이 생겼다고 부모님들이 칭찬을 많이 하셔서 어린이집에 대해 좋은 인상을 가지고 있다. 매일 아침마다 선생님들이 아이들을 데리고 산으로 들로 다닌다고 하는데 아이들에게 얼마나 좋은지 절실히 느낀다. 도시에 살다보니 아이들 데리고 나갈 곳도 마땅치 않고 갈 만하면 돈이 들고 나가 봐야 놀이터 아니면 공원이다. 우리들이 클 때는 철철이 산으로 들로 다니며 열매도 따먹고 맘껏 뛰어 놀면서 자랐는데 요즘 아이들 크는 거 보면 참 안됐다는 생각을 할 때가 있다. 우리 동네에 있는 어린이집은 우리들이 클 때와 비슷하게 아이들을 키우는 것 같다. 내 아이들은 도시에서 갑갑하게 키웠지만 내 손자들은 우리 동네 어린이집에서 들로 산으로 마음껏 뛰어다니며 클 수 있도록 해 주고 싶다.

농촌 마을 의례의 특성

농촌에서는 이사 오는 사람에 대해 관심이 많다. 내 집에 들어오는 사람뿐만 아니고 마을에 오는 사람에 대해서도 관심을 갖는다. 이는 마을에 이사 오는 동시에 마을의 한 구성원이 되는 것으로 서로 교류하면서 영향을 주고받는 관계이기 때문에 관심을 갖는 것이 당연하다. 도시에 비해 상대적으로 농촌은 이사가 빈번하지 않다. 한번 집을 구하면 거의 영구적으로 빌릴 수 있다. 그래서 이사 들어오는 사람들이 마을의 문화에 대해 충분히 이해하고 마을에 정착할 수 있도록 서로 이해하고 배려하는 것이 필요하다. 이런 이해와 배려를 마음으로 새기면서 마을 문화에 대해 접근해 가야 한다. 특히 타지에서 마을에 들어온 사람들과 토착 주민들의 소통은 많은 시간과 공을 들여야 가능하다. 느티나무어린이집이 양교리에 들어와 4년 동안 생활하면서 마을 문화를 배우고 찾고 계승하려고 꾸준히 노력한 끝에 한 해 동안 3회(대보름 잔치, 단오, 동지)의 마을 축제가 정례화되었다. 도시에 있는 공동육아 어린이집들이 지역 사회와 연계하려는 노력이 점차 많아지고 있다. 그런데 농촌 마을과 연계하는 것은 도시에서 연계하는 것과는 다른 특성이 있다. 그중에서 두드러진 점을 다음과 같이 살펴보았다.

참여 범위

도시에서는 지역 단위로 이루어지는 행사일지라도 지역 주민 모두가 참여하지는 않고 행사의 취지에 마음과 뜻이 맞는 사람들 간의 지역 연계라 할 수 있다. 농촌 마을에서는 마을 사람들 전체가 참여한다. 마을에 사는 사람들뿐만 아니라, 마을을 떠나 있지만 정기적으로 마을에 찾아오고 큰일이 있을 때 연락이 되어서 참여할 수 있는 자손들까지도 마을 구성원에 자연스럽게 포함된다.

살아 있는 상부상조의 정신

상부상조 정신은 대가를 바라고 도움을 주는 것이 아니라 일상적인 생활 속에서 자연스럽게 도움을 주고받는 것이다. 서로에 대해 잘 알고 있어 잘할 수 있는 것을 도와주고 도움을 받을 것은 받는다. 품앗이로 모판을 준비하는 풍속이 아직 남아 있다. 농사를 짓지는 않지만 마을에 사는 젊은이들은 바쁜 농사철에는 휴일을 이용해 농사일을 도와주고 김장을 담글 때도 일손을 보탠다. 마을 노인들은 장 담는 법이나 짚으로 둥구미 짜는 법, 농사짓는 법, 인절미 만들 때 필요한 떡메 만드는 법 등등 살면서 몸에 익힌 소중한 기술들을 젊은이들에게 알려 주신다. 동네에 큰일이 나면 너 나 할 것 없이 참여하여 기쁨과 슬픔을 함께한다. 도움을 주고받는 것은 금전으로 사례하는 것에서 느낄 수 없는 사람들 사이의 끈끈한 정을 쌓게 한다.

농사를 중심으로 한 마을 의례

농촌에는 자연의 변화에 따라 농사를 지으면서 자연스럽게 때가 되면 하는 것으로 알고 행해지는 세시 풍속이 살아 있다. 농사를 시작하기 전에 대보름 잔치, 모내기 후에 잠깐 한숨 돌리며 단오놀이를 하고, 더운 여름에는 복 달음을 하고, 추수한 후 풍성한 추수에 감사하는 고사떡을 돌려 나눠 먹고, 동지 때는 1년 마을 결산을 하는 동시에 팥죽을 함께 끓여 먹으면서 한 해 동안의 좋은 감정은 다시 기억해 간직하고, 좋지 않았던 묵은 감정은 푼다. 마을 구성원이 모두 모여 한자리에서 같이 놀고, 음식을 함께 만들어 같이 먹고 하면서 한 마을에서 같이 호흡하며 살고 있다는 것을 느끼게 되고 이런 잔치가 생활에 활력을 불어넣는 역할을 한다.

성과와 앞으로의 과제

농촌 마을 양교리와, 세시와 절기 활동을 생활의 중심에 둔 교육 과정으로 운영되는 느티나무어린이집의 만남은 자연스러우면서도 의미가 깊다. 그동안의 성과와 앞으로 풀어가야 할 과제를 정리해 보면 다음과 같다.

우선, 아이들이 성장하기에 더할 나위 없이 좋은 교육 환경을 마련할 수 있었다. 아이와 교사, 부모, 마을 어른들, 마을의 자연환경이 어우러진 교육 환경은, 인간이 태어나서 어른으로 성장하면서 배워야 할 자연, 사람, 사회와 관계 맺는 방법을 터득할 수 있게 해 줄 것이다. 느티나무어린이집은 농촌 마을의 자연환경과 풍요로운 인간관계의 혜택을 고맙게 받고 있으며 앞으로도 이런 소중한 마을 문화유산을 지키고 발전시켜 나갈 수 있도록 노력해야 할 것이다.

　둘째, 공동육아 어린이집이 지향하는, 지역과 연계 맺으려는 꾸준한 노력의 결과, 농촌 마을에서뿐만 아니라 도시 지역에서도 지역 축제가 기획되어 매년 열린다. 이런 축제를 통해 같은 지역에 살고 있는 사람들이 만나서 공감대를 형성해 갈 수 있을 것이다. 양교리에서는 일상적인 교류 이외에 세 번의 마을 잔치(대보름, 단오, 동지)를 마을의 화합과 결속력을 다져 가는 잔치로 발전시켜 나가야 할 것이다.

　셋째, 마을 어른들이 평생 몸에 밴 삶의 양식에 대해 새롭게 인식하게 되었다는 것이다. 농사일에 필요한 기술을 몸으로 익힌 농민들은 그 분야에서 진정한 전문가다. 농사짓는 일은 물론이고 생활에 필요한 물건들을 자연 속에서 구할 수 있는 지혜와 몸으로 익힌 기술이 있다. 짚으로 새끼를 꼬아 곡식을 보관하는 그릇을 만들 수 있고, 방 빗자루는 수숫대로 엮고, 마당 빗자루는 댑싸리를 키우거나 싸리나무를 베어 만들 수 있다. 떡을 직접 만들어 먹을 수 있고, 간장, 된장, 고추장 등 먹을거리를 스스로 가공하는 기술이 있다. 어린이집에 일이 있을 때마다 마을 어른들에게 여쭤 보고 필요한 경우 직접 모셔서 배우고 하는 과정을 통해 마을 어른들 한 분 한 분이 모두 문화유산 기능 보유자라는 생각을 하게 되었다. 어른들은 "뭘 이까짓 것을 배우느냐, 요즘엔 더 좋은 기술 있는데" 하시면서도 어른들이 간직한 생활의 지혜를 보고 배우려고 하는 젊은이들의 태도에 긍정적인 반응을 보이신다. 오래되어 기억이 가물가물하다고 하는 것도 해 보시면 어김없이 기억이 되살아나 재연해 보이신다. 몸에 익은 기술이라 많은 시간이 흘렀어도 몸에 남아 있기 때문에 그럴 것이다. 젊은 부모들에게 기술을 가르쳐 주는 과정에서 당신들에게는 그 기술이 쉽게 느껴지는 것이지만 아무나 할 수 있는 하찮은 것이 아님을 알게 되었고 당신들이 잘하는 것에 대해 가르쳐 주는 과정을 즐겁게 생각하신다. 앞으로 과제는 농한기에 마을 사람들이 모여서 함께 짚으로 생활 용품을 만들 수 있는 공간을 마련하는 것이다. 마실 장소도 되고 문화 전승도 할 수 있는 곳이 있었으면 하는 바람이다.

넷째, 어린이집 조합원들은 도시에서 직장 생활을 하고 있는 사람들이 대부분이라 농산물을 구매해야 하는 소비자다. 조합원들이 마을에서 생산되는 농산물을 구입함으로써 소비자와 생산자의 직접적인 교류의 가능성을 확인했다. 도시에 있는 공동육아 어린이집 중에도 특정한 마을과 자매 결연을 맺어 도시－농촌 간 직거래를 하는 곳이 있다. 수입 개방으로 인해 농산물 가격 보장이 어려워지게 된 현실에서 바쁜 일손을 돕고 마을에서 나오는 농산물을 애용하고 농민들의 어려움에 대해 공감해 가는 과정이 농민들에게는 큰 힘이 된다.

다섯째, 아직 우리 어린이집에는 마을에 사는 아이가 한 명도 없다. 동네에 있는 어린이집에 다니지 않고 다른 곳에 다니는 것은 매우 안타까운 일이다. 농촌 마을의 부모들이 동네 어린이집을 보내지 않고 면 소재지의 어린이집을 보내는 데에는 크게 두 가지 이유가 있는 것 같다. 하나는 어린이집에서 많은 교육이 이루어져야 한다고 생각하는데 공동육아 어린이집 아이들은 글자나 숫자 공부는 안 하고 매일 놀기만 해서 배우는 게 모자랄 것 같다는 염려이고, 나머지 하나는 현실적으로 농촌에서 감당하기 어려운 출자금과 보육료 문제다. 이 두 가지 이유로 아직 동네에 살고 있는 아이들이 느티나무어린이집에 다니고 있지 않은 것은 앞으로 해결해 가야 할 과제다.

2000년에 개원하여 5년째에 접어든 현재, 마을 사람들은 외지에서 들어온 어린이집을 마을의 한 구성원으로 인정해 주고, 어린이집도 마을의 외딴섬이 아니라 마을의 생활에 적극적으로 참여하고 있다.

그러나 우리는 진정한 마을 사람이 되기 위하여 더욱 노력해야 한다. 마을의 경제 토대인 농업에 종사하지 않고 있고, 마을 분들과 일상적인 교류도 부족하고, 마을 행사에 소극적으로 참여하고 있는 실정이다. 또한 인구의 노령화, 주변의 개발로 인해 농촌 마을의 미래가 불확실한 상황에서 젊은 사람이 주축인 어린이집이 어떻게 주체적으로 참여하여 마을을 지속 가능하게 할 것인지는 우리들의 큰 숙제가 아닐 수 없다.

함께 읽기

약밥에 얽힌 이야기

신라 소지왕(21대 왕)때 생긴 일이다. 하루는 소지왕이 밖으로 행차를 나갔는데 까마귀와 쥐가 와서 우는 거야. 소지왕은 속으로 '참 이상한 일이다' 하고 생각했어.

그런데 쥐가 사람처럼 말을 하는 것이 아니겠어? "이 까마귀가 가는 곳을 따라가십시오." 소지왕은 쥐의 말을 듣고 부하들에게 명령을 내렸어. "여봐라. 저 까마귀를 따라가 보아라." 부하들은 까마귀가 날아가는 곳으로 말을 몰아 달려갔어.

한참을 가다보니 피촌이라는 마을까지 가게 됐어. 그 마을에서는 돼지 두 마리가 싸움을 하고 있었어. 부하들은 자신들이 해야 할 일을 잊고 돼지들이 싸우는 모습을 재미있게 보고 있었어. 그 사이 까마귀는 어디론가 사라져 버렸어. 한참 뒤 부하가 "아! 까마귀! 까마귀가 어디로 갔지?" 그제야 다른 부하들도 정신이 번쩍 들어서 두리번두리번 까마귀를 찾아보았어. 그런데 어디로 가 버렸는지 도무지 알 수가 없지 뭐야.

그때 마을 한가운데 있는 서출지라는 연못에 신선이 나타났어. 신선은 말없이 글이 적힌 봉투를 건네주고는 사라져 버렸어. 봉투에는 "봉투를 뜯어보면 두 사람이 죽고 뜯어보지 않으면 한 사람이 죽는다"고 씌어 있었어. 부하들은 소지왕이 있는 곳으로 돌아와서 그 봉투를 바쳤어. 소지왕은 그 글을 보고는 "두 사람이 죽는 것보다 한 사람이 죽는 것이 낫겠구나. 그러니 뜯지 않는 것이 좋을 듯하다." 그러자 한 신하가 "한 사람은 왕을 가리키는 것이요, 두 사람은 일반 백성을 가리키는 것으로 생각되옵니다" 하는 거야. 그 말을 듣고 소지왕은 봉투를 뜯어보았어. 그랬더니 '거문고의 집을 쏘아라!'라고 쓰여 있는 거야. 소지왕은 대궐로 들어오자마자 거문고를 담아 두는 집을 활로 쏘았어. 그런 다음 거문고 집을 열어 보니 두 사람이 들어 있었대. 그 사람들은 대궐로 들어와 비밀을 알아 가는 첩자들이었던 거야. 그 뒤부터는 정월 대보름을 까마귀 제삿날로 정해 놓고 약밥을 지어서 제사상에 올렸대.

장명루의 의미

오방신이란 민속에서 동서남북과 중앙의 5방위를 지키는 신으로 오방장군이라고도 한다. 동, 서, 남, 북, 중앙을 각각 청제, 백제, 적제, 흑제, 황제라고 부르며 청룡, 백호, 주작, 현무, 황룡의 동물로 나타내기도 한다.

황룡은 중앙, 오행으로는 토(土), 천문으로는 삼원(자미원, 태미원, 천시원)에 대응하고, 오장육부에서 오장으로는 비장에 대응한다. 계절적으로는 환절기에 대응한다.

청룡은 동쪽, 오행으로는 목(木), 천문으로는 청룡 7수에 응하고, 오장 중 간에

166

대응한다. 계절적으로는 봄을 말한다.

주작은 남쪽, 오행으로는 화(火), 천문으로는 주작 7수, 오장 중 심장에 대응된다. 계절로는 여름이다.

백호는 서쪽, 오행으로는 금(金), 천문으로는 백호 7수, 오장 중 폐에 대응한다. 계절로는 가을이다.

현무는 북쪽, 오행으로는 수(水), 천문으로는 현무 7수, 오장 중 신장에 대응하고, 계절로는 겨울이다.

그래서 오색팔찌의 의미는 어느 곳(방향)에 가더라도 오방신을 상징하는 색의 팔찌를 몸에 지님으로써 오방장군이 지켜 주어 무사히 잘 자라게 해 준다고 믿었고 무병장수를 기원한다.

참고문헌

강진원(2003), 『알기 쉬운 역의 원리』, 정신세계사.
공동육아교사협의회(2001), 『세시와 절기활동 사례집』, 공동육아와 공동체교육.

↝ **박현숙** 별명은 깨몽. 1994년에 시작된 우리어린이집에서 교사와 원장으로 일했다. 2000년에 가족이 평택으로 귀농하면서 평택 공동육아 협동조합 느티나무어린이집에서 원장 역할을 했고 지금은 교사로 있다. 최근까지 「공동육아와 공동체교육」 현장교육지원 전문가로 일했고, 요즘은 세시와 한 해 흐름에 맞게 몸의 감각과 영성을 깨우는 일에 관심이 있다.

공동육아 섬에서 마을 주민으로

이경란

아마도 공동육아 어린이집에 아이를 보냈던 부모들이나 아이들을 보살 폈던 교사들은 아이들이 초등학교나 중학교에 입학할 때나 돼서 안온한 어린이집을 넘어선 '지역' 또는 '마을'이라는 새로운 공간을 만나게 될 것이다. 그동안 어린이집 바깥의 세상과 관계를 맺는 것을 그리 염두에 두지 않더라도 아이를 키우거나 생활하는 데 그리 어렵지 않았다. 또 아이 키우기만으로도 허겁지겁하며 살아가는 상황이니 눈 돌릴 여유도 없었다. 그렇게 한 해 두 해 살다 보니 어린이집은 마을 속에서 '섬'처럼 살아가고 있다는 것을 발견하게 된다.

아이들이 나들이를 다니면서 아무리 인사를 잘한다고 해도, 주차 문제나 소음 문제 또는 쓰레기 문제나 골목길 청소 등 여러 가지 민원이 발생한다. 그러다 보면 '이거 참 이곳에 계속 있을 수 있기나 하는 걸까?' 하는 걱정이 스멀스멀 올라오기도 한다. '이젠 마당 있는 넓은 집들은 없어지는 추세인데 앞으로 터전 운영이 가능할까?' 등등 주변과의 관계는 즐겁다기보다는 골칫거리가 되어 버린다. 그리고 마음 한구석에는 어린이집에서 이루려고 하는 공동체 만들기라는 가치와 내가 동네에서 살아가는 일상의 삶이 어긋나고 있다는 사실이 걸리기도 한다. 하지만 대개 그렇게 둘의 틈을 봉인하면서 살아간다. 왜? 바쁘니까.

그렇지만 지난 10여 년간의 공동육아를 경험하면서 마포 지역 공동육아 사람들은 중요한 것을 하나 새롭게 깨달았다. 어린이집이면 충분했던 아이들이 어느 순간에 학교에도 가고 동네 길거리를 휘휘 돌아다닌다는 현실이었다. 공동육아 방과후교실을 만들어서 공동육아의 가치를 이어 가려고 한다 하더라도, 학교 친구를 만나 그 아이들과 소통하며 문화를 나누고, 길거리에서 동네에서 마을 문화를 만난다.

그러고 나니 이젠 우리가 달리 생각해야 할 시점임을 알게 되었다. 아이들은 어린이집과 가정에서만 자라는 것이 아니라 마을의 어른들과 친구들, 언니 동생들에게서 배우고 자라며, 어른들도 이웃 속에서 온전하고 안정된 삶과 기쁨을 느낀다는 사실을 인식한 것이다.

이 보고는 지난 10여 년 동안 마포구 공동육아 사람들이 이런 깨달음을 갖게 되는 과정과 지역 활동(마을 만들기)의 모습을 정리한 것이다. 이 활동의 주축은 1994년에 만들어진 최초의 공동육아 협동조합 우리어린이집과 1995년에 설립한 날으는어린이집 조합원들이었다. 이후 공동육아의 성장과 더불어 육아 교육 부분만이 아니라 지역 문화·생태 보전·마을 만들기 활동 등을 진행하고 있다. 아직도 어려움을 많이 겪고 있고, 때론 그간의 성과가 힘겨움으로 다가오는 때도 있지만, 마포 지역 공동육아 사람들이 해 왔던 경험을 나누면서 많은 조언을 듣고 싶다.

아이와 함께 성장하는 부모와 교사

마포 지역에는 1994년에 첫 공동육아 협동조합 우리어린이집이 설립된 이후 1995년에 날으는어린이집이 곧이어 만들어졌다. 아이들이 성장하면서 이들 어린이집이 기초가 되어 1999년 도토리방과후, 2000년 풀잎새 방과후 같은 방과후 어린이집이 설립되었다. 또 한편 2002년에는 대기자들이 기존 어린이집의 도움을 받아서 참나무어린이집을 설립했다. 2004년 현재 마포 지역 공동육아는 어린이집 세 곳과 방과후 어린이집 두 곳이 있다.* 이 공동육아 조합들은 성미산 주변에 어린이집을 마련했고, 조합원들은 어린이집 주변에 모여 산다. 전체 조합원은 150여 가구에다 공동육아의 과정을 마친 사람들을 포함하면 200가구 이상이 가까이 모여 살고 있다. 이런 조건 덕분에 마포 지역에서 새로운 모색이 가능했던 것이다.

10여 년의 공동육아 활동을 거치면서 여러 조합원과 교사들 속에서 몇 가지 확인되는 성과들이 있었다. 먼저 아이들이 크면서 부모와 교사들도 성장한다는 사실이었다. 1994년에 여섯 살이던 가장 큰 아이가 2006년 고등학교 2학년이 되었고, 생후 2개월이던 아이는 초등학교 6학년으로 성장했다. 이렇게 아이들이 크는 것을 보면서 동네에서는 우스갯소리로 '부모는 아이들의 나이만큼 성장한다'는 말을 하곤 한다. 아이가 서너 살이 되면 크는 게 보이기 시작해서 아이에게 무언가 특별한 것을 주어야 한다는 압박감에 시달리는 부모가 많다. 대여섯 살이 되면 아이들이 자연스럽게 익히며 커 간다는 사실을 깨닫는다. 그리고 초등학교에 입학하면서 어린이집과 초등 과정의 연결 문제가 눈에 들어오기 시작한다. 고

---

* 2005년 날으는어린이집이 내부 논의 과정에서 두 개의 어린이집으로 분리했다.

축제가 일상화된 듯한 어린이집의 일상은 지친 부모들의 생활에 생명을 불어넣기도 한다. 아마가 되어서 세시와 절기를 새롭게 익히고 아이들이 가는 나들이 길을 따라나서면서 왜 이런 교육 방향이 좋은가를 몸으로 느껴 보기도 했다.

학년이 되고 중등 과정에 들어서야 아이의 전 성장 과정에 비로소 눈을 뜨는 것이 대개의 부모들이다. 아마도 공동육아에 참여했던 부모들은 이렇게 아이들의 성장 과정에 맞춰 생각을 넓혀 온 것 같다.

이 사람들과 오랫동안 같이 살고 싶다

조합원들과 교사들은 수많은 어려움과 기쁨을 나누는 속에서 함께 살아간다는 것의 기쁨과 의미를 발견할 수 있었다. 어린이집 터전의 전세금을 날릴 뻔한 위기, IMF 시기 조합원의 대량 탈퇴와 교사 사직, 한 해에도 몇 번씩이나 이사를 해야 한 상황, 아이들 속에서 벌어지는 수많은 부딪침이 부모들과 교사들의 어려움으로 확산되어 조합이 분해되는 지경에 이르기도 한 일, 주인처럼 느껴지는 조합원과 고용인으로 느껴지는 교사들의 갈등 속에서 떠나는 교사들… 참으로 반복하고 싶지 않은 경험들이다.

그렇지만 축제가 일상화된 듯한 어린이집의 일상은 지친 부모들의 생활에 생명을 불어넣기도 한다. 아마가 되어서 세시와 절기를 새롭게 익히고 아이들이 가는 나들이 길을 따라나서면서 왜 이런 교육 방향이 좋은가를 몸으로 느껴 보기도 했다. 부모들끼리 친해져 이웃이 생기는 경험은 참 특별했다. 이런 수많은 기쁨과 함께 터전을 운영한다는 주인 의식이 생길 수 있었다.

이 공간에서 어른들은 자율적이며 생태적이고 평등한 생활양식을 교육 속에서 실천하려는 공동육아의 가치와, 민주적 참여를 기본으로 하는 협동조합 운영 원리를 결합하면서 자신에게 닥친 많은 문제들을 해결하는 연습을 할 수 있었다. 이런 민주적 자치의 경험이 다른 일을 시작하게 되었을 때, 가장 큰 힘이 되었다.

게다가 함께 아이를 키우면서 일어난 긍정적인 변화가 참 좋았다. 특히 육아를 엄마에게 떠넘기고 있던 아빠들이 어린이집 운영에 참여하고 회의나 청소, 술자리를 통해서 공동육아의 방향과 실제를 알아 갔다. 그 결과 아빠들이 가사 노동과 어린이집 운영에도 참여하고, 다른 아빠에게서 아이 키우기를 배우기도 했다. 이렇게 변해 간 사람들은 생활 글쓰기 모임인 '아빠책방'도 만들어 육아 경험을 나누고, 생활협동조합 활동에 열심히 참여하기도 한다. 여기에 재미를 느낀 사람들은 생활의 중심이 직장보다는 마을과 가정으로 옮겨지는 특별한 경험을 하기도 했다.

이렇게 어린이집 내부 사람들끼리 새로운 문화 체험과 즐거운 관계 맺기를 할 수 있는 것이 공동육아의 가장 큰 장점이다. 그렇지만 그것뿐이라면 공동육아는 지역 사회에서 '섬'일 수밖에 없었다. 아이들은 매일 동네 뒷산에 나들이를 가고 마을을 배우지만, 부모들이 마을 사람이 되지 않고서는 구성원과 어린이집은 여전히 뜨내기이기 때문이었다. 그러다가 여러 사람들 사이에서 거의 동시에 즐거운 느낌과 더불어 한 가지 생각이 떠올랐다. '이 사람들이라면 오랫동안 같이 살아도 좋겠다.'

도시에서 고향을 만들다, 마포두레생활협동조합

초기 우리어린이집 교사들은 공동육아가 마을 안에서 섬으로 있어서는 안 되며 지역과 함께 가야 한다는 생각을 꽤 일찍부터 제기해 왔다. 그리고 놀이 문화를 동네 아이들과 나누자는 생각에서 1998년부터 방학 중에 놀이마당을 시작했다.

또한 초등학교에 진학하는 아이들이 늘어남에 따라서 방과후교실의 독립을 모색했다. 그러면서 우리어린이집에서는 공동육아의 문화를 동네 아이들과 나눌 수 있는 방안으로서 '지역 방과후'로 확대할 것을 구상하기도 했다. 결국 공간을 얻지 못하여 무산되고 공동육아 조합형 방과후 '도토리'를 설립하고 말았지만, 지역 교육 문제를 함께 풀어야 한다는 인식을 하는 기회였다. 더불어 날으는어린이집에서도 풀잎새방과후가 분리되었다.

방과후가 만들어져 아이들의 생활이 안정되면서, '그간 친해진 가족들과 함께 살고 싶다', '이사하지 않고 계속 이곳에서 살면서 아이들을 함께 키우자'는 의견들이 오갔다. 이에 방과후 부모들과 교사들이 주축이 되고, 어린이집 부모들이 모여 대도시의 떠돌이 문화를 재검토하고, 아이들과 어른들의 고향을 만들어 보자는 꿈을 나눴다. 그리고 그 결과로서 2001년 2월 마포두레생활협동조합(이하 '생협')을 설립했다.

현재 생협은 공동육아 협동조합 관련자들만이 아니라 많은 지역 주민이 함께 참여하여 활동하며, 공동육아와 지역 사회를 연결하는 주요 통로 역할을 한다. 또 생협과 공동육아 협동조합이 협력하여 지역 사회의 공동체 문화를 만들어 가기 위해 지역 협동조합 대표자 모임을 구성하여 마을 축제와 협동조합 공동 교육, 운동회 등 다양한 활동을 벌이고 있다. 이후 5년간 마포 지역 공동육아 사람들은 지역 사회의 주요 사안이나 관심사에 따라서 다방면으로 활동 폭을 넓혀 갔다. 지금은 공동육아에서 시작하여 교육 문화 부문, 생태 보전 운동을 기반으로 해서 신뢰할 수 있는 지역 경제 만들기와 생태 마을 만들기를 진행하고 있다.

마을에서 세계를 배운다

마을학교 우리마을꿈터

공동육아에서부터 출발했기 때문에 생협은 설립할 때부터 지역의 교육 문화 활동에 관심이 많았다. 그 첫 시도로서 방학 체험 프로그램인 '참나무체험단'을 시작했다. '마을에서 세계를 배운다'는 생각을 가지고 공동육아가 지향하는 생태 문화와 생활 문화, 지역 사회 알기 프로그램을 마을의 문화 역량의 도움을 받아 실시하는 것이었다. 참나무체험단은 3회에 걸쳐 그림책 만들기(그림책 작가와 어린이 책 출판사 도움), 빵 만들기(제과점 도움), 요리하기(조합원 담당), 흙과 놀기(교육 문화 전문가와 지역 내 공방 도움), 성미산 생태 탐험(공동육아 교사 담당), 동네에서 체육 시설 체험하기(지역 내 체육 시설 담당자들) 등을 진행했다. 이때 주변의 초등학교 아이들이 많이 참여하여 즐겁게 지냈다.

참나무체험단의 경험과 더불어 공동육아 방과후 어린이집을 떠나는 고학년 아이들을 위한 지원 체계와, 공동육아의 문화적 성과를 지역 사회와 공유하는 통로, 생협 조합원들을 위한 공간 등 여러 방면에서 독자적인 공간과 교육 활동이 필요하다는 점이 제기되었다. 논의를 거쳐 생협 부설 기관으로 지역 문화 공간인 '마을학교 우리마을꿈터'(이하 꿈터)

를 2002년 8월에 설립했다.

꿈터는 현재 몸 다루기(택견, 요가, 자전거 타기), 생태 학습(성미산 생태교실),* 자기표현(표현 미술, 표현 발레), 역사 사회 알기(역사 기행, 박물관 체험) 등의 프로그램 영역과 동아리 활동, 부모들이 운영하는 수학 공부방 등을 운영한다. 이 공간은 어린이들만 아니라 어른들의 공간이기도 하며, 지역 내 많은 교육 자원들을 엮어 스스로 학습하고 서로 가르치는 교육 네트워크를 꿈꾸고 있다.

마을에서 동아리 활동을

공동육아 어린이집에서부터 조합원 교육과 더불어 목공이나 수공예, 인형 만들기, 옷 만들기 등의 취미 모임이 만들어졌다. 생협 설립 후에도 다양한 소모임이 구성되어 지역 조합원들과 함께하는 모임들이 확대되었다. 그동안 등산 모임(두레산악회), 농사 모임(농사를 사랑하는 사람들의 모임), 노래 모임(지리산), 택견(이크에크), 한방 공부 모임, 성미산 그림 모임, 목공 모임 등이 운영되었으며, 현재는 지역 내에서 택견을 비롯해서 기타 모임, 청소년 힙합 모임, 밴드 '마포스', '성미산풍물패', 인형 만드는 모임 등과 생태 마을 만들기 소모임인 '멋진지렁이'가 활동 중이다.

이와 더불어 공동육아는 정기적으로 조합원 교육을 실시해, 아이를 기르는 과정에서 발생하는 많은 사안을 함께 공유하고 그것을 발전시키기 위한 논의의 장을 마련한다. 부모 성교육과 아이들의 성에 대한 이해, 책 읽기와 이야기, 대안 교육에 대한 논의, 나들이 교육에 대한 이해 등 다양한 방면의 교육을 일상적으로 펼친다. 생협도 조합원과 지역 주민들이

---

* 2005년부터 생태 부분은 생협에서 성미산숲속학교와 어린이농촌체험캠프, 농사짓기와 먹을거리 교육 등으로 다양하게 전개하게 되어 꿈터에서 진행하지 않는다.

생협의 생산지 방문과 조합원 교육을 통해 안전한 먹을거리 생산과 유통의 필요성, 도농 공동체의 필요성, 소비 사회의 문제점 인식 등을 꾀하는 활동이 일상적으로 이루어지고 있다. 사진은 마포두레 조합원과 생산자가 함께하는 가을걷이 행사.

참여하는 열린 강좌를 개설하여, 성교육과 먹을거리, 아토피 아이들에 대해, 그리고 아이들이 책과 친해지는 법(독서 교육) 등을 교육했다. 또한 조합원들의 요구로 자아 찾기 프로그램이나 부모 역할 공부 모임, '마포 자연 체험 안내자 교육' 등이 진행되었다. 그리고 성미산학교는 대안 교육계의 지원을 받아 대안 교육의 철학과 방법론, 교육 내용 등 다양한 교육 기회를 제공하고 있다.

또한 생협의 생산지 방문과 조합원 교육을 통해서 안전한 먹을거리 생산과 유통의 필요성과 도농 공동체의 필요성, 소비 사회의 문제점 인식 등을 꾀하는 활동이 일상적으로 이루어지고 있다. 안전한 먹을거리 교육과 더불어 2005년부터 '어머니 지원 강좌'로서 먹을거리를 비롯해 어린이 성장 발달 과정의 이해, 아이들과 즐겁게 놀 수 있도록 하는 놀이와 노래 등 실제 어머니들이 필요로 하는 교육을 정례화하고 있다.

지역협동조합협의회에서 정기적인 합동 교육도 진행했다. 2002년 10월에는 '지역 공동체의 현재와 전망'을 주제로, 2003년 지역 교육의 전망, 2004년 성미산 마을의 역사와 마을 만들기라는 주제로 공동의 전망을 만들어 가기 위해 노력했다. 이와 같은 유아에서부터 성인에 이르기까지 다각도로 전개되는 교육을 통해서 생태적 마을 공동체를 지향하는 생각들이 함께 모이고 있다.

이런 여러 영역에서 전개되는 성인 교육 문화 활동 덕분에 이곳에 사는 즐거움을 느끼고, 친구를 사귀며, 많은 정보를 얻을 수 있는 관계들이 형성되고 있다.

초등학교 운영위원회에 참여

마포 지역 공동육아 방과후 아이들이 다니는 학교는 두 곳인데, 특히 한 학교에 집중되어 있다. 이 학교에 아이들을 보내는 공동육아 부모들은 2002년부터 학교운영위원회에 참여하여, 학교 급식에 대한 설문 조사와 개선 활동, 수련회 개선을 위한 활동, 예산 편성과 운영에 대한 문제 제기와 조정, 학교 도서관 설립 준비 등의 활동을 벌였다.

학교운영위원회에 참가하기로 결정했을 때, 참가자들은 '신뢰를 쌓자'는 마음을 가장 중요한 원칙으로 삼았다. 아무리 문제 제기를 잘한다고 해도 서로 간에 믿음이 없으면 오래 지속할 수 없으리라는 생각을 했기 때문이었다. 학부모 운영위원 중 대다수를 공동육아와 생협에서 배출함으로써 그동안 마음은 있어도 잘 표현할 수 없었던 다른 학부모들과 협력해서 학운위를 안정화하고 있다.

앞으로 업무에 충실을 기하기 위한 운영위원의 교육이나 교내 임의 단체나 일반 학부모들과의 긴밀한 의사소통의 문제 등 해결할 일이 많다.

이를 위해서는 다른 전업을 가지고 있는 공동육아 부모들보다는 생협 안의 전업 주부들의 활동에 많은 기대를 하고 있다.

스스로 서서 서로를 살린다, 성미산학교

2003년 공동육아 부모들 중에서 공동육아의 대안 교육적 성격을 온전하게 잇는 교육 기관이 필요하다고 생각한 이들이 주축이 되어 2004년 9월 성미산학교를 열었다.

성미산학교는 '스스로 서서 서로를 살린다'를 학교 이념으로 삼고, 학생 개인의 자기 주도적인 학습 능력을 키우는 데 중점을 두면서 동시에 함께 배려하고 소통하며 서로 성장하는 돌봄 공동체를 지향하고 있다. 따라서 개인별 맞춤 교육 과정을 기본으로 하고, 프로젝트를 주요 교육 과정으로 편성하여 실시하고 있다. 2006년 현재 학생이 130여 명이고 상근 교사 10여 명에 50여 명의 다양한 영역의 강사, 멘토가 아이들과 함께 하고 있다. 이렇게 자리 잡는 과정에서 하자센터, 간디학교나 이우학교, 서울시대안교육센터, 민들레출판사 등의 지원을 받을 수 있었다. 이는 마포 지역 공동체에 사단법인 공동육아와 공동체교육과 더불어 대안 교육의 광범한 네트워크가 연결될 수 있는 환경을 만들어 주었다.

또한 대안 교육의 지향 외에 또 하나의 목표는 기존 대안 학교가 갖고 있는 지역 사회와의 분리 고립성을 극복하는 도시형 학교를 지향하여, 마을 사람들 속에서 문화의 중심지로 자리 잡는 것이었다. 현재는 학교 운영의 안정화에 집중하여 마을 내에서 많은 활동을 하고 있지 않지만, 학교 공간의 마을 개방, 우리마을꿈터와 함께 '성미산마을 방학 프로그램' 참여 등 활동의 폭을 넓혀 가고 있다. 특히 성미산학교는 기존의 공동육아나 생협 조합원들 외에 각지에서 다양한 역량을 가진 학부모들이 모이고 있어 지역의 문화 역량을 한층 높이는 데 기여하고 있다.

공동육아의 대안 교육적 성격을 온전하게 잇는 교육 기관이 필요하다고 생각한 이들이 주축이 되어 2004년 9월에 성미산학교를 열었다.

마을 만들기

지역 어린이 놀이마당에서 마을 축제까지

2001년 5월 5일에 시작한 마을 축제가 2006년으로 6회를 맞는다. 마을 축제를 시작할 수 있었던 것은 1998년 신촌 우리어린이집 교사들이 방학 중에 동네 아이들과 함께 전래 놀이마당을 연 경험이 크게 작용했다. 방학 중에만 하던 소규모 놀이마당에 부모들이 참여하면서 지역 잔치로 확대되어, 1999년 5월 5일 어린이날에 공동육아 아이들과 동네 아이들 그리고 부모들이 함께 놀 수 있는 자리로서 '땅을 짚어라'라는 놀이마당을 개최했다. 이후 2001년 5월, 지역협동조합 대표자 모임에서 놀이마당을 포함한 마을 축제를 열기로 결정하고, 그해 어린이날에 바로 시작했다.

마을 축제에서는 놀이마당과 함께, 성미산음악회, 동네 한의사들과 함께하는 무료 한방 봉사 활동, 성미산 밑을 한 바퀴 도는 마라톤 대회, 장터 등을 벌였다. 2002년에는 지역 현안인 성미산 살리기와 결합하여 성미산 돌아보기 등 자연 놀이 프로그램을 함께 진행했다. 놀이마당을 비롯하여 마을 축제에는 공동육아 관계자만이 아니라 지역 주민들의 참여가 지속적으로 늘고 있다. 2004년 마을 축제부터는 성미산 지키기 운동의 성과를 반영하듯 지역 내 사회복지관, 청년회, 문화 단체 등이 함께 참여하여 마포 서부 지역을 포괄하는 범위로 확대되었다. 공동육아와 생협을 중심으로 좁은 범위에서 이루어지던 관계가 지역 사회와 결합할 수 있는 지점이 생겼다고 볼 수 있다.

이는 관에서 주도하는 지역 축제와 달리 주민들이 자발적으로 준비하고 참여하는 마을 축제로서 의미가 크다. 앞으로 이런 풀뿌리 축제가 가져가야 할 내용과 다양한 문화적 가능성을 키워 나가야 할 과제가 남아 있다.

성미산 지키기와 가꾸기

마포 지역 공동육아가 지역과 긴밀하게 결합해 갈 수 있던 한 계기가 성미산 지키기였다. 성미산은 마포구에서 유일한 자연 숲이다. 전체 면적이 4만 평이 못 되는 작은 산이지만, 녹지가 매우 부족한 이 일대에서 숲을 체험하고 흙을 밟으며 놀 수 있는 유일한 곳이다. 또한 공동육아 아이들에게는 매일 나들이를 가는 장소로서 계절에 따라 변하는 자연을 몸으로 느낄 수 있는 가장 중요한 생활공간이다. 또한 동네 할아버지 할머니들의 쉼터이자, 체육 공간이며, 산 밑에 있는 초등학교의 교육 공간이기도 하다. 게다가 천연기념물인 붉은배새매나 소쩍새 같은 맹금류 철새들이 서식지로 이용하는, 생태적 가치가 있는 산이다. 나아가 주변에 있는 한강과 홍제천, 불광천, 그리고 월드컵공원과 연결되는 마포 서부 지역의 생태 축에서도 중요한 위치를 점하고 있다.

이런 성미산에 2001년 여름, 서울시와 산의 소유주가 각기 배수지와 아파트를 건설하겠다는 도시 계획 변경안을 제시하였다. 이때부터 2004년까지 공동육아 관계자들과 지역 주민들은 성미산 개발 반대 운동을 전개했다. 개발 반대 의사를 밝히는 서명 운동과 청원 활동, 4회에 걸친 성미산음악회 등의 문화 활동, 성미산을 주제로 하는 마을 축제, 지방 자치 선거 때 구의원 후보 배출과 참여, 심지어 용역 회사와 몸싸움까지 벌이면서 성미산을 지켰다. 결국 2003년 서울시의회가 배수지 건설 보류 결정을 내림으로써 주민들의 승리로 끝났다.

이 모든 활동은 공동육아 어린이집들과 생협이 주축이 되어 시작했지만, 곧바로 할머니 할아버지들과 종교 단체, 학교 학부모 단체, 개혁적인 정당 등 광범한 지역 주민들과 결합되어 진행되었다. 이로써 성미산 지키기 운동은 공동육아만이 아니라 지역 전체가 하나가 되는 주민 자치 운동이자 생태 보전 운동으로 성장할 수 있었다. 실제 서명 운동이나 자료 배포, 시청 앞 시위 등에서 할머니 할아버지들은 가장 큰 힘을 발휘하셨다. 이런 성미산 지키기 운동에서 공동육아 사람들은 기획과 운동 추진력을 갖고 일을 꾸려 감으로써 동네 사람들에게서 믿음을 얻었고, 마을 사람들 속에서 함께 마을 만들기를 해 나갈 사람들을 발견할 수 있었다.

공동육아 어린이집에서는 나들이 교육 경험을 활용할 수 있었다. 나들이 교육은 성미산의 생태 환경에 대한 기초 자료를 축적하는 데 커다란 역할을 했다. 성미산 지키기 운동이 시작되면서 그동안 교사들이 정리했던 성미산의 역사, 나무와 풀, 꽃, 곤충, 새에 대한 자료들을 모아 운동의 근거 자료로 만들었다.

또한 이 과정은 좋은 주민 교육의 장이었다. 성미산 살리기에 관심을 갖는 여러 환경 단체와 전문가들의 도움으로 '도시 속 작은 산의 중요성', '배수지 사업의 문제점', '성미산의 나무와 풀', '나무 심기 요령' 등을 실시할 수 있었다. 또한 꿈터에서 어린이 생태 교실과 어른 대상의 자연 체험 안내자 교육을 실시했다. 환경 강좌, 생태 보전 활동을 잘하고 있는 지역을 찾아가는 생태 탐방, 부모와 아이가 함께 성미산의 하루를 경험하는 성미산 가족 캠프, 아이들이 생태 조사 활동을 벌이도록 하는 생태 동아리 만들기 등으로 구성되었다. 이런 성과는 2002년부터 '성미산숲속학교'로 수렴되어 현재까지 매주 1회 진행하고 있다.

이렇게 성미산 지키기 운동이 많은 성과를 거두었지만, 배수지 공사 자체가 완전히 철회되지 않아 성미산은 아직도 개발의 위험에서 완전히 벗어나지 못한 상태다. 따라서 성미산에 대한 지속적인 관심과 가꾸기 사업으로서 생태 교육과 4월의 나무 심기 행사 등을 진행하고 있는데, 성미산 공원화를 위한 법률 활동 등 다각도의 노력이 필요하다.

성미산은 마포구에서 유일한 자연숲이다. 성미산 지키기 운동을 하면서 마을 주민들은 생태 마을 환경에 대한 관심이 높아졌다. 사진은 살고 싶은 성미산 마을 만들기 워크숍에서 참가자들이 모형을 만들고 있는 모습.

생태 마을 만들기

성미산 지키기를 통해서 생태적 마을 환경에 대한 관심이 높아졌다. 2004년 녹색연합의 지원을 받아 '생태 마을 만들기 워크숍'이 진행되었고, 그 성과로서 생협 안에 '멋진지렁이'라는 생태 소모임이 꾸려졌다. 멋진지렁이에서는 2005-2006년 지렁이 화분을 이용한 음식물 퇴비화 사업과 텃밭 만들기, 자전거 도로를 위한 모니터링과 자전거 타기, 안전하고 이웃과 소통할 수 있는 골목길 만들기와 골목 축제, 생태 마을 공부 모임, 지방 선거의 공약 제출을 위한 포럼 운영 등을 하고 있다.

참여와 자치

마포연대와 마포FM

성미산 지키기 운동의 성과로서, 풀뿌리 생활 정치를 담당한 시민 단체의 필요성에 동의하는 사람들을 중심으로 2004년 1월 '참여와 자치를 위한 마포연대'를 발족했다. 현재 성미산 지키기 활동, 의정 감시 활동, 저소득층 건강 지원 사업, 소각장 반대 운동, 청소년들이 참여하는 마포 공동체학교 운영 등 다양한 활동을 펴고 있다.

또한 마포연대를 실행 단체로 하여 마포두레생협과 성미산학교 등이 함께 정보통신부의 소출력 공동체 라디오 공모를 통해서 '마포FM'을 만들었다. 지역 사회에 밀착해 주민 밀착형 정보와 현안에 대한 알리기, 주민 참여형 방송을 실행하고 있다.

마포연대와 마포FM의 활동을 통해서 공동육아와 생협이 그동안 이뤄 낸 성과들이 마포 전역으로 확산되고 마포 지역 내의 뜻있는 사람들과 단체들이 서로 연대해 활동할 수 있게 되었다.

전망을 키우는 여성들

공동육아는 주로 맞벌이 가정의 아이들을 보육하지만, 공동육아에 아이들을 보냄으로써 전업 주부이던 여성들이 취업을 하거나 자아 찾기가 가능해졌다. 장애아를 둔 엄마가 특수교육 교사나 언어치료사로서 새로운 자기 전망을 찾기도 했고, 새로 취업하는 여성들도 많아졌다. 또한 생협 설립으로 새로운 일자리가 창출되었고, 공동육아 어린이집에서도 지역 주민이나 조합원을 교사로 채용하는 경우가 생겨 지역 내에서 자기 전망 찾기가 점차 가능해지고 있다. 또한 꿈터에서는 공동육아 어린이집에서 휴직하거나 퇴직한 교사들이 자원 활동가와 교사로 참여하게 하여 경력 있는 교사들이 지역 사회에서 활동할 기회를 제공했다. 공동육아 교사로 그치는 것이 아니라 지역 교육 활동가로서 새로운 전망을 가지게 된 것이다.

또한 공동육아를 통해서 얻게 된 것 중 하나는 '돌봄' 노동에 대한 인식의 변화였다. 아이를 키우거나 살림을 하는 일이 여성의 사회적 삶에 방해가 된다는 인식에서 벗어나 아이를 비롯한 가족과의 진정한 소통과 서로를 살리는 활동이 삶을 풍성하게 하며, 자신의 사회적 삶에 보탬이 된다는 사실이었다. 이런 생각의 변화 과정에서 남성들은 아이 돌보기와 교육, 가사 노동에 참여하게 되었고, 많은 부모들이 어린이 심리, 대화법, 부모 역할 교육이나 자아 찾기 프로그램에 참여하여 새로운 관계 만들기를 모색하고 있다.

지역 경제 섹터 만들기

여성들의 사회 활동을 지원하는 한 방편으로 공동으로 반찬을 만들어 먹기 위한 '동네부엌'이 사업체로서 시작되었다. 현재 안전한 재료로 만드는 아이스크림 가게와 떡 만들기 사업을 공동육아 부모들과 생협 조합원들이 운영하고 있다. 이 과정에서 생산자들이 운영하는 워커즈 컬렉티브에 대한 학습이 진행되었고, 앞으로 생협을 중심으로 재가 캐어 사업의 워커즈를 모색하고 있다.

또한 믿고 맡길 수 있는 자동차 정비소를 만들고자 협동조합 형식의 '성미산 차병원 협동조합'을 만들었고, 신용협동조합을 꿈꾸던 이들이 '성미산대동계'를 만들었다. 또한 지역 통화나 녹색 가게 등 새로운 지역 경제 섹터를 꿈꾸는 움직임들이 곳곳에서 진행되고 있다.

지역 사회와 결합하는 공동육아

신촌 지역 공동육아 협동조합 우리어린이집이 설립된 지 십 년이 넘었다. 초기 공동육아 어린이집은 지역의 여러 교육 환경을 이용하는 존재일 뿐 지역의 일원으로 인정받지 못했다. 그렇지만 현재는 공동육아 관계자들 사이에서 '동네 사람'으로 살아가야 한다는 인식이 자리 잡아 동네로 이사 와서 지역 주민이 되었다. 지역 주민으로 뿌리내리려는 생각은 성미산 지키기 운동이나 생협 활동의 활성화로 귀결되었다. 이제는 지역과 학교에서 공동육아의 존재가 분명하게 인식되는 한편으로 함께 살아가는 일원으로 기꺼이 받아들여지고 있다. 또한 공동육아 어린이집이 일상생활 속에서 익혔던 생태적인 생활 방식이나 민주적인 의사 결정 구조, 조직화된 참여 활동은 지역 활동에서 매우 큰 힘을 발휘하고 있다. 이러한 생활 경험과 공동육아 관계자가 늘어났던 것이 개인으로 파편화된 서울에서 마을 만들기를 구상할 수 있었던 힘이다.

처음 공동육아를 시작할 당시에는 관계자들의 아이들이 모두 유아였기 때문에 유아를 안전하게 잘 보살피는 것 정도에 생각이 머물러 있었다. 그렇지만 아이들이 성장함에 따라서 초등학교와의 관계, 친구들과의 관계, 지역의 문화 등으로 관심이 확장되었다. 초등학생들의 문화와 나아가 청소년 문화에 대한 관심이 커졌고, 그것이 우리마을꿈터와 성미산학교의 설립으로 이어졌다. 앞으로는 이런 역량들과 더불어 '마을'이라는 지역 공간에 수없이 많이 놓여 있는 문화적 역량을 연결하여 학습을 원하는 사람들을 이어 주는 연결망(네트워크)을 만들어 가는 노력이 함께 진행되리라고 본다.

지난 십 년 동안 마포 지역 공동육아 사람들이 한 일은 자신의 필요를 하나하나 해결하는 것이었다. 그 과정에서 새로운 영역으로 확산이 이루어졌고, 지역 사회에 자리 잡아 갔다. 그러나 새로운 구성원에게 과거의 경험이 제대로 전수되지 못하여 개별 공동육아 어린이집들은 여러 가지 어려움을 겪고 있다. 게다가 지역 사업이 활성화됨에 따라 공동육아 내부의 운영과 별도로 지역의 일에 참여하게 됨으로써 겪는 힘겨움도 제기되었다. 앞으로 이 지역 내에서 해야 할 가장 중요한 일은 각 공동육아 어린이집들이 겪는 어려움을 함께 풀어 가면서 내실을 기하는 것이라 생각한다. 그 과정에서 각 단위가 안정되면서도 서로 협력하여 마을 문화를 만들어 가는 일이 더욱 성숙해지리라 기대한다.

➡ **이경란** 우리어린이집과 도토리방과후 조합원으로 지내면서 아이도 잘 키웠고 돌보고 배려하는 사람살이를 배웠다. 지금은 우리마을꿈터의 역사사회교실을 담당하며 성미산학교의 학부모이기도 하다.

절망 속에서 피어나는 희망

김미아

1960년대 이후 급속한 산업화가 추진되면서 한편으로는 농촌이 붕괴되고, 다른 한편에서는 노동 집약적인 경공업을 중심으로 한 산업 재편 과정을 통해 거대한 도시 빈민층이 형성되었다. 또한 자본의 급속한 발전 과정은 빈부 격차를 심화시키는 과정과 맞물려 진행되었다.

사회적인 보육 서비스가 전혀 이루어지지 못했던 이 시기에 아이들의 최소한의 교육 환경을 걱정하는 대학생들을 주축으로 도시 빈민 지역에서 지역 교육 운동이 시작되었다. 이것이 지금의「공동육아와 공동체교육」을 있게 한 출발이다. 이 지역 교육 운동은 빈곤 가정 아동을 그 출발점으로 삼으며, 이 아이들을 돌볼 수 있는 교사 양성 프로그램을 통해 교사를 배출하고, 난곡 해송유아원, 창신동 해송아기둥지 등을 운영함으로써 도시 빈민 지역의 바람직한 보육의 모델을 창출해 왔다. 특히 1980년대에는 보육을 매개로 한 지역 주민 운동으로 확대 진행해 오다 1990년대 중반부터 중산층(협동조합형 어린이집·방과후)까지 영역을 확대하게 된다.

이 글에서는 공동육아와 공동체교육의 중요한 활동 영역 중 빈곤 아동에 대한 교육 복지 활동을 정리하려 한다. 공동육아와 공동체교육의 출발인「해송어린이둥지공동체」에서「지역공동체학교」까지 지난 역사를 돌아보고, 특히 IMF 이후 급속히 늘고 있는 빈곤 가정 아동에 대한 교육 복지 공간으로서 해송어린이둥지공동체와 지역공동체학교의 역할과 활동 내용 등을 정리해 봄으로써 공동육아와 공동체교육이 빈곤 가정과 아동, 지역 사회의 통합적 지역 교육 실천 활동을 정리하는 출발점으로 삼고자 한다.

실험 야학에서 지역공동체학교까지

70년대 말 우리 사회가 고도로 산업화되면서 산꼭대기와 하천을 중심으로 판잣집 동네가 대규모로 있었고 판잣집 동네에는 정말 어려운 아이들이 점심도 제대로 못 먹는 상황이었습니다. 아이들에게 점심도 챙겨 주고 최소한의 교육 환경을 보장해 주어야 한다는 생각을 가진 어른들이 없었습니다. 그래서 어려운 지역의 아이들을 위해 우리가 뭔가 해 보자는 뜻으로 대학생들이 모였죠!

— 정병호(한양대 교수, 해송아기둥지 1대 둥지장)

당시 운영은 아주 어려웠어요. 개인 후원자를 찾거나 대학생이었던 활동가들이 시간을 내어 과외를 하고, 휴지를 팔거나, 산지에서 쌀을 사다가 팔기도 하면서 돈을 모았죠. 이렇게 모은 돈으로 그 당시 15명의 선생님에게 자원 봉사 차원의 적은 인건비가 지급되고, 2백 명의 아이들에게 주는 간식비 등을 충당했었죠.

— 이기범(숙명여대 교수, 해송아기둥지 2대 둥지장)

해송어린이걱정모임, 해송보육학교

해송어린이걱정모임은 유신 시대 때 대학생들이 권력에 대항하고자 선택했던 노동 현장 및 빈민 지역에서 좌절된 야학 운동 이후에 나온 대안이라고 할 수 있다. 어린이걱정모임을 중심으로 1978년 해송보육학교를 설립하는데, 해송보육학교는 야학 출신 학생들의 진로를 모색하는 과정에서 대안으로 생각할 수 있는 전문가 과정이었고, 가난한 지역의 어린이들이 보호받고 교육받을 수 있는 터전을 만들고 지키는 일을 하는 보육 교사를 양성하기 위한 하나의 실험 야학이었다.

구로공단이 가까운 신길동 주택가 옥상의 두 칸 방이 학교 설립 터로 정해졌고, 검정고시와 노동 야학을 구분하지 않고 서울 지역 야학에서 추천받은 20여 명의 야학 출신자 중 자기소개를 하는 글쓰기와 적성 검사, 면접을 통해 12명을 선발한 이후 4년간 20여 명의 보육 교사를 양성했다.

난곡 해송유아원

1980년 여름 신림동 난곡의 철거민촌 맨 꼭대기 산등성이에 커다란 푸른 천막의 해송유아원이 선다. 너무 높은 곳에 있다는 이유로 재철거되어 뜯겨 나간 집터를 다시 다지고 골라서 사유지 위에 세운 무허가 건물이었다. 난곡 해송유아원은 해송보육학교에서 배출된 보육 교사들의 현장을 확보하고, 문제의식을 실천하는 장이었다. 그러나 이러한 자생적인 교육 운동 역시 주체의 불안정성으로 인해 1980년 새마을유아원으로 시작된 제도화라는 문턱을 넘지 못하고 제도에 편입된다.

창신동 해송아기둥지

난곡 해송유아원을 잃은 지 1년 만에 재건된 어린이걱정모임에서는 눈에 띄는 공간 확보와 대량 교육에 대한 집착 때문에 학교 형태의 유아원을 세움으로써 아주 쉽게 지배 권력에 흡수되어 버렸다는 인식을 하게 되었다.

1984년에 설립된 '해송아기둥지'는 문화적 이질감을 줄이기 위해 가난한 지역 아이들의 가정환경과 비슷한 교육 환경을 만들고, 새마을유아원이 회피하는 더 낮은 연령층의 아이들을 대상으로 하였고, 지역 주민들의 생활에 실질적으로 도움이 되는 종일 보육 형태의 생활 교육을 추구했다. 이때부터 교육에 부모 참여가 중요하다는 인식과 실천이 시도되기 시작했다.

비슷한 교육 기관과의 연대의 중요성을 인식하면서 1988년 지역 내 탁아소와 함께 창신동 '어린이잔치'를 열어 힘을 모아 가고, 1989년에는 방치된 지역 중학생을 대상으로 하는 '해송공부방'을 열었다.

아이들의 삶의 터전인 지역 사회의 의미 있는 변화를 모색하기 시작하면서 1990년 '노인잔치 겸 동네잔치' 개최, 1992년 '중부 지역 마을 어린이 잔치' 개최, 1993년 '제1회 우리 동네 장터 한마당' 개최, 1994년 '주거 환경 개선 사업 대책 위원회' 구성, 제2회 '우리 동네 장터 한마당' 개최, '아기둥지 자부회' 모임 시작 등의 활동을 전개해 왔으나, 1996년 여전한 한계인 주체의 불안정성, 재정적인 압박 등으로 휴원했다.

해송어린이둥지공동체와 지역공동체학교의 출발

IMF 이후 결식아동에 대한 관심이 확대되면서 다양한 민간 기금이 형성되었고, 그중 '실업극복국민운동위원회'는 다양한 실업 구제를 위한 활동과 함께 부모의 실업 상태로 인한 결식아동들의 급식 지원 사업을 지원했다.* 이 기금 사업 공모에 공동육아연구원(이하 '연구원')의 사업

---

* 실업극복국민운동위원회는 1997년 6월 IMF 외환 위기 시절 정부와 민간의 연계로 실업

해송어린이둥지공동체는 동대문 시장에 의류를 납품하는 봉제 가내 수공업체들이 밀집해 있는 지역의 소외된 아동의 친구가 되어 21년을 지내 오고 있다.

안이 선정되었고, 이에 1998년 하반기부터 1999년 상반기 동안 해송아기 둥지를 방과후로 재개원한 해송어린이둥지공동체(이하 '해송'), 강동 지역 공동육아 협동조합 재미난어린이집의 활동력에 힘입은 강동꿈나무 학교(이하 '강동꿈나무'), 송파 지역의 향림교회와 지역 사회 단체들이 중심이 된 송파꿈나무학교(이하 '송파꿈나무'), 분당 지역 공동육아 협동조합 두껍아두껍아뭐하니어린이집 조합원들과 지역 활동을 했던 여성들이 함께하는 성남꿈나무학교(이하 '성남꿈나무') 등이 활동을 시작했다.

이 시기의 사업은 연구원이 실업극복국민운동위원회에서 지원금을

극복 활동을 전개하기 위해 설립되었으며, 2003년 6월 '(재)실업극복국민재단 함께일하는 사회'로 개칭했다.

확보하여 단위 현장에 지급하는 형태였으며, 해송, 강동꿈나무, 송파꿈나무에 방과후 아동들의 급식비와 교사 인건비, 영양교사 인건비, 운영비를 지원했다.* 또한, 3개소의 공동육아 어린이집(안양·의왕 하늘땅어린이집, 부천 산어린이집, 신촌 우리어린이집)이 부분적으로 지원을 받았다. 이와 같이 실업극복국민운동위원회 기금을 중심으로 한 사업은 일반적인 사회 복지 영역에서 시도되는 직접 지원 형태를 벗어나지 못했으며, 중앙에서 지원금을 확보하여 단위 현장에 지급하는 것 이상의 활동을 펼치지는 못했다.

그러나 연구원이 주최하고 해송과 강동꿈나무, 6개 공동육아 방과후 아동들이 참여한 2박 3일의 '공동육아 방과후 공동캠프'에서는 공동육아 방과후들의 지지로 참가비를 차등으로 실시한 점, 해송과 꿈나무 아동들에게 캠프 같은 문화적 체험이 필요하다는 점과 그에 대한 지원의 재확인, 그리고 이 캠프 준비 과정에서 보여 준 해송과 강동꿈나무 교사들의 열의 등은 이 시기의 의미 있는 노력과 발견이었다.

지역공동체학교 네트워크 형성

전년에 빈곤 지역을 직접 지원한 형태의 기금 사업을 반성하고 빈곤 지역 어린이들의 질적인 통합 지원 체계에 대해 고민하던 연구원은 1999년 사업을 문화 활동 순환 교사(글쓰기, 미술) 지원, 순환 상담 전문가 지원, 공동 캠프와 단위별 캠프 각 1회 개최, 단위별 교사 인건비 1인 지원, 교재 교구비 지원, 특별 활동비 지원, 운영비 지원 등으로 구성하고, 실업극복국민운동위원회와 사랑의친구들**의 민간 기금을 지원받아 진행했다.***

---

* 1999년 3월에 개원한 성남꿈나무는 1998년 하반기에 개원한 해송과 강동꿈나무, 송파꿈나무보다는 다소 늦은 출발을 하여 실업극복국민운동위원회 지원 사업에는 포함되지 못했다.

사업 선정 이후 대표들이 모인 간담회를 열어 사업에 대한 설명을 듣고 질적인 네트워크 운영을 위해 홈페이지, 교육 활동 순환 지도, 프로젝트 실무 지원 업무를 위한 인력을 확보하는 것과 이를 내부에서 지원받아 선정하기로 했다. 월 1회의 네트워크 전체 운영 회의는 순환 교사와 단위 교사의 교육 활동에 대한 평가와 조정을 내용으로 하였고, 총괄 책임자와 대표들이 모인 주간 회의에서는 주간 단위 업무에 대한 협의를 했다. 또한 전체 교사들이 참여하는 월 1회의 자체 교육이 진행되었다. 이러한 운영 틀은 지역공동체학교의 네트워크 구성에 매우 효과적인 기여를 하였으며, 다양한 교육 활동 성과를 공유함으로써 단위 현장의 교육을 더욱 풍부하게 했다.

이 시기 사업은 순환 지도 교사의 변동과 교사 확보 문제, 순환 교사와 단위 교사 간 의사소통이 원활하지 못했던 점 등 부분적으로 어려움은 있었지만, 미술과 글쓰기 순환 교사 활동은 단위의 교육 활동을 풍부하게 해 주었으며, 단위 교사에 대한 자극과 교육이라는 부차적인 성과도 있었다고 평가된다. 또한 아동 상담 부분은 높은 평가를 받았으며 이후로도 지속적인 지원을 요청받았다.

이렇듯 긍정적인 평가 속에서 1999년 하반기에는 연구원의 조직 개편에 따라 지역공동체학교의 정체성과 연구원과의 관계에 대한 문제가 공식적으로 제기되었다.

** (사)사랑의 친구들은 1998년 8월 경제 침체와 자연재해로 인한 소외된 이웃들을 돕기 위해 설립되었다.
*** 송파 꿈나무는 사랑의 친구들에 개별 신청하여 건물 보수비와 운영비, 급식비 등을 추가로 지원받았다.

지역공동체학교 네트워크 개별 기관의 자립과 성장

민간 기금이 법인 중심에서 단위 현장 중심의 지원으로 바뀌면서 각 지역공동체학교는 운영이나 교육 면에서 자립하기 위한 토대 마련을 위해 노력했다. 어느 곳에서는 교사 인건비를 받지 못하는 상황이었는데도 헌신적인 활동을 펼쳤으며, 이것이 해당 지역공동체학교가 지역에서 안착하는 데 결정적인 역할을 했다. 이 시기 프로젝트는 개별 기관의 이름으로 신청하고 개별 기관의 책임 하에 진행하고, 공동육아와 공동체교육(이후 '법인')은 교사 교육과 해외 연수, 공동 캠프를 지원하는 형태로 정착되었다.

2002년 조직이 「공동육아연구원」에서 「공동육아와 공동체교육」으로 재편되면서 조직적으로 저소득 지역 아동의 교육에 대한 고민을 하기 시작하였고, 2003년 법인 총회에서 '저소득 지역 아동 지원 기금'(일차적으로 해송 지원)이 제안되어 법인의 회원 기관과 회원들에게 저소득 지역 아동의 교육 활동 지원에 대한 의식을 환기시키며 조합 단위의 자발적인 기금 모금이 결의되었다. 비로소 프로젝트가 아닌 법인 자체적으로 저소득 지역 아동을 지원하는 시스템을 마련하게 된 것이다.

특히 2004년에는 법인 사무국에 '저소득 지역 아동 지원 사업부'를 두어 법인이 교육 이념적 지향에 있어서 이 사회의 가장 소외된 아동의 성장에 좀 더 조직적이고 주체적으로 활동할 의지를 갖게 된다.

꿈을 먹고 자라는 학교

해송어린이둥지공동체

서울 동대문구 창신2동의 낙산 중턱에 위치한 해송어린이둥지공동체는 동대문 시장에 의류를 납품하는 봉제 가내 수공업체들이 밀집해 있는 지역에 자리하고 있다. 이 지역의 부모들 대부분은 봉제 하청 공장에서 일하거나 건설 노동자로 일하고 있어 장시간 노동을 해야 한다. 따라서 자녀에 대한 관심은 있어도 실질적인 보호와 교육을 담당할 수 없는 처지다. 해송은 이 지역의 소외된 아동의 친구가 되어 21년을 지내 오고 있다. 2004년에는 19명의 아이들과 4명의 선생님, 7명의 자원활동가와 함께 놀며, 배우고, 사랑하며 자신의 삶을 창조해 내고 있다.

성남꿈나무학교

성남꿈나무학교는 작은 평수의 빌라들이 일조권의 혜택도 없이 빽빽이 들어선 성남 은행동에 자리하고 있다. 이곳은 기초생활보호대상자 가정, 한부모 가정, 조부모 가정의 비율이 아주 높은 지역이다. 부모의 직업도 일용직이나 단순 노무자가 많아 안정적인 생활 조건을 확보하기 어려운 가정이 밀집해 있다. 아이들을 위한 공간이 턱없이 부족하며, 인터넷의 보급으로 인해 대부분의 아이들이 많은 시간을 PC게임으로 보내거나, 문방구나 가게 앞의 전자 오락기에 매달려 있다.

성남꿈나무는 이러한 환경의 아이들 20여 명과 방과후 공동체적 생활을 함께하며 여러 가지 활동을 통해 자아 존중감과 삶에 대한 긍정적인 태도를 높이도록 노력하고 있다. 성남꿈나무 아동들의 경우 한부모 가정의 비율이 50퍼센트 이상을 차지하지만 아이들은 자신의 내면의 힘을 키워 가며, 친구와 교사들과 함께 건강하게 자라고 있다. 아이들이 함께하며 아이들의 모습을 통해 교사들은 자신의 삶에 더 많은 지혜를 얻는다.

또한 내부 활동과 더불어 지역을 기반으로 한 외부 활동을 성남지역아동센터와 함께하고 있다. 어린이날에는 지역 아동들을 대상으로 행사를 개최한 바 있으며 앞으로도 지역의 아동들과 함께하는 개방적 활동을 계

비닐하우스를 개조한 집에서 생활하며 넉넉지 않은 형편 때문에 아이들의 부모는 대부분 밤늦게까지 일할 수밖에 없다. 당연히 아이들은 오랜 시간 외롭게 방치된다. 이러한 상황에서 송파꿈나무학교는 아이들에게 집과 같은 곳이다.

속 가질 계획이다.

송파꿈나무학교

송파꿈나무학교는 서울의 동쪽 끝 송파구 문정동 개미마을 안에 있다. 언뜻 보기에는 평범한 비닐하우스촌 같지만 이곳에는 70여 세대가 살고 있다. 이곳 개미마을 아이들은 보통 아이들과 사뭇 다른 환경에서 자라고 있다. 비닐하우스를 개조한 집에서 생활하며 넉넉지 않은 형편 때문에 아이들의 부모는 대부분 밤늦게까지 일할 수밖에 없다. 당연히 아이들은 오랜 시간 외롭게 방치된다. 이러한 상황에서 꿈나무는 아이들에게 집과 같은 곳이다. 2004년 현재 초등반인 올챙이들은 25명이 생활하고 있고, 청소년반인 청개구리학당은 17명이 함께 지내고 있다. 초등 1학년부터 고등 2학년까지 40명이 넘는 아이들이 바글거려 어렵고 힘들지만 아이들과 알콩달콩 재미나게 지내고 있다.

강동꿈나무학교

강동꿈나무학교는 1998년 강동구 천호동에 공동육아 출신 부모들의 열의와 노력으로 생겨났다. 교육에서 소외된 저소득층(실직, 결식) 아동에 문을 열어 두고 있으며, 현재 20여 명의 아이와 교사 2명이 함께하고 있다. 지역 모든 아이들이 서로 소중히 하고 건강하게 자랄 수 있도록 다양한 교육적 경험을 제공해 가면서, 지역 어린이의 소중한 교육 공간, 문화 공간으로 더욱 알차게 자라나려고 노력하고 있다. 강동꿈나무에서는 외롭고 힘들고 도움과 관심이 필요한 지역 어린이들에게 방과후 활동을 통해 좀 더 안정적인 생활과 성장을 뒷받침하는 프로그램과 점심, 저녁, 간식을 제공하고 있으며, 아이들이 빈부·지역·성 차별 등을 극복할 수 있는 따뜻하고 감성적인 교육 문화적인 프로그램과 보살핌을 제공하는 교육적인 대안을 실천하는 공간이다.

한누리학교

한누리학교는 탈북 아동들을 위한 방과후 교육 프로그램이다. 양천구 신월동에 자리 잡고 교사 2명과 아동 및 청소년 20여 명이 함께 생활하고 있다. 탈북 아동들은 교육 기간의 공백이 있는 경우가 많아 남한의 또래 아동들에 비해 학습 수준이 저하되어 있는데 이로 인한 열등감과 부족한 자신감을 회복하고자 노력하고 있다. 대부분의 탈북 아동들은 부모와의 일시적 이별, 사별, 학대 등을 경험하거나 탈북 과정에서 끊임없는 위기 상황에 노출되어 있었기에 불안정한 대인 관계 형성, 타인에 대한 불신

한누리학교는 또래들과 어울릴 수 있는 놀이터, 부족한 학습을 위한 공부방, 마음이 치유되는 회복의 터전이다.

과 이해 부족, 갈등 해결 방식의 미숙함, 자기표현 방식의 왜곡 등을 보이고 있다. 한누리학교에서는 이러한 탈북 아동들의 마음을 치유하고 회복하여 타인들과 평화로운 관계를 형성할 수 있는 능력을 향상시키고자 노력하고 있다. 또한 생소한 교육 환경인 남한의 초등학교에서 겪는 문화적 충격과 갈등을 해결하여 남한 사회의 당당한 주인이 될 수 있도록 한다. 한누리학교는 또래들과 어울릴 수 있는 놀이터, 부족한 학습을 위한 공부방, 마음이 치유되는 회복의 터전이다.

지역공동체학교 네트워크

지역공동체학교 네트워크는 1999년 결성된 공동육아와 공동체교육 저소득 지역 아동을 위한 교육 문화 공간이다. 서울 4개, 성남 1개를 포함해 총 5개 기관이 있으며, 모두 120명 정도의 아이들이 15명의 교사와 함께 지내고 있다. 5개 기관이 네트워크를 형성하여 어린이 교육 활동 지원과 교사 교육 나눔, 공동 교육 활동 등을 진행해 오고 있다.

어린이 교육 활동 지원 사업

• 지역공동체학교 공동 캠프 ― 여름 방학에 지역공동체학교 모두가 함께하는 공동 여름 캠프를 갖는다. 2004년 3번째 진행된 공동 캠프는 교사와 아이들이 자연에서 맘껏 뛰어 놀며 '우리는 공간이 달라도 한 식구다'라는 연대감을 느끼게 한다. 아이들에게 지역을 넘는 연대 정신을 느끼게 하고 아이들 자신이 지역공동체학교 네트워크에 속해 있는 것에 대한 자부심을 가짐으로써 자아 존중감 향상에 긍정적인 기여를 하고 있다.

• 수공예 교육 활동 지원―수공예에 대한 교사 교육과 수공예 작업 재료를 지원하고 있다. 지역공동체학교에서 공통적으로 진행되는 어린이 교육 활동 중 하나인 수공예 수업이 잘 진행될 수 있도록 지원하고 있다.

교사 교육 사업

장기적으로 지역공동체학교의 전망을 세울 교사군을 양성하기 위한 다양한 사업을 진행하고, 이를 통해 동질감과 연대감을 기르고 있다.

• 지역공동체학교 교사 해외 연수 ― 자신의 경험을 객관화하고 더 넓은 시야를 갖기 위해, 또한 소진된 교사들의 휴식과 회복을 위해 지역공동체학교 교사 해외 연수를 프로젝트나 자비로 진행하고 있다.

2003년에는 7박 8일 동안 일본 오사카로 지역공동체학교와 여건이 비슷한 학동보육시설 연수를 다녀왔다. 이 연수를 통해 지역공동체학교 교사의 모습이 어떠해야 하는가에 대한 상을 어렴풋이나마 느낄 수 있었고,

교사 간의 친밀한 관계를 형성하는 중요한 계기가 되었다. 특히 운영, 교육, 상담 등 모든 일을 함께해야 하는 지역공동체학교 교사들의 휴식과 회복에 도움을 주었다.

• 지역공동체학교 교사 교육 나눔 ─ 한 달에 한 번 지역공동체학교 교사가 모두 모여 서로의 교육 활동에 도움이 되는 교사 교육을 한다. 2004년 상반기에는 성남꿈나무 교사가 '생태 미술'이란 주제로 진행하였고, 그 전에는 '수학 교육의 새로운 접근을 위해', '헝겊 인형 만들기', '매듭 배우기' 등이 진행되었다. 이 교육들은 지역공동체학교 교사 자체 역량으로 진행되었는데, 교사 각자가 전문적인 교육 역량을 한 가지 이상 갖고 있고 이것을 나누는 형태의 교사 교육이기 때문에 더욱 의미가 있다.

• 지역공동체학교 교사 네트워크 ─ 1년에 한 번 1박 2일로 해당 시기에 가장 중요한 사안을 가지고 워크숍을 한다. 2004년에는 아동 복지를 중심으로 사회 복지 정책에 대한 강의와 토론, 지역아동센터 법제화와 관련한 발제와 토의를 내용으로 하는 워크숍이 있었다.

조직 사업

• 지역공동체학교 운영 회의 ─ 지역공동체학교 각 기관의 대표로 구성되는 지역공동체학교 운영회의는 각 지역공동체학교의 현황을 공유하고, 공통의 과제를 풀어 가고, 공동으로 진행되는 사업을 기획하고 추진하는 역할을 한다.

• 공동육아와 공동체교육 운영위원회 ─ 매월 1회 개최되는 공동육아와 공동체교육 운영위원회에 지역공동체학교 대표가 운영 위원으로 참여하여 법인의 다양한 활동을 함께해 나간다.

빈곤 아동의 현실

민수(가명)는 아빠와 할머니와 함께 산다. 부모님은 5년 전에 이혼하여 엄마는 함께 살지 않는다. 민수는 아침도 거의 먹지 않은 채 학교로 간다. 어렸을 적에 식습관을 들이지 못하여 편식이 심하고, 아빠가 햄만 잘 먹는 민수의 입맛에 맞는 요리를 잘하지 못하기 때문이기도 하다. 민수는 지금 4학년이지만 글을 잘 읽고 쓸 수 없다. 민수가 한창 글을 배워야 할 나이에 민수를 안정적으로 돌봐 줄 수 있는 어른이 없이 방치되어 있었다. 민수가 6~7세 때 민수네는 경제적인 문제로, 정신 질환을 앓는 할머니 문제로 부부 싸움이 잦았고 결국 엄마 아빠가 이혼하게 되었다. 하루 세 끼 중에 민수가 그나마 안정적으로 밥을 먹는 것은 학교 점심뿐이었다. 민수는 학교가 끝나면 가방을 집에 갖다 놓고 길거리로 나온다. 문방구 앞 게임기에서 게임을 하거나 오락실에 간다. 돈이 있으면 게임을 하고 돈이 없을 때는 뒤에서 게임하는 것을 구경한다. 저녁은 문방구에서 파는 라면 튀긴 것이나, 떡볶이 500원어치로 때운다. 민수는 밤 열 시쯤 되어 집에 돌아간다.

— 해송에 다니는 민수가 해송 다니기 전의 생활

결식

빈곤 아동은 가정의 불안한 상황이나 부모의 늦은 귀가로 건강한 신체 발달을 위해 필수적인 균형 있는 식사를 제공받지 못하고 있고, 절대적인 배고픔은 아니라 하더라도 길거리에서 때우기 식의 식사는 아동의 건강을 위협하는 요소 중 하나다.

학습 결손·지체

대부분 취학 전 단계의 영유아 시기부터 적절한 교육 환경을 제공받지 못해서 학습 결손이 누적되어 공부하는 데 많은 어려움을 겪는다. 현재만 문제가 아니다. 지금 또래 친구들에 비해 기초 학습이 부족할 뿐 아니라 앞으로도 그것을 회복할 수 있는 희망이 적다. 즉 자신의 노력으로는 극복할 수 없는 가정적·사회적 구조가 자신들의 미래를 가로막고 있기 때문에 학습에 대해 스스로 포기할 수밖에 없다.

질병에 취약

빈곤 아동들은 자신의 건강을 지키는 데도 심각한 불안을 안고 있다. 감기에서 심각한 병에 이르기까지 필요한 때 진단과 치료를 받을 수 있는 환경이 되지 못하므로 미래에 심각한 질병을 앓을 위험이 있으며, 질병이 생겼을 경우 적절한 대처를 못하여 무기력한 상황이 지속될 수 있다.

정서·문화적인 지체

빈곤 아동에게 가장 큰 고통 중 하나는 정서·문화적인 지체다. 신체적인 건강이나 학습 지체는 눈으로 쉽게 드러나지 않는 반면, 정서·문화적인 지체는 아동의 일상생활에서 친구들 간에 쉽게 비교될 수 있으며, 빈곤 아동에게 상대적인 좌절감을 느끼게 한다. 더구나 이러한 활동은 비교적 큰 비용을 요하는 것이어서 빈곤 아동에게 결핍이 지속되고 있다.

아이들에게 날개를 달아 주다

또 하나의 편안한 집

저소득 지역에는 부모의 불안정한 고용 상태로 인해 아이들이 그대로 방치되는 경우가 비일비재한 상황이라 방과 후 아이들이 안정적으로 보호받을 수 있는 공간이 절대적으로 필요하다. 특히 향락적이고 퇴폐적이며 폭력적인 유해 환경이 사회 도처에 있는 현실에서 아이들의 방치가 가져올 부정성은 너무도 자명하다. 지역공동체학교는 방과 후 방치되는 아이들이 안정적으로 있을 공간을 제공한다. 그 공간은 아이들이 편안한 마음으로 지낼 수 있는 집과 같은 공간을 지향한다.

전인적인 발달을 위한 통합적인 교육

빈곤 아동은 부모의 경제적인 빈곤으로 인해 성장에 필요한 적절한 교육 활동에서 소외되고 있다. 지역공동체학교에서는 기본적인 학습 능력을 기르는 교육을 실시함은 물론, 빈곤 아동의 흥미와 욕구에 근거한 다양한 특별 활동을 제공한다. 또한 박물관, 과학관, 전통 문화 체험과 같은 현장 문화 체험 교육을 실시하여 빈곤 아동의 전인적인 발달을 돕는 교육 프로그램을 개발하고 진행한다.

신체적인 발달을 위한 급식 프로그램

아동기에 적절한 영양이 공급되지 못하면 성장 부진은 물론 질병에 걸리기 쉽다. 지역공동체학교에 처음 들어오는 아동 중 대부분이 얼굴에 버짐이 피고 영양실조로 의심되는 것을 보아도 영양이 불충분한 상태임을 충분히 짐작할 수 있다. 지역공동체학교에서는 중식과 석식을 제공함으로써 빈곤 아동에게 균형 있는 식사를 제공한다. 지역공동체학교에 들어와 2, 3개월만 지나도 아이의 외모가 달라진다는 교사들의 경험으로도 이 시기에 균형 있는 식사를 하는 것이 얼마나 중요한지 알 수 있다.

아동의 정서정인 안정을 지지

가정 해체, 폭력, 학대, 제 역할을 못하는 부모 등 부정적이고 유해한 환경(부적절한 비디오 시청, 거리에서 떠돌아다니기, 게임 중독 등)에 그대로 노출된 경험을 가진 빈곤 아동들은 부정적인 인간관계, 불안감, 집중력 부족, 산만함 등을 종종 나타낸다. 지역공동체학교에서는 교사와 안정적이고 전인적인 관계를 유지하고 전문 선생님(놀이 치료 등)을 통하여 아동의 정서적인 문제를 치유하는 것을 중요한 활동 중의 하나로 삼고 있다.

빈곤 아동의 생활 교육을 일상 활동으로 정착

빈곤 아동은 대부분 일상의 삶 속에서 어른의 본보기로 자연스럽게 습득되는 생활의 여러 가지 기술을 익히지 못한다. 자기 몸을 청결히 유지하지 못하고(이것은 특히 학교에서 왕따의 원인이 되기도 한다), 밥 먹기 전에 손을 씻는 것을 거의 하지 않으며, 옷을 균형 있게 입는 것에도 서툴다. 빈곤 아동이 자립적인 삶을 꾸려 나가기 위해서는 이렇게 사소한 일들이 일상생활에서 습관으로 자리 잡을 수 있어야 한다. 지역공동체학교에서는 이렇듯 삶과 밀착된 부분에 대한 섬세한 문제의식을 갖고 생활 교육을 실시한다.

부모의 삶을 함께 고민하다

엄마 아빠들이 어려움에 부딪칠 때마다 만남이 시작된다. 지역공동체학교의 모든 역사는 이런 일상적인 만남을 통해 싹트기 시작했다. 아이들의 문제를 이야기할 때도, 자신의 경제적인 상황의 고통을 이야기할 때도, 가정 폭력의 문제에 부딪쳤을 때도 이 작은 만남들이 마음을 움직이고, 손과 발을 움직이게 했다.

부모 모임과 교육

한 달에 한 번 부모 모임에서 한 달 동안 진행된 교육 활동을 공유하고, 크고 작은 지역공동체학교의 문제에 대해 의논하여 교육의 또 하나의 주체로 성장할 수 있도록 한다.

부모 상담은 특정한 날에 진행되는 것은 아니다. 문제를 느낄 때 교사가 요청하기도 하고 부모가 요청하기도 한다. 지역공동체학교의 부모들은 자신의 아이와의 갈등 같은 문제 외에도 자신의 삶 전반에 대한 고민을 교사와 상의하고 공유하는 경향이 있다. 이러한 과정은 단지 교사와 부모라는 관계를 넘어 언니, 동생, 친구와 같은 관계를 형성하여 부모와 교사 모두의 삶에 의미 있는 영향을 주고 있다.

주기적인 부모 교육을 실시하여 부모가 아동기를 이해하는 수준을 높이고, 아동이 처한 다양한 문제(컴퓨터 게임 중독, 성 문제 등)에 대한 부모의 이해를 증진시킨다.

위기 가정과 함께하기

○○ 엄마의 전화를 받고 우리는 바로 ○○네 집으로 갔습니다. 정신의 반은 나간 상태가 되어 있는 ○○ 엄마가 있었습니다. 남편의 폭력 때문이었습니다. ○○ 엄마는 집에 있는 것이 무섭다고 하였고, 우리는 ○○ 엄마와 아이들을 해송으로 데려왔습니다. 아이는 풀이 죽고 겁먹은 상태였습니다. 그 후 엄마가 그간 살아온 이야기를 들으며 교사들은 울고 또 울었습니다. 엄마의 삶을 받아들이는 교사의 모습에 엄마는 점점 안정감을 찾아가는 것 같았습니다. 그날 교사와 엄마는 해송에서 하룻밤을 지냈고 많은 이야기를 했습니다.

— 해송어린이동지공동체

지역공동체학교에 속한 가정은 경제적인 문제, 성폭력, 가정 폭력, 가정 해체 등으로 위기 상태에 놓인 경우가 종종 있다. 이러한 문제가 생길 때 지역공동체학교는 적극적으로 대처하여 위기 가정에서 고통 받는 당사자들과 함께 문제 해결을 위해 노력한다. 자체적인 노력뿐만 아니라, 지역의 전문가 집단과 연결하여 총체적인 문제 해결을 위해 노력한다.

지역 사회와 더불어

우리 사회의 모든 구성원들은 각각 다양한 지역 사회와의 연관 관계 속에서 살아가고 있다. 이러한 지역 사회는 우리에게 삶의 질을 향상시킬 수 있는 다양한 것들을 제공한다. 지역 사회는 우리의 생각하는 방식과 행동하는 방식에 영향을 끼치기도 하고, 사회적 가치와 규범을 내재화하게 하기도 한다. 그리고 우리가 살아 나가는 데 필요한 기회와 자원을 제공해 주기도 한다. 즉 지역 사회는 삶의 장으로서 그리고 동시에 삶의 질을 향상시키는 수단으로서 중요한 의미를 갖는다. 지역공동체학교는 삶의 질과 직접적으로 결합되어 있는 지역 사회에 한 주체로서, 다양한 활동을 통해 바람직한 지역 사회 교육 문화를 만들고자 노력하고 있다.

지역 주민과 함께하는 생활 문화, 취미 모임
- 좋은 영화 마당, 동화 읽는 어른 모임 등
- 수공예 교실 — 둥구미 짜기, 천연 염색, 인형 만들기 등

함께 살고 싶은 마을 만들기
마을 축제(해송, 성남꿈나무)를 주도하고, 축제를 통해 마을 문화를 주민들과 공유하고 바람직한 마을 공동체를 만드는 것에 참여한다.

지역 주민의 고통 함께하기

송파꿈나무에서는 무허가 비닐하우스에 살고 있는 주민들을 대상으로 한 달에 두 번 무료 한의원을 연다. 이것은 주소지가 없어 건강 보험 혜택을 받지 못하는 주민에게 꼭 필요한 의료 서비스이다.

성남꿈나무에서는 인근 시유지에 아파트를 지으려 하는 시 정부에 맞서 그곳에 공원을 조성하라는 요구를 내걸고 주민과 함께 투쟁했던 경험이 있다. 이렇게 지역공동체학교는 지역 주민의 고통을 헤아리고 문제를 함께 풀어가는 주체로 성장하고 있다.

지역 대안 교육 문화 확산하기

• 문화 행사 프로그램 ── 지역 어린이를 대상으로 하는 어린이날 행사, 단오 행사 등을 기획하여 진행하고 있다. 특히 매년 열리는 어린이날 행사에서는 천연 염색, 둥그미, 매듭, 솟대 만들기, 와당 찍기, 활쏘기 대회 등 우리 전통 문화를 어린이들이 경험하고 익힐 수 있다. 학습과 컴퓨터 게임에 치우쳐 있는 어린이 문화를 어린이 성장에 유익한 다양한 문화로 대체함으로써 지역 전체의 어린이 문화를 바꿔 가고 있다.

• 작은 도서관 ── 지역공동체학교에서 작은 도서관은 꼭 필요하다. 작은 도서관은 아이들에게 조용한 휴식 공간이 되어 주고 고달픈 일상생활에서 작은 자유를 준다. 아이들은 저마다 개성을 갖고 있는데 어떤 아이는 정말이지 조용히 혼자 있고 싶을 때가 종종 있다. 그러나 방과후라는 또 하나의 집단 생활이 아이를 조용히 쉴 수 없게 하기도 한다. 그래서 아이들을 위한 교육 공간을 마련할 때 반드시 혼자 조용히 쉴 수 있는 공간을 마련해 주어야 한다. 그리고 방과후 내의 작은 도서관은 지역 도서관, 지역 사랑방이 되고, 나아가 새로운 지역 문화를 만들어 나가는 시작이 될 수 있다.

자원 활동가 훈련하기

대학생과 조합원 부모, 지역 주민, 공동육아 교사들이 자원 활동가로 활동하고 있는데, 이 자원 활동이 단순히 빈곤 아동만을 위한 것이 아니라 자원 활동가의 삶에 영향을 줄 수 있도록 자원 활동가 교육을 진행하고 있다.

지역 사회 타 단체와 연대하기

아동의 삶과 연결된 문제를 풀어가다 보면 다양한 문제에 봉착하게 된다. 한 아동의 문제를 총체적으로 돌보기 위해서는 지역 차원의 지원 네트워크가 중요하다. 지역공동체학교에서는 병원, 약국, 성폭력상담소, 아동상담소, 동사무소, 파출소, 시민 단체 등과 함께 네트워크를 형성해 문제 상황을 총체적이고 전문적으로 해결하기 위해 노력한다.

지역공동체학교의 원리

삶과 결합된 생활 교육

서로 사이좋게 지내는 법, 설거지하는 법, 정리 정돈하는 법, 사람을 사랑하는 법, 사랑받는 법, 타인을 배려하며 이야기하는 법 등은 대학을 들어가기 위해 여러 과목을 공부하는 것만큼이나 중요하다. 인간의 성장조차도 경쟁력이라는 도구로 생각하는 현실에서는 아이들이 생생한 삶의 현장에서 분리되어 성장한다. 지역공동체학교에서는 삶과 결합된 생활 교육을 근본적인 교육 내용의 하나로 생각한다. 이런 삶의 기술들을 다양한 관계망 속에서 익히면서 자립적인 인간으로서 갖춰야 할 근본적인 삶의 태도를 습득한다.

서로의 삶을 가로지르는 교육 공동체

지역공동체학교는 서로 솔직하게 의사소통하는 법을 터득하고, 마음속 깊이 관계를 나누고, 함께 웃고 함께 울면서 서로를 행복하게 해 줄 만큼 서로에게 헌신하는, 그래서 타인의 처지를 나의 처지로 받아들이는 그런 관계를 만들어 가는 교육 공동체다. 어려움에 처한 아동의 가정과 관계를 맺다 보면 부모의 아픈 상처를 함께하게 된다. 부모는 자신의 상황을 받아들이는 교사의 모습을 보고 삶의 용기를 얻으며, 아무것도 갖지 않은 이들의 슬프지만 건강한 모습을 경험하면서 교사 또한 삶의 큰 에너지를 받는다. 가난하고 힘들지만 그 속에서 함께하는 어른들의 진실한 소통은 아이들에게 삶을 좀 더 따뜻한 것으로 만들어 주고 외형적인 것의 영향력이 감소되며 내적인 만족을 통한 안정적이고 활기찬 성장을 가져온다.

지역 사회와 함께하는 교육

아이들의 생활을 알고 관심을 갖는 사람들을 가까이 둔다는 것은 아이들을 안전하게 지키는 요소다. 창밖으로 서로 마주하는 이웃들, 거리에서 얘기를 나누는 사람들, 아이들이 사는 곳에서 알고 지내는 친구들, 집 앞에 함께 앉아 있는 사람들, 가끔 고기 몇 근 갖다 주는 정육점 아저씨는 아이들의 성장을 굳게 지켜 준다. 지역공동체학교는 자신의 공간에서만 한정된 교육 활동이 아니라 그들이 살아가는 지역 사회와 함께 가려는 의식적인 노력을 하고 있다. 지역공동체학교는 헌신하는 교사뿐 아니라 수많은 자원 활동가, 지역 주민, 눈에 보이지 않는 후원자의 손길까지도 함께하는 여럿이 함께 만들어 가는 교육이다.

지역공동체학교에서 일궈 낸 희망

아이, 부모, 교사들의 변화와 성장

해송을 출발점으로 25년간 진행되어온 공동육아의 교육 활동은 가장 빈곤한 아이들에게도 의미 있는 변화를 만들어 왔다. 가만히 앉아 있지도 못했던 아이들이 수공예 작업에 집중하는 모습에서, 오빠들이 욕하는 것에 문제제기하며 모둠을 제안하고 자신의 의견을 이야기하는 저학년 아이의 모습에서 우리가 지향했던 교육이 이 땅의 모든 아이들에게 의미 있음을 확인할 수 있었다. 불안정한 환경으로 인해 욕하고 소리 지르고 산만하기만 했던 아이들의 변화는 지역공동체학교의 가장 큰 성과라 할 수 있다. 지역공동체학교를 졸업한 아이들이 이제는 중학생이 되어 다시 작은 교사로서 역할을 하는 것을 볼 때 지역공동체학교 공간이 아이들에게 언제나 편안하게 돌아올 수 있는 고향 같은 존재인 것을 느낄 수 있다.

"지역공동체학교에 뼈를 묻자"고 외친 교사의 말처럼 지역공동체학교는 교사에게 단순한 직업의 의미를 넘는다. 아이들의 삶과 부모의 삶에서 제기되는 풀릴 수 없는 수많은 문제를 직면하면서 함께 울기도 하고 엄청난 에너지를 얻기도 한다. 특히 아이의 변화에 잔잔한 희망을 느끼면서, 이 모든 실천에서 교사들은 '정말 진실한 삶은 어떤 것인가?' '나는 어떤 삶을 살아가고 있는가?' 반성적인 삶의 태도를 가지면서 자기 삶의 진실한 모습을 찾아간다.

지역공동체학교의 부모들은 수많은 위기 상황에 놓여 있다. 장기 실업, 불안정한 일자리, 장시간 노동, 가정 폭력 등 우리가 상상할 수 있는 모든 좋지 않은 사회 현실이 지역공동체학교 부모의 삶에서는 있는 그대로의 현실이다. 지역공동체학교와 아이를 매개로 인연을 맺으면서, 지역공동체학교는 부모의 삶 속에서 드러나는 어려움을 이야기하고, 그 속에서 어떤 선택을 해야 할지 함께 고민하는 장이 되었다. 다른 교육 기관에 비해 부모와 교사 간에 친밀한 관계가 형성되어, 아이 문제뿐 아니라, 부모 자신의 고민을 교사와 함께 풀어 가면서 부모의 인식도 많이 바뀌고, 문제를 함께 해결하는 과정을 겪으면서 부모 자신의 삶에 자신감도 얻고 있다.

지역에서 인정받는 교육 문화 공간

해송은 25년, 꿈나무학교는 6년, 한누리학교는 2년째를 맞고 있다. 그동안 지역과 함께한 다양한 교육 활동으로 각 지역공동체학교 모두가 지역에서 인정받는 교육 문화 공간으로 자리 잡았다.

빈곤 아동을 위한 방과후 교육 활동의 모델

IMF이후 통계 수치상으로도 빈곤 아동의 수가 급격하게 증가했다. 이러한 객관적인 조건에 근거하고, 국가와 민간의 지원에 힘입어, 빈곤 아동을 위한 방과후 교육 기관이 '공부방', '지역아동센터'라는 이름으로 전국적으로 증가하고 있다.

이런 상황에서 해송 둥지장은 서울지역아동센터연합회(이하 '서지연')의 회장으로 선출되었는데 이는 해송의 25년간의 활동과 교육 내용을 신뢰하고, 이것이 저소득 지역 아동 교육 기관인 연합회의 모델로서 인정받음을 의미한다. 실제로도 해송은 종로 지역의 다른 지역아동센터, 복지관, 종로구청 등이 인정하는 저소득 지역 아동을 위한 모델 기관이 되었다.

성남꿈나무는 지역에서 자체 교육 프로그램의 우수성을 인정받아, 성남꿈나무에서 역량을 쌓은 교사가 성남 지역 전체 저소득 지역 아동 대상 교사 교육을 맡고 있다.

212

강동꿈나무는 교육 활동이 지역에 소문이 나면서 천호4동 동사무소의 제안에 따라 공간을 동사무소 내로 이전하기도 했다.

2004년 상반기 현재, 저소득 지역 아동을 대상으로 하는 교육 기관이 400개가 넘는다. 이런 상황에서 지역공동체학교 5개소는 빈곤 아동의 방과후 교육 활동의 모델로서 타 기관의 길잡이 역할을 하고 있다.

맺음말

25년의 세월 동안 지역공동체학교는 숨 가쁘게 달려왔다. 그동안 지역공동체학교는 자신의 한계를 고민하고, 고통스럽게 생각하면서, 때론 그 문제들을 해결하면서 지내 왔다. 하지만 여전히 불안하게 하는 한계가 있음을 고백할 수밖에 없다. 지역공동체학교 다섯 곳은 비닐하우스, 낡은 개인 살림집, 연립 주택 일부 등 열악한 환경에 있다. 또한 학습 지도, 상담과 치료, 특별 활동과 복지 지원 활동 등 다양한 업무를 소화해야 하고, 더욱이 교사가 지역공동체학교의 프로그램 개발과 재정 마련을 위한 각종 프로젝트까지 해야 하는 데서 오는 업무의 과중함 등으로, 안정적인 교육 활동을 위해 매우 중요한 정체성과 전문성, 헌신성을 가진 교사 확보에 어려움이 있다.

교사들의 희생을 강요하는 이 시스템의 가장 주요한 원인은 재정의 불안정이다. 현재 재정 구조를 보면 운영의 30%는 국가 기관에서 지원받고, 50% 이상을 프로젝트에 의존하고, 15% 정도를 개별 후원금으로 유지하고, 5% 정도 법인 지원을 받는다. 국가 지원인 30%와 법인 지원인 5%만 안정적이고, 나머지는 매년 상황에 따라 바뀐다.

안정적인 교육 여건을 확보하기 위하여 앞으로 지역공동체학교는 빈곤 아동에 대한 국가의 제도적인 지원이 확대될 수 있도록 적극적인 활동을 펼치는 것과 더불어 우리 사회 일반의 사회 복지에 대한 인식을 바꿔 나갈 수 있도록 노력할 것이다.

●◦ **김미아** 별명은 이야기보따리. 분당 두껍아두껍아뭐하니 어린이집 조합원, 성남꿈나무학교 교사를 거쳐 현재 해송지역아동센터 대표, 전국 지역아동센터 공부방협의회 이사, 서울 지역아동센터 공부방협의회 대표로 도움이 필요한 어린이와 함께 지내고 있다.

특별한 도움이
필요한 아이들

유아기에 통합을 경험한 아이들은 장애 아동에 대한 거부감이 적고, 자연스럽게 친구로 받아들이는 경우가 많다. 또한 통합교육을 통해서 서로가 이해하는 마음, 배려하는 마음이 생기고, 다른 사람의 특성이나 차이를 쉽게 받아들이게 된다. 이 과정에 아이들은 서로 협력하고 배려하는 공동체를 만들어 가는 과정을 경험한다. ― 송경선·최윤희

우리 아이를 길러낸 것은 공동육아 교사들과 아마들이고, 통합 페다, 치료사 선생님, 친지들과 이웃 모두다. 우리 삶이 순탄치 않다 해도 우리에게는 우리를 돕는 많은 손길이 있고 이 모든 사랑을 받고 우리 아이가 건강하게 자라기에 나는 내일을 기대한다. ― 임현진

영현이를 키우면서 엄마로서 어려움도 많이 느꼈다. 그러나 달리 생각해 보면 영현의 어려움이 아니었으면 얻지 못했을 인간적인 성숙을 경험했다고 생각한다. 아이가 자라는 만큼 엄마인 나도 함께 자랐다. ― 강민영

공동육아의
장애아 통합교육[*]

송경선·최윤희

공동육아는 첫발을 내딛던 1994년부터 성이나 인종, 나이, 장애에 따른 차별 없이 더불어 살아가기 위한 공동체 교육을 지향했고, 2004년 7월 현재 전체 조합 78곳 중 20곳(26%)이 정부의 도움 없이 순수하게 자체의 힘으로 통합교육을 시행하고 있다. 공동육아를 거쳐 간 장애 아동의 가족들은 이곳에서 심리적 지지와 안정을 되찾았고, 장애 아동과 일반 아동이 서로 돕고 배려하는 마음을 키우며 자랄 수 있었다.

통합교육이란

통합교육은 장애 아동과 일반 아동이 함께 공부하고 생활하며 배우는 것을 가리킨다. 장애 아동도 일반 아동과 마찬가지로 부모나 교사의 애정

---

* 이 글에서 장애 아동의 이름은 모두 가명이다.

과 사랑, 균형 있는 식사, 적절한 자극을 받을 수 있는 환경, 또래와의 상호 작용, 의사소통에 대한 욕구가 있다. 그들도 밝고 온순한 아이, 에너지가 넘치는 아이, 친구들을 좋아하고 어울려 놀기를 좋아하는 아이 등 다양하고, 나름의 강점이나 약점, 독특한 개성이 있다. 통합교육은 장애 여부와 관계없이 서로 다른 아이들이 어울려 서로에게서 배우는 과정이다. 일반 아동들은 장애 아동과 함께 생활하고 교육 활동을 함으로써 장애 아동에 대한 편견을 갖지 않게 되고, 이해하고 배려하는 마음을 배울 수 있다(이소현, 2003). 또한 장애 아동들은 긍정적인 자아 개념과 나이에 적절한 행동을 배울 수 있게 되며, 일반 아동과 상호 작용을 하면서 사회적 능력을 형성할 수 있게 된다.

통합교육의 기본 개념은 '정상화 원리'(normalization)다. 즉 "모든 개인은 비록 최중도 장애를 가졌다 할지라도 정상에 가까운 교육, 문화 환경에서 생활해야" 하며, 최소 제한 환경(least restrictive environment)에 놓여 있어야 한다는 것이다. 최소 제한 환경이란 미국의 법적 용어로 "학교는 장애 학생을 위해 적절하다고 판단되는 한 최대한으로 장애가 없는 학생들과 함께, 통합 상황에서 교육해야 한다"는 규정이다(Hallahan & Kauffman, 2003). 통합교육의 목표는 장애 아동이 정상 환경에서 필요한 기술을 배우고, 자립적이고 가치 있는 삶을 준비하게 하는 것이다. 그러기 위해서는 궁극적으로 장애 아동들이 독립적인 인격체로서 그들이 살아가야 할 통합된 환경에 배치되는 것이 필요하다. 그리고 통합 환경에서 다른 사람들과 어울려 최대한 자립적으로 살아가는 방법, 의미 있게 선택하는 방법 등을 배워야 한다.

공동육아에서 장애아 통합은 서로 다르더라도 더불어 살아가는 능력을 배운다는 점에서 중요한 의미를 갖는다. 통합교육은 서로 다르다는 것 때문에 편견을 갖거나 차별 받지 않는 것, 서로 다름을 인정하고 조화를 이루며 사는 것을 일상과 삶 속에서 배우고 실천하기 위한 공동육아 교육 과정의 하나다(공동육아와 공동체교육 홈페이지, 2004).

공동육아 통합교육의 역사와 현황

공동육아 협동조합의 통합교육은 공동육아의 출발인 1994년 신촌 지역 우리어린이집이 출범하면서 시작했다. '성, 인종, 장애에 관계없이 평등한 세상'을 꿈꾸는 사람들이 모여 시작한 공동육아였던 만큼 당시 통합교육에 대한 열의는 매우 높았다. 조합원 교육과 교사의 준비를 거쳐 두 명의 장애 아동이 통합되었고, 1997년에는 부천 지역 산어린이집이 개원하면서 통합 어린이집은 두 곳으로 늘어났다. 그후 2002년에는 23개소(전체 어린이집 60개소), 2004년 현재 20개소(전체 어린이집 78개소)로 늘어나 전체의 26%를 차지했다.

2004년 보건복지부 보육 통계를 보면 우리나라 일반 어린이집(24,142개소) 중에서 장애 아동 통합 어린이집(장애 아동 3명 이상)은 199개소에 불과하다. 통합교육의 당위성에도 불구하고 통합 어린이집의 비율(0.82%)은 극히 미미한 실정이다.

일반 어린이집의 경우 구할 수 있는 통계가 세 명 이상의 장애 아동이 있는 통합 어린이집의 숫자라서 한 명 이상의 장애 아동이 있는 공동육아 어린이집 수와 단순 비교할 수는 없다. 그러나 이 점을 감안하여 살펴보더라도 공동육아가 일반 어린이집보다 장애 아동 통합교육 참여율이 훨씬 높고, 호의적이고, 열의가 있음을 알 수 있다.

통합교육의 기본 원칙

공동육아가 통합교육을 시작하면서 표명한 기본 원칙은 다음과 같다.

첫째, 장애 아동은 정원의 10% 내외로 한다. 그 이유는 인구 분포학적으로 전체 국민의 10% (UN의 통계)가 장애인이기 때문에 가장 자연스러운 구성 비율을 정하는 것이 바람직하다.

둘째, 장애 정도나 유형을 기준으로 통합 여부를 판단하지 않는다. 장애 정도나 유형으로 어린이집 입소를 결정하는 것은 또 다른 차별일 수 있으며, 심한 장애를 가진 아이에게 아동들은 더 우호적인 경우도 있다 (공동육아와 공동체교육, 2002).

셋째, 장애 아동을 통합하는 데 드는 비용은 사회적 비용으로 간주한다. 따라서 통합 비용을 장애 아동 부모에게 전적으로 부담시키지 않는다. 각 조합의 상황에 따라 다르기는 하나 조합과 장애 아동 부모가 일정 비율씩 분담하거나, 조합원 전체가 공동으로 부담한다.

넷째, 장애 아동의 이동과 접근을 보장하기 위해 기본적인 편의 시설을 갖춘다. 공동육아 초창기에 우리어린이집은 지체 장애 아동을 위해 계단 옆에 나무로 만든 경사로를 설치하고, 계단의 손잡이를 만들고, 방의 턱을 없애는 작업을 해 왔다. 이러한 편의 시설은 장애 아동뿐만 아니라 다른 모든 아동들에게 편리하고 안전한 환경이다.

통합의 가치관에 대한 공유 과정

장애 아동의 통합을 위해 공동육아 어린이집은 여러 가지 노력을 기울인다. 공동육아는 열린 공동체를 지향하고, 모든 조합원의 참여와 민주적 의사 결정 과정을 중시하기 때문에(공동육아와 공동체교육, 2001) 통합에 대해서도 다양한 논의 절차를 거친다. 먼저 정관에 장애 아동 통합을 명시하고, 조합원 교육, 교사들의 재교육, 교사와 조합원 합동 공부 모임 등을 통해 통합교육의 인식을 공유한다. 조합 내에 특수 교사 출신이 있는 경우에 이러한 준비는 더욱 활성화된다(부천 산어린이집, 노원 통통어린이집의 사례). 일반 어린이집이 원장의 철학이나 방침에만 의거해 통합교육을 결정하는 것과는 달리 공동육아는 모든 성원의 동의와 협조를 구하는 과정을 거친다. 때로는 이러한 복잡한 논의 구조 때문에 장애 아동의 입소가 지연되거나 준비 부족을 이유로 포기하는 사례도 생기지만, 한편으로 공동체 전체가 장애 아동의 통합을 지지하는 관계망으로 자리 매김하는 동력이 된다.

정관에 통합교육을 명시하고 있고, 통합교육에 관한 조합원 교육은 년 1회 이상 한다. 통합교육을 실천하는 데 있어 어떤 장애 유형이 공동육아 교육에 적합한가 하는 고민은 장애를 제한하게 된다. 그러므로 모든 장애 유형을 열어 놓되, 교사회가 감당할 수 있는가 하는 점은 현실적으로 중요한 지점이다. 실제로 아이들과 생활하는 사람은 교사들이므로 조합에서는 어떤 지원을 할 수 있는지 연구해 보아야 한다. 아이만 맞이하는 것이 아니라, 조합원도 맞이하는 것이므로 그 부모의 아픈 마음을 함께 공감해 주고 나누려는 노력이 필요하다. 장애 아동이 들어오면 교사 대 아동의 비율을 낮춰야 하고, 아이들을 적게 받으면 수입 문제가 발생하게 되는데, 다른 조합원이 그 비용을 감당할 수 있는지 서로 의견을 모은다. 또한 장애 아동이 다른 아동에게도 환경이 되기 때문에 부모들은 어떤 아이가 들어오는지 사전에 이야기를 듣고, 받아들일 준비를 하게 된다. 교사회, 이사회, 방모임이 논의 단위이다. 일단 아이가 들어오면 장애 아동 부모의 심리적 지원을 위한 통합부모모임(특수교사 출신 조합원 중심)이 가동된다. 교사들은 수시로 장애 아동의 적응과 발생하는 문제들에 대해 토론을 하며, 통합교육에 관한 외부 재교육에도 참여한다.
— 부천 산어린이집 원장 인터뷰(2004)

통합은 당연한 것으로 받아들인다. 통합교육에 관한 전체 조합원 교육은 평균 년 1회 한다. 통합된 장애 아동과 관련한 갈등이 있을 때는 교사회 주관 하에 수시로 소그룹의 조합원을 만나 설득과 토론을 거친다. 이 과정을 거치면 훨씬 분위기가 나아진다. 통합 때문에 교사 대 아동 비율을 낮추진 않았으나, 장애 아동을 맡은 교사는 전체 교사들이 심리적으로 많이 지지해 준다. 원장이 시간 날 때마다 도와줬는데, 비정기적인 측면이 있어 반일제 교사를 6개월 채용한 적도 있다.

— 평택 느티나무어린이집 원장 인터뷰(2004)

통합 지원을 위한 교사 체계

현재 공동육아 내 통합 어린이집에서 장애 아동을 책임지고 있는 교사는 대부분 일반 교사다. 일반 교사들에 대한 지원은 법인 차원에서 제공되는 장애 아동 통합교육을 주제로 한 교사 교육과 '장애아 통합교육 현장교육지원전문가'의 현장 지원이 있다. 교사 교육으로는 신입 교사 교육인 '현장학교'에서 실시하는 1~2회의 통합교육에 대한 기초 교육과 심화 교육이 있다. '장애아 통합교육 현장교육지원전문가'(이하 '통합 페다')란 장애 아동과 통합교육에 대한 전문적인 지식과 경험을 갖춘 전문가를 일컫는데, 주로 장애 아동에 대한 교육, 교사 교육, 부모 상담 등 장애 아동의 통합과 관련된 전반적인 일을 지원, 지도하는 역할을 한다. 일부 어린이집에서는 어린이집 내 통합 전담 교사를 두는 방안을 모색하고 있으나 정부의 지원 없는 열악한 재정 여건과 통합 교사의 수급이 원활치 못하여 어려움을 겪고 있다.

한편 공동육아에서 장애 아동의 교육은 담임교사만의 책임이 아니라 전체 교사의 책임으로 인식된다. 대표 교사와 다른 방 교사가 장애 아동 담임교사를 적극적으로 지지하고, 주 1회의 교사회를 통해 장애 아동의 상황을 함께 나누고 대처 방안에 대해서도 함께 논의한다. 장애 아동을 맡은 교사의 방 아동 수를 줄이거나, 전체 교사들이 역할을 나누거나, 때때로 원장이나 대표 교사가 도움을 주는 방법으로 어려움을 헤쳐 나가고 있다.

공동육아 교사들은 '날적이'로 부모들과 의사소통을 하고 있는데, 여기에는 아동의 건강, 하루 일과, 또래 관계 등 아동의 성장과 관련된 다양한 내용이 거의 매일 기록된다. 장애 아동의 부모들은 날적이 이외에도 등·하원 시간, 방 모임, 개별 상담 등 다양한 채널로 교사들과 일상적으로 의사소통을 하고 있어 이를 통해 교사와 부모 간의 긴밀한 협력이 이루어진다.

공동육아 교육 과정 속에서 통합교육

공동육아의 교육 과정은 생태 교육, 생활 교육, 공동체 교육, 전통문화 교육으로 이루어지며, 구체적인 활동으로는 나들이, 하루 일과에 걸친 생활 교육, 미술, 음악, 신체 활동을 포함한 다양한 표현 활동, 모둠으로 볼수 있다(공동육아와 공동체교육, 2001). 이러한 교육 과정에서 장애 아동의 통합교육이 어떻게 이루어졌는지 살펴보겠다.

나들이

공동육아에서 오전 활동은 대부분 나들이로 이루어진다. 나들이는 자연과의 교감을 통해서 아동들에게 정서적 안정과 호기심을 불러일으키며, 신체를 단련하는 교육 효과를 가진다. 또한 나들이의 확장을 교육 과정에 도입함으로써 다양한 상상력과 지적 학습의 세계를 자극하기도 한다. 이러한 나들이를 통한 야외 활동은 장애 아동들에게도 긍정적인 영향을 미친다. 산어린이집의 이말순 원장은 "아이를 둘러싼 인적 환경 못지않게 큰 역할을 해 준 것은 산어린이집이 보유한 자연환경이다. 거의 매일 산으로 나들이를 다니면서 몸을 충분히 움직여 줌으로써 치료적 운동 효과와 숲이 주는 정서적 안정감을 통해 서서히 자신감과 자존감을 회복하는 것을 보면 알 수 있다"(산어린이집, 2003)고 말하고 있다. 나들이는 그 자체로도 장애 아동에게 신체 발달의 효과를 가져오지만, 나들이를 다니면서 하는 다양한 놀이는 장애 아동의 사회성, 의사소통 기술의 향상에 도움이 된다.

엄마 차를 기가 막히게 잘 찾아내는 영수가 차를 타지 않겠다고 막무가내다. 끄는 대로 따라가 보니 다시 산에 올라가자는 거다. 이렇게 강한 욕구 표현에 다음 일정이고 뭐고 다 접어놓기로 하고 손에 끌려 산길로 접어드는데 영수는 실실 나오는 웃음을 멈추지 못한다. 단숨에 꼭대기인 듯 보이는 데까지 올라갔는데 무슨 부대 전망대인지가 있고 철조망이 쳐 있어 더 이상 오르막길이 아니다. 무작정 앞으로 가겠다는 영수를 달래서 되돌아오는 길에 아까의 공룡바위 비슷한 곳에 온 영수는 한동안 그 바위들 위에 올라가 발성 연습을 한다. 친구들과 공룡바위를 탄 기억을 되살리는 것이 틀림없다. 감기 몸살을 앓고 있는 나는 춥고 지루한데 영수는 아랑곳하지 않고 내려가기를 거부한다. 또 오자고 간신히 달래 내려오는 길 중간 중간 여러 번 다시 올라가자는 영수를 달래야 했다. 이제 다 내려왔구나 안도의 한숨을 쉬는 차에, 영수는 아까 놀고 싶었는데 엄마가 밥 먹으러 가야 한다고 못 놀게 한 의자 세 개를 보더니 삼손의 힘으로 엄마를 의자에 앉힌다. 할 수 없이 나는 여기서 또 20여 분간 떨어야 했다. 가방에 싸들고 다니는 원뿔 모양 초콜릿까지 몇 개 먹고 난 후에야 영수는 관용을 베풀어 산을 내려왔고 차에 올라 행복한 소리를 내며 엄마에게 뽀

뽀 공세다.(중략)

규범, 준택, 승주가 뛰어내린다. 그런데 옹골찬들이 나들이 길에 매번 여기서 멈추어 노는 것을 봤는지, 못 봤는지 그냥 산으로 올라가던 영수가 오늘은 이 도랑으로 뛰어내리려고 한다. 걱정이 된 엄마는 영수의 손을 잡는다. 결국 영수는 뛰어내리는 대신 경사진 곳으로 걸어 내려가고, 도혜도 은별도 이 길을 택한다. 남들은 이게 뭐 대수로운 일이냐고 하겠지만 영수 엄마에게는 큰 의미가 있는 사건이다. 영수가 다른 아이들의 행동을 따라 한다는 것, 모방한다는 것은 중요한 일이다. 행동 모방 후에 언어 모방이 이루어진다고 치료사 선생님은 말씀하셨다.(중략)

들꽃은 알까? 점심 식사 후에 다른 아이들이 낮잠 자는 동안, 영수는 산길 초입에 있는 도랑과 다리가 놓인 도랑, 그리고 송내 약수터 옆의 다리에서 성이 차도록 복습하고 집에 간 줄을.

— 산어린이집 홈페이지

생활 교육

통합교육의 목표가 아동이 사회의 구성원으로서 자립적이고 가치 있는 삶을 사는 것이라고 할 때 신변 처리 기술과 공동체 기초 질서 교육은 매우 중요하다. 공동육아는 하루 일과가 아동의 신체 리듬에 맞게 완만할 뿐만 아니라 가정에서와 같은 편안한 환경에서 보육을 하기 때문에 생활 교육을 하기에 적합한 환경이라고 할 수 있다. 공동육아에서는 대소변 가리기, 자립적인 식사, 양치하기, 손 씻기, 옷 벗고 입기와 같은 신변 처리 기술과 자기 물건 정리하기, 차례 지키기, 인사하기 등 공동체 내의 기본 질서 교육이 하루 일과 중 수시로 일어난다.

호순이는 처음에 오이나 나물 종류의 음식이 나오면 수저나 포크를 던지거나 음식을 던지는 경우도 있었습니다. 그런데 지금은 가끔씩 혼자서 싫어하는 음식을 먹기도 하고, 젓가락을 사용해 음식을 찍어 먹기도 하고 가르기도 합니다. 아이들과 줄을 서서 음식을 뜨는 것을 기다리지 못하고, 울거나 소리 지르고, 심할 경우 밖으로 나가기도 했는데, 지금은 줄을 설 줄도 알고, 다른 아이들에게 수저나 젓가락을 나누어 주기도 합니다. 밥을 더 먹고 싶을 때는 혼자 나가서 스스로 더 떠가기도 합니다.

— 노원 통통어린이집 교사 일지(2004)

장애 아동의 경우 담임교사나 통합 페다의 지원으로 실생활에 필요한 기술을 익히게 된다. 신변 처리 기술은 주로 과제 분석과 같은 방법을 통해 이루어지며, 이는 개별화 교육 계획에 포함되어 진행된다.

표현 활동

공동육아의 표현 활동에는 극 놀이, 미술, 음악, 몸 표현 활동이 있으며, 이는 주로 오후 간식 시간이 지난 후에 소그룹 활동으로 진행된다. 활동을 어려워하거나 잘 참여하지 못하는 아동의 경우 교육 과정 수정의 방법, 즉, 교육 내용이나 교수 자료, 교수 방법 등을 수정하는 방법을 통해 아동을 참여시키는 것이 필요하고, 무엇보다 활동에 참여한 아동들의 개별 성향과 학습 속도, 관심사를 고려해 활동 전체를 개별화하는 노력이 필요하다. 프로젝트 학습은 그룹의 아동들이 다양한 방법으로, 자신에게 적합한 방법으로 참여할 수 있기 때문에 개별화나 협동 학습에 적합한 것으로 알려져 있다. 교육 과정 수정의 적용은 공동육아 내에서도 아직 체계적으로 이루어지진 않고 있으나, 통합교육의 질을 높이기 위해서 앞으로 적극적으로 고민하고 시행해야 할 부분이다. 다음은 공동육아 방과후에서 장애 아동을 위해 교수 자료를 수정한 예다.

모둠에서 아이들이 방석을 만들기로 했다. 각자 원하는 천에 자기가 좋아하는 모양을 그리고, 바느질을 시작했다. 유진이는 바늘에 실을 꿰어 주면 서투르게 바느질을 할 수는 있으나, 옷감이 자꾸 엉키는 바람에 힘들어했다. 교사는 방법을 생각하다가 유진이에게 수틀에 옷감을 끼워 바느질을 하게 했다

　　　　　　　　　　　　　　　　　　　　　　　　— 도토리어린이집 방과후(2000)

　또한 장애 아동의 참여를 촉진하는 방법으로 교사들은 다른 교사의 지원을 받거나, 짝 활동을 통한 또래 협력을 활용하기도 한다.

공동체 교육

　공동육아의 공동체 교육은 다양한 관계 맺기와 소통의 구조를 통해 이루어진다. 어린이집 내의 문화 만들기로 확산되고 있는 공동체 교육의 대표적인 예는 모둠을 들 수 있다. 모둠은 아이들이 어린이집 내에서 부딪치는 다양한 문제들을 풀기 위해 여는 회의를 일컫는 말이다. 모둠을 통해 아이들은 자신의 생각을 표현하는 방법을 배우고, 다른 사람의 이야기에 귀를 기울일 줄 알게 된다. 장애아 통합교육을 이루기 위한 좋은 방법의 하나로 모둠이 적극적으로 활용되고 있는데, 아이들은 이 모둠을 통해 몸이 불편하거나 생각이 다른 친구들을 어떻게 이해하고, 도와주어야 하는지 생각을 모으게 된다. 다음은 공동육아 방과후 1,2학년 아이들이 '장애를 가진 어린이집 동생을 어떻게 도와줄까?'를 주제로 한 모둠 내용이다.

　<u>교사</u>　수연이랑 지낼 때 어떻게 하면 좋은지, 여러분이 도와주면 좋겠어요. 나들이하는 것을 '싫어'하거든요. 여러분 생각은 수연이가 왜 그러는지, 그럴 때 어떻게 하면 좋겠는지 알려 주었으면 해요.

아이 나들이 갈 때 평소에 우리가 안 놀아 주었으니 나들이 가서도 안 놀아 줄 것 같으니까 그냥 혼자 있는 게 좋겠다 해서 안 가는 것 같은데요. 평소에 수연이가 우리랑 다르다고 많이 놀렸으니까 그게 생각나서 안 가는 것 같아요.

아이 맞아. 때리고. 수연이가 이상하게 말한다고.

교사 그러니까 어쩔 수 없다고요?

아이 우리가 동생들과 수연이에 대해서 함께 이야기하는 거야. 수연이가 나들이 안 가서 걱정이라고. 특히 수연이를 많이 때리는 아이들을 수연이와 놀 수 있도록 이야기하는 거야. 수연이도 아이인데. 어린이집 다른 아이들과 똑같은. (중략)

아이 그런데 수연이가 내가 넘 소중한 걸 달라고 하면 어떻게 하지?

아이 수연이가 친구가 없잖아. 이해해 주는 아이도 없고. 그러니까 물건보다 수연이에게 마음을 내서 주는 게 좋겠어. 수연이가 더 소중하니까.

아이 우리가 애들한테 말해야지. 수연이는 태어날 때부터 우리랑 다르게 태어났는데. 그래서 친구들을 만들어 준 거라고. (중략)

교사 우리들이 부탁하는 것은 토실방, 소복방 아이들이 어떻게 하면 수연이와 놀아야겠다고 생각할 수 있는지, 어떻게 해야 그런 마음이 들까? 하는 거예요.

아이 우리가 성훈이한테 이야기해서 수연이랑 놀아 주지 않으면 때려 준다고 하라고 할까?

교사 그게 좋은 방법이라고 생각해요?

아이 그러면 수연이의 쓸쓸함을 걔네들도 느끼게 해야지요.

아이 그러니까 점심 먹고 그 다음 시간이 있잖아요? 그때 수연이의 마음을 한 사람씩 느끼게 해 주는 거야. 만약에 순범이가 오늘 수연이의 마음을 느끼는 날이다 하면 순범이가 다른 아이들하고는 안 놀고 수연이하고만 놀아 보는 거지. 수연이가 얼마나 쓸쓸한 지 알 거 아니야. 그래도 그 마음을 몰라주면 그 아이는 친구 없이 놀아 보는 거지.

228

<u>아이</u> 엄마, 아빠가 밤새도록 일을 하거든. 그래서 쓸쓸해. 그러니까 그게 수연

이랑 똑같아. 그러니까 수연이랑 함께 놀아 주는 방법은, 언니 오빠들이 오후

에 와서 수연이랑 노는 걸 볼 거 아니야. (중략) 얘들이 수연이랑 놀도록 시작

하면 돼. 그렇게 될 때까지 우리가 놀아 주는 거지.

<u>교사</u> 와, 감동적이다. 너희들…

— 느티나무어린이집 방과후 특별위원회(2003)

한편 장애 아동의 부모가 일반 아동에게 장애 아동에 대한 정보나 함

께 지낼 수 있는 방법을 알려 주는 모둠도 통합교육에 많은 도움이 되었

다. 다음은 산어린이집에서 실시했던 모둠의 예다.

영수가 어린이집에서 더 잘 지내기 위해서 아이들의 이해와 협조가 필요하다

는 교사의 말에 아이들과 모둠을 가졌다.

<u>어머니</u> 영수에 대해 뭐를 아는지 아는 것을 말해 볼 사람?

<u>아이 1</u> 영수는 말을 하고 싶은 때도 있고 안 하고 싶은 때도 있어요.

<u>아이 2</u> 영수는 밥을 먹으려고 할 때도 있고 안 먹으려고 할 때도 있어.

<u>아이 3</u> 영수는 열쇠를 좋아해.

<u>아이 4</u> 영수는 엄마랑 붙어 다닐 때도 있고 안 붙어 다닐 때도 있어.

<u>아이 5</u> 영수는 계단 올라 다니는 걸 좋아해.

<u>아이 3</u> 영수는 친구를 안아 줘. 나를 안아 줬어. 그런데 영수가 좀 꽉 안아 줘.

<u>아이들</u> 영수는 모래 놀이를 좋아해, 영수는 물을 엎지를 때도 있고 안 엎지를

때도 있어. 영수는 책상에 올라갈 때도 있고 안 올라갈 때도 있어. 규범이랑 손

잡을 때도 있고 안 잡을 때도 있어.

아이들은 마치 경쟁이라도 하듯 서로 손을 들어 영수에 대해 아는 바를 말했다. 정말 아이들의 눈은 예리하구나 깨닫는다. 영수 엄마는 그중에서 "너희들도 이렇게 할 때가 있지?" 하며 물을 엎지르는 것, 책상에 올라가는 것, 모래 놀이 하는 것 등 다른 아이들에게도 해당될 수 있는 몇 가지는 제외하고 특히 영수에게만 해당되는 항목 세 개를 골라 이야기하겠다고 말한다.

어머니 영수가 열쇠를 들고 다니는 것, 영수는 엄마랑 같이 산집에 오는 것, 영수가 말을 하지 않는 것에 대해 얘기해 볼게. 너희들 엄마랑 더 있고 싶을 때도 있고 산집에 오고 싶을 때도 있지?

아이들 응.

아이 2 우리 엄마는 장난감 가게에 가.

어머니 그런데 엄마가 학교나 회사에 가야 돼서 속상할 때도 있지?

아이들 응.

어머니 영수도 그랬나 봐. 진달래(영수 엄마의 별명)도 전에는 학교에 나갔는데, 영수는 그게 싫었나 봐. 진달래는 그걸 몰랐어. 그래서 영수가 많이많이 속상했나 봐. 그런데 진달래는 영수가 속상해 하는 줄도 모르고 그냥 영수를 집에 두고 학교에 갔거든. 그랬더니 영수가 점점 말을 안 하게 되었어. 그 전에는 말을 했었거든.

아이들 영수도 말을 했었구나~~.

어머니 그래. 그래서 진달래가 의사 선생님한테 가서 어떻게 하면 되느냐고 물어보았더니 영수가 좋은 친구들과 멋지고 착한 형아들과 누나들이 있는 곳에 가서 같이 놀면 된다고 하더라고. 그런데 꼭 엄마가 같이 가야 된다고. 그러면 영수가 다시 말을 하게 된다고 했어. 그래서 진달래가 어디에 가면 제일 마음씨 좋고 잘 놀아 주는 형아들과 누나들이 있는지, 제일 착한 친구들이 있는지 다 알아봤더니, 아 글쎄, 바로 산집이래. 그래서 진달래가 영수를 데리고 산집

230

에 와 보니까 정말로 좋은 친구들과 멋진 형아들, 누나들이 있는 거야. 그런데 의사 선생님이 중요한 한 가지를 더 말씀하셨다.

아이들 뭔데?

어머니 아까 이랑이가 말한 것처럼 영수는 좋아하는 사람의 손을 잡거나 만지거나 그 사람을 안아 주거든. 그건 영수가 좋아한다는 표시거든. 그런데 친구, 형아, 누나들이 영수 손을 이렇게 뿌리치거나 밀면 영수가 너무너무 마음이 아프대. 그러면 영수가 또 속이 상해서 이제 말을 하려고 하다가 다시 말을 안 한대. 이건 아주 중요한 거야. 영수는 아직 말을 하고 싶지 않아서 좋아한다는 표시로 안아 주는 거야. 영수가 밀면 "영수야 밀지 마" 이렇게 말해도 돼. 그러면 영수는 그 말을 알아듣거든. 영수가 열쇠를 들고 다니는 것은, 너희들, 아빠랑 더 같이 있고 싶은데, 아빠는 회사나 학교에 가셔야 할 때도 있지?

아이들 응.

어머니 영수도 그래. 너희는 "아빠, 안녕" 하고 오는데, 영수는 그 대신 아빠 열쇠를 들고 다녀. 그러면 아빠랑 함께 있다는 생각이 드는가 봐.

아이 4 진달래 열쇠는?

어머니 진달래 열쇠는 진달래가 들고 다니지. 영수는 진달래 열쇠는 안 가져.

아이 4 나는 영수가 진달래 열쇠를 들고 다니는 줄 알았지.

어머니 아니야, 영수는 아빠를 엄청 좋아해서 아빠 열쇠를 들고 다녀. 영수가 산집에 오고 나서부터 특히 옹골찬 친구들이 영수를 많이 좋아해서 영수도 좋아지는 것이 많이 있다. 영수가 처음 밥 먹을 때 뭐 먹었더라?

아이들 김, 콩, 닭고기, 두부, 돼지고기, 멸치, 소고기…

아이들의 기억은 정확했다.

어머니 그래. 그런데 너희들이 밥 잘 먹는 걸 보고 영수도 이제 호박, 김치, 감자, 계란, 치즈, 참외도 먹는다. 너희들, 영수가 높이 올라가는 것 봤지?

아이 2 중앙공원에 있는 빨간 거미줄에서?

아이 1 나는 못해.

어머니 영수는 높이 올라가기도 하고 빨리 달리는 것도 잘 한다. 너희들도 잘 하는 것 있지? 가람이도 높이 잘 올라가더라. 지민이는 예쁜 케이크를 잘 만들고. 규진이는 예쁜 꽃바구니를 만들었잖아.

아이 5 나는 초코 케이크를 잘 만들어.

아이 3 우리 아빠는 못 하는 것이 많아.

아이 4 나는 엄마 설거지하는 걸 잘 도와줘.

아이 1 나는 이불을 잘 개.

아이 6 나는 동굴을 잘 만들어.

아이 2 나는 하나도 못 하는데.

영수 엄마는 영수가 장애가 있는 아이라기보다는 여러 아이들이 다 다르듯이 영수도 그렇게 다르다고 말하고 싶었던 것이다.

어머니 규범이는 그림을 잘 그려. 얼마나 잘 그리는데. 이렇게 사람마다 다 잘하고 못하는 게 다른 거야. 너희들이 처음에 말한 것처럼, 영수도 너희가 하는 것을 안 하기도 하고, 너희가 안 하는 것을 하기도 하는데, 또 각자 잘하는 것과 못하는 것이 다 다르니까 괜찮은데, 진달래는 영수가 말은 했으면 좋겠어. 그러기 위해서 진달래가 너희에게 부탁할 게 하나 있어. 무슨 부탁이냐 하면 아까 한번 말했는데 뭘까?

아이들 잘 놀아 주는 것.

아이들 잘 안아 주는 것.

아이들 안아 줄 때 뿌리치지 말 것.

아이들 자전거 타는데 뺏지 말 것.

어머니 그래, 잘 기억하고 있구나.

아이 1 영수가 좋아하는 사람을 안아 줘. 그러면 밀지 말아야 해.

어머니 그래 바로 그거야. 너희들 잘 기억하는구나.

아이 4 그런데 영수는 너무 꼭 안아 줘.

어머니 그래. 영수는 좋아하는 사람을 꼭 안아 주거든. 영수는 특히 예쁜 사람을 좋아해. 그래서 꼭 안아 주는데, 그것이 싫으면 영수야 너무 꼭 안지 마, 영수야 밀지 마, 영수야 하지 마, 이렇게 말을 하면 돼. 영수는 그 말을 알아듣거든. 그런데, 손을 잡았다고 뿌리치거나 안았다고 확 밀지 않았으면 좋겠어. 그게 진달래의 부탁이야.

교사 영수는 잘 안아 주거든. 그러면 되게 좋은 느낌이 들어. 너희 안아 줄 때 기분이 좋아, 안 좋아?

아이들 (모두 합창하듯이) 좋아!!

아이 3 그런데, 전에 산집에 들어오는데, 영수가 "안녕!" 해 줬다.

교사 그래, 안녕도 해 줬어? 영수는 안 보는 것 같아도 다 보고 있다. 그리고 영수가 말을 안 하는 것 같은데도 말을 다 하고 있는 거야. 귀로 듣는 게 아니라 마음으로 들으면 다 들린다. 들꽃(교사의 별명)은 많이 들었어. 좋아요, 안 좋아요, 슬퍼요. 너희도 마음으로 들으려고 해 봐.

사실 영수는 안 보는 것 같은데도 다 본다. 신기하게도. 귀가 아니라 마음으로 들으라는, 가슴을 뭉클하게 하는 들꽃의 말로 영수에 대한 시간을 마쳤다.

— 산어린이집 홈페이지

놀이

공동육아 어린이집은 아이들의 놀이를 중요시한다. 전래 놀이를 비롯한 다양한 놀이를 계획해서 하고, 아동들의 자유 놀이 시간도 상대적으로 많은 편이다. 놀이를 통해 아이들은 또래와 적절히 상호 작용하고, 규칙을 만들어 내고, 자기의 생각과 행동을 조절하는 것을 배우게 된다.

하지만 장애 아동은 또래들의 단체 놀이에 참여하거나 또래들을 자원으로 활용하는 능력의 부족, 상호적인 우정을 발전시키고, 유지하는 능력의 부족, 사회적인 교환에 필요한 일상적인 과정의 사용 능력이 부족해 사회적 능력의 발달이 더딘 것으로 알려져 있다(이소현 역, 2003). 따라서 장애 아동을 특별한 중재 없이 방치했을 경우 놀이에 참여하지 못하거나 또래 관계에 부정적인 영향을 미치는 사례가 생기게 된다.

통합교육을 실시하면서 가장 역점을 두는 부분이 사회성 발달과 또래 관계인데, 이를 위한 가장 효과적인 방법이 놀이를 활용하는 것이다. 장애 아동과 일반 아동이 함께 하는 놀이를 선정할 때는 첫째, 장애 아동의 장점이나 특성을 고려하고 있는가? 둘째, 재미가 있는가? 셋째, 협력이나 상호 작용을 촉진하는가? 넷째, 나이에 적절한가? 등을 고려한다. 구체적인 방법으로 기존 놀이를 활용하거나 놀이 규칙, 자료, 인원 수 등을 수정하는 방법을 사용하며, 신체 접촉을 많이 하는 애정 표현 활동이나 우연성에 기초한 놀이(예: 윷놀이, 주사위 놀이), 남녀노소를 불문하고 함께 즐겼던 전래 놀이도 장애 아동과의 통합 놀이로 활용하기 적당하다. 235쪽 표는 1998년 신촌 우리어린이집에서 실행한 규칙을 수정한 통합 놀이의 예다.

공동육아 통합교육의 실제

통합 페다를 중심으로 한 통합교육 지원

공동육아 어린이집에서 통합교육을 하기 위해서는 사전에 많은 논의

수정된 통합 놀이의 예

일과	대상 아동 행동	어린이집 교사	통합 교사	또래 아동과 상호 작용
집단놀이 (합정 공원)	〈편 나누기-대문놀이〉 -기차를 잘 만들어서 뛰어다님. -○○가 선두가 되어서 대문 놀이를 함. 방향을 잘 몰라서 처음에는 다른 곳으로 갔으나 이후에는 잘함. 〈줄다리기〉 -넘어지지 않고, 앞의 사람 잡아당김.	교사가 방향 제시해 줌. ○○가 뒤에서 넘어질까봐 지켜봄.	전체놀이 지도 엎드렸을 때, 높이가 높을 때 낮춰 줘라고 상냥하게 말하라고 함.	○○가 선두를 해서 좀 멀리 돌아가도 놀이는 계속 진행됨(이후 에도 이의 제기 안 함)
왕대포 놀이	〈왕대포〉 -여러 가지 방법으로 시도했으나 잘 못 넘음. -엉덩이를 미는 것은 약하게 할 수 있었음. -○○가 술래를 여러 번 함		여러 가지 방법으로 넘게 함. 다리를 잡고 넘게 해 줌.	○○가 넘을 때까지 기다려 줌.

* 다른 아이들도 자기가 넘을 수 있는 방법으로 넘었으므로 ○○가 한 방법이 눈에 띄지는 않음. 해민이처럼 작은 여아들도 잘 못 넘어서 수정함.
* 줄에서 한 번 정도 이탈했으나, 도움 없이 놀이에 계속 참여함. 균형을 잘 못 잡아서, 경험이 없어서 잘 못 넘음.

출처: 우리어린이집 교육 일지(1998)

와 준비가 필요하다. 장애 아동 부모와 교사가 상담을 통해 장애 아동의 특성과 가족의 바람, 터전의 상황과 현실적 여건, 이후에 추구하려는 내용을 공유하고, 터전과 장애 아동의 가족 간의 연계성과 협력을 확실하게 명시한다. 또한 이후의 장애 아동에 대한 교육 내용은 터전의 상황과 여건, 장애 아동의 변화를 반영하여 적절하게 수정해 나간다.

상담이 끝나면 장애 아동의 통합교육을 위한 터전의 사회적, 물리적 환경을 점검하고 준비하는 과정을 거친다. 사회적 환경이란 장애 아동을 대하는 터전의 조합원들과 일반 아동들의 생각, 행동, 태도를 의미한다. 이를 위해 장애 아동에 대한 지식과 이해를 돕기 위한 사전 교육과 모둠 등을 가질 수도 있다.

터전의 물리적 환경에도 신경을 써야 하는데, 장애 아동, 일반 아동, 교사 모두에게 안전하고 적절한 기능을 구비한 환경을 구성하도록 한다. 장애 아동을 위한 터전 환경을 구성할 때 유의할 것은 장애 아동의 독립성을 돕고 촉진할 수 있는 공간을 구성하도록 하며 교사의 눈길이 모든 곳에 미칠 수 있도록 배려하는 것이다. 무엇보다 중요한 것은 교사들의 개방적인 태도이며, 장애 아동의 통합교육에 대한 올바른 태도가 정립될 수 있도록 교사 재교육과 전문성 강화에 노력을 기울여야 한다.

장애 아동을 위한 개별 학습 프로그램 및 장애 아동과 일반 아동의 통합 프로그램은 장애 아동에 대한 개별적인 정보와 터전에서 관찰한 결과 및 평가 내용을 이용하여 계획하며, 이때「공동육아와 공동체교육」에서 지원하는 통합 페다의 도움을 받을 수 있다. 1994년 신촌 우리어린이집 개원 당시부터 통합 페다 역할을 하는 전문가가 있었으나 지속적인 지원이 이루어지지 못했다. 2004년에는 두 명의 통합 페다가 다섯 개 어린이집에 현장 교육 지원을 하고 있다. 통합 페다의 역할을 교사 지원, 가족 지원, 아동 지원으로 나누어 살펴보기로 한다.

• 교사 지원

장애 아동의 교육은 아동 개인과 그 담임교사만의 문제가 아니라 어린이집 교사 전체의 책임이며 역할이다. 일반 교사들은 특수 교육 분야의 최신 지식이 필요하며, 이를 기반으로 각각의 특별한 아동에게 특별한 지식을 적용할 수 있어야 한다(Allen, 1992).

통합 페다는 어린이집 교사들이 장애 아동만이 아니라 모든 유아들을

교사 재교육의 예

일정	교육 내용	교재 및 자료
3/5	① 아동 관찰 및 교사 협의 ② 지원 계획 수립	
3/12	① 장애 유아의 통합교육 ② 아동 관찰/검사/상담	『유아특수교육』(498-526쪽)
3/19	① 유아 발달의 이해 ② 아동 관찰/검사/상담	① 『유아특수교육』(60-96쪽) ② 개별아동기록서
3/26	① 발달 장애의 이해 ① 발달 장애의 원인 및 예방	① 『유아특수교육』(100-146쪽) ② 『유아특수교육』(154-179쪽)
4/2	① 긍정적 행동지원 ② 문제 행동의 관찰 ③ 문제 행동의 분석	① 『유아특수교육』(338-344쪽) ② 그동안 모아 온 관찰 및 평가 자료
4/9	① 개별화 교육 프로그램 ② IEP 계획서 작성	『유아특수교육』(276-310쪽)
4/16	개별화교육을 위한 모임	
4/23	① 장애 유아 교수 방법 ② 통합 환경의 교육 과정 및 교수 방법	① 『유아특수교육』(428-449쪽) ② 『유아특수교육』(570-594쪽)
4/30	장애 유아의 사회적 통합	『유아특수교육』(538-560쪽)

*위의 내용을 기본으로 지원 기간에 따라 교육내용은 달라질 수 있다.

개별적으로 바라보고, 각 아동의 장점과 능력에 맞는 교육을 할 수 있는 유능한 교사가 될 수 있도록 지원한다. 일반 유아의 발달 및 발달 장애 유아의 특성을 이해하고 각 아동을 세심하게 관찰하고 평가함으로써, 아동의 능력과 특성에 맞는 개별화 교육 계획을 수립하고 지속적인 평가를 통해 장애 아동의 적응과 발달을 돕는다. 이를 위해 교사들을 위한 재교육을 하는데, 주로 통합교육의 개념, 장애별 특성, 교수 방법 등에 대한 공부를 현장 상황에 맞도록 융통성 있게 진행하고, 해당 장애 아동의 관찰

관련 서비스 전문가의 협력을 요청하는 편지의 예

안녕하세요?

저는 ○○가 다니는 ● ● 어린이집의 통합지원교사 ◇ ◇ ◇ 라고 합니다. 아이들은 저를 파랑새라고 부르지요!

○○엄마를 통해서 들으셨겠지만 공동육아 어린이집은 아이들을 좀 더 자유롭게 키우려고 합니다. 선생님들도 장애 아이들을 특별하기보다는 좀 더 개성이 강한 아이로 이해하려고 하시지요.

저는 특수교사로 어린이집 교사들이 우리 아이들을 좀 더 잘 도와줄 수 있도록 선생님들을 지원하는 일을 주로 합니다. 그래서 제가 지금 ○○ 담임선생님과 다른 선생님들과 ○○에 대해 많은 이야기를 나누고 있고, 관찰과 평가를 하면서 지금보다 좀 더 체계적으로 가르칠 수 있는 교육 계획과 방법을 함께 공부하고 있는데요… 선생님의 도움이 필요합니다.

언어치료 선생님이 ○○를 어떻게 보고 계신지, 또 지금까지 ○○가 선생님과 어떤 공부들을 해 왔는지 알면 저희가 ○○를 파악하는 데 훨씬 도움이 될 것 같습니다. 그리고 ○○에 대한 평가 내용이나 치료 내용, 앞으로의 계획에 대해 좀 알려 주시면 저희도 선생님의 계획에 맞춰 ○○가 어린이집 친구들과 더 잘 어울리고 즐겁게 생활하도록 도와줄 수 있을 것 같습니다.

초면에 너무 어려운 부탁을 드린 건 아닌지 모르겠습니다. 가능하다면 서로 얼굴을 보면서 직접 이야기를 나누는 것이 훨씬 좋을 텐데… 여러 여건상 어려움이 있네요. 양해해 주시리라 생각합니다. 항상 평안하세요!!

혹 제게도 하실 말씀이 있으시면 언제든지 연락 주세요.

제 연락처는 000-000-0000이구요, 메일로 연락하셔도 됩니다.

○○의 ● ● 어린이집은 000-000-0000이구요. 담임교사는 @@@입니다.

혹 평상시 ○○에 대한 이야기를 나누고 싶으실 땐 담임교사를 찾으시면 됩니다.

2004년 11월 12일

공동육아 통합지원교사 ○ ○ ○ 드림

및 분석, 현행 수준 파악, 장단기 교수 목표와 방법 등의 개별화 교육 계획을 작성할 수 있도록 지원한다.

장애 아동을 위한 프로그램은 각 유아의 장애를 가장 잘 아는 팀 구성원 — 특수교사, 의사소통 전문가, 작업치료사, 물리치료사, 건강과 영양 전문가, 가족 등 — 간의 협력적인 지원이 병행되어야 한다. 따라서 장애 아동이 어린이집 외에 특수 교육 관련 서비스(언어 치료, 물리 치료, 놀이 치료 등)를 받는 경우 치료 기관의 전문가와 담임교사가 협력할 수 있도록 돕는다.

238쪽과 같은 편지나 전화 연락을 통해 어린이집과 치료 기관 간의 유기적인 관계를 맺도록 돕고, 필요한 경우 서로 왕래하도록 주선할 수 있다. 일단 이러한 과정이 포함되면 교사들은 터전의 매일의 활동에서 기본적인 발달적 교육 과정에 장애 아동의 치료적 활동을 조정하는 데 어려움이 줄어들 것이며 어려움이 발생할 때마다 가족과 전문가와 지속적인 자문이나 상담, 협의를 함으로써 도움을 받을 수 있을 것이다.

- 가족 지원

발달 장애 아동을 교육할 때 부모들과 효과적으로 의사소통하는 것은 특히 중요하다. 장애 아동을 돌보기 위한 재정적 어려움과 빈번히 일어나는 위급 상황, 매일매일 지속되는 스트레스 때문에 부모들은 특별한 이해와 도움이 필요하다(이소현, 2003). 교사들은 어린이집과 가정의 원활한 의사소통을 통해 도움을 얻게 된다. 부모들은 자기 자녀가 무엇을 할 수 있고, 아이를 잘 키우기 위해 효과적인 방법은 무엇인지, 그리고 어떻게 하면 아이가 행복하고 즐겁게 생활할 수 있는지를 교사들과 공유할 수 있다.

장애 아동과 그 가족들의 개별적인 필요나 요구에 대응하기 위해서는 아동에게만 초점을 두는 것이 아니라, 아동을 그 아동이 속한 독특한 가

족 단위의 한 부분으로 바라보고, 모든 교육 과정 결정에 부모가 함께 참
여하며, 장애 아동의 가족도 아동과 같이 해결해야 할 문제점이 있으며
다양한 형태의 도움이 필요하다(이소현, 2003)는 관점이 필요하다. 이러한
목적을 달성하기 위해서는 장애 아동에 대한 직접적인 교육 책임을 맡
고 있는 교사와 부모가 협력할 수 있는 방법을 제시하고, 아동에게 필요
한 활동에 가족이 참여할 수 있는 방법을 제공하며, 장기적 안목에서 교
육에 영향을 미치는 사회적, 행정적, 법적 활동에 대한 정보 지원이 필요
하다.

현재 지원되고 있는 내용은 다음과 같다.

① 일반 조합원 교육 및 상담

② 장애아 가족 상담

③ 교사와 부모 모임, 개별화 교육 계획 회의 중재(이 책 257~272쪽에 나
오는 「온별이의 개별화 교육」 참고)

④ 장애아 가족 캠프

⑤ 아동의 교육에 대한 다양한 정보 제공

⑥ 장애 아동의 사회적 통합을 위한 교사와 일반 아동 지원

• 아동 지원

장애 아동이 어린이집의 매일의 활동 속에서 개별적인 요구와 능력에
맞는 교육을 받을 수 있도록 개별화 교육 계획을 작성하고 교사가 실제
적용할 수 있는 방법과 전략을 교육한다. 한편 장애에 대한 이해 활동으
로 장애 체험이나 토론 등의 반편견 교육을 실시하고, 장애 아동이 하루
일과에 의미 있게 참여할 수 있도록 돕는다(241쪽 참조).

아동 지원의 내용

일정	지원 내용
3/5	아동 관찰
3/12	모둠: 나와 다른 친구에 대한 이야기 나누기(반편견 교육) 나들이: ○○방 나들이 지원 식사 시간: 아동 ○○ 식사 지도 오후: ○○방 오후 활동 지원(장애 아동의 참여를 위한 활동 지원)
3/19	모둠: 나와 다른 친구에 대한 이야기 나누기(반편견 교육) 나들이: ○○방 나들이 지원 식사 시간: 아동 ○○ 식사 지도 오후: ○○방 오후 활동 지원(장애 아동의 참여를 위한 활동 지원)
3/26	모둠: 나와 다른 친구에 대한 역할 놀이(반편견 교육) 나들이: ○○방 나들이 지원 식사 시간: 아동 ○○ 식사 지도 오후: ○○방 오후 활동 지원(장애 아동의 참여를 위한 활동 지원)
4/2	모둠: 나와 다른 친구에 대한 역할 놀이(반편견 교육) 나들이: ○○방 나들이 지원 식사 시간: 아동 ○○ 식사 지도 오후: ○○방 오후 활동 지원(장애 아동의 참여를 위한 활동 지원)
4/9	모둠: 동화책 읽기(반편견 교육) 나들이: ○○방 나들이 지원 식사 시간: 아동 ○○ 식사 지도 오후: ○○방 오후 활동 지원(장애 아동의 참여를 위한 활동 지원)
4/16	모둠: 동화책 읽기(반편견 교육) 나들이: ○○방 나들이 지원 식사 시간: 아동 ○○ 식사 지도 오후: ○○방 오후 활동 지원(장애 아동의 참여를 위한 활동 지원)
4/23	모둠: 나와 다른 친구에 대한 체험 활동(반편견 교육) 나들이: ○○방 나들이 지원 식사 시간: 아동 ○○ 식사 지도 오후: ○○방 오후 활동 지원(장애 아동의 참여를 위한 활동 지원)
4/30	모둠: 다르지만 같기도 한 내 친구(반편견 교육) 나들이: ○○방 나들이 지원 식사 시간: 아동 ○○ 식사 지도 오후: ○○방 오후 활동 지원(장애 아동의 참여를 위한 활동 지원)

* 위의 내용은 교사회와 협의하여 어린이집의 현재 상황에서 가장 필요한 직접적인 지원으로 구성한다.

장애아 교육 기관과 연계한 부분 통합

공동육아 어린이집과 장애 아동 기관이 연계해 부분 통합을 시도한 경우도 있었다. 2002년부터 과천 열리는어린이집, 과천 어깨동무어린이집, 의정부 꿈틀꿈틀어린이집, 관악 붕붕어린이집, 인천 힘찬어린이집(장애아 공동육아) 등에서 부분 통합을 시도해 왔다. 대부분 월 1회, 혹은 주 1회 나들이를 통합으로 갔으며, 체육 활동과 같은 특별 활동을 함께하는 경우도 있었다(공동육아와 공동체교육, 2002). 교사들 간에 기관의 특성, 아동 특성에 관한 사전 정보가 교환되고, 함께할 수 있는 게임 등을 준비해 아동들의 통합을 도왔다. 다음은 열리는어린이집의 부분 통합 사례다.

(중략) 나들이가 반복되자 조금씩 각자의 놀이에 몰두하던 아이들이 서로 관심을 보이기 시작했다. 복지관 친구들 가운데는 어린이집 아이들이 노는 모습을 따라해 보기도 하고, 즐거운 표정을 지어 보이기도 했다. 우리 아이들도 관심을 보이기 시작했는데, "왜 말이 없냐?", "옆에서 물어보아도 왜 대답을 안 하느냐?"고 물어 왔다. "저 친구들은 조금 아픈 친구들이라서 그래", "그래서 나들이 갈 때 손을 좀 잡아 줬으면 좋겠어", "나들이 다니는 게 힘들 거야"라고 얘기해 주면 금방 이해했다. (중략)

친구보다는 어린 동생들로 보이는지(실제로 어린이집의 3~4세방과 차이가 없어 보인다) 도와주겠다는 자세로 나섰다. 그래서 한 명씩 '수호천사'를 정하고 1년 동안 짝을 해 주었다. 나들이 길에 손도 잡아 주고, 이름도 불러 주고 간식도 챙겨 주면서 서로의 다름을 이해하고 자연스런 관계를 배우고 있다.(중략)

(복지관 선생님은) 아이들이 자연을 접하고, 자연 속에서 움직이며 비장애 아동들과 어울리는 기회를 가지면서 몸과 마음이 모두 건강해졌다고 한다. 자연스럽게 주변의 또래와 접촉이 가능해졌고, 친구와 손을 잡고 걸어갈 수 있게 되었다고 한다. 그리고 무엇보다 바깥나들이에 대한 자신감과 비장애인들

과 함께할 수 있다는 자신감을 얻은 것이 가장 큰 소득이었다고 한다. (중략)

아이들은 장애 아동에게 특별함이 아닌, 자연스러움으로 다가가고, 그들과 섞여 노는 데 어떤 준비가 필요하지는 않았다. 오히려 어른들의 지나친 우려와 편견이 방해가 될 뿐이었다. 복지관 선생님들과 함께하면서 교사들은 장애 아동에 대한 이해의 폭을 조금이나마 넓힐 수 있었고, 통합교육에 관한 자극과 함께 관심을 좀 더 기울이게 되었고, 관련 재교육에도 더 열심히 참여하게 되었다.

— 2002년 공동육아와 공동체교육 심포지엄

장애아 공동육아 - 힘찬어린이집의 사례

장애아 공동육아는 장애 아동을 가진 부모들이 중심이 되어 아이를 함께 키운다는 취지 하에 공동육아 협동조합을 설립한 경우다. 한 부모가 자신의 집을 어린이집으로 대여하고, 2002년에 장애 아동 6명과 일반 형제 3명으로 어린이집을 시작했다. 초기에는 바깥 기관에서 특수 교육을 받고, 오후에 품앗이 교육을 하는 형태로 진행되다가 2002년 하반기부터 근처의 공동육아 어린이집과 부분 통합을 시도했다. 현재는 장애 아동 방과후 교실을 꾸려 풍물, 춤 치료 등 다양한 교육을 시도하고 있으며, 지역 사회와도 적극 연계하여 재정 지원, 자원 봉사자 유치 등 적극적인 도움을 받고 있다. 장애아 공동육아를 통해 부모들은 장애 아동뿐만 아니라 형제, 부모들도 심리적 지지를 받고 있다고 말한다.

우리 아이들의 미래가 늘 그랬지요. 희뿌연 안개처럼 알 수 없어서 불안한. (중략) 혼자 울면서 지낸 시간도 많았어요. 하지만 이젠 혼자 울 필요가 없지요. 아이들을 위해 뭔가 하고 있고, 같이 할 사람들이 있으니까요.

— 힘찬어린이집 소식지 창간호(2004)

(중략) 처음에는 일반 형제들끼리도 어색해하는 모습이었으나 이제는 서로 형, 동생하며 어울리게 되었습니다. 수업이 끝난 뒤 간식 시간, 그 중간 중간 장애 아동과 일반 아동들이 만나게 되면서, 내 형제도 장애 아동인데 다른 형제도 장애 아동이구나 하는 안도감, 거기서 오는 친밀감, 일체감을 느끼는 것 같았습니다.

또한 여기 중간 중간 부모들이 함께 어우러져 내 아이, 다른 집 아이 구별 없이 벽을 허물고 '우리'가 되는 모습을 보면서, 참으로 이것이 공동체구나 하는 생각이 듭니다.

(중략) 그리고 무엇보다 힘찬어린이집 아이들이 해맑은어린이집 아이들과 만나는 시간을 기다리고 즐거워했습니다. 예를 들면, 로켓방 아이들과 계양산에서 낙엽을 던지며 놀고 뒹굴었던 날이 있었는데, 힘찬끼리 나들이 갔을 때에도 낙엽을 던지며 도망치는 모습이 아주 자연스럽게 나오는 모습을 보며 작은 실마리를 보는 모습이었습니다. 그런 순간순간의 모습들에서 우리의 노력이 헛되지 않았구나 하는 생각이 들었습니다. 해맑은 로켓방의 아이들의 경우, 처음에는 약간의 호기심, 그 다음에는 무심함, 또 어떤 아이는 손조차 잡기 싫어했다고 하더군요. 하지만 요새 해맑은의 아이들은 해맑은에 로켓방과 땡글방이 있는 것처럼 힘찬 아이들도 해맑은의 또 다른 방으로 생각한다는 것입니다. 그만큼 많이 친밀해졌다는 뜻이겠지요. 그것만으로도 많은 성과가 있었다고 생각합니다.

— 2002년 공동육아와 공동체교육 심포지엄

'특별한 도움이 필요한 아이들' 의 부모 모임

'특별한 도움이 필요한 아이들'*의 부모 모임은 공동육아에 통합되어

---

* '특별한 아이들'이라는 용어는 2003년 11월, 평택의 느티나무어린이집에서 열린 '특별

있는 장애 아동의 부모들이 중심이 되어 만든 모임이다. 2003년 11월 평택 느티나무어린이집에서 1회 가족 지원 프로그램을 시작으로 만들어졌고, 2004년 8월 분당 세발까마귀어린이집에서 2회 가족 캠프를 진행했다. 총 13~15가구의 가족이 참여하고 있는데, 특별한 아이의 부모로 살아가는 어려움과 개별 아동의 특성 및 정보, 아이들의 미래 설계, 어린이집 내에서의 의사소통에 관한 토론 등이 주로 이루어진다. 격월로 만나며, 아동의 장애와 관련된 정보 공유, 부모 역할 토론, 사례 발표를 비롯해 의사소통 지도에 관한 공부, 춤 치료, 풍물 강좌 등을 하고 있다. 이 모임은 장애아 부모들의 자조 모임으로 발전하고 있으며, 이 모임을 통해 부모들은 심리적 지지와 자신감, 문제 해결 능력을 회복하고 있다.

> 나 말고 이런 사람이 있구나!라는 것이 좋고, 다른 사람도 이런 갈등을 하는구나!라는 생각에 위안이 되고 그렇죠. 같이 고민할 수 있어서 좋아요. 아이 문제도, 조합 문제도.
>
> — 달리는어린이집 철수 어머니(2004)

> 수다죠. 생활 이야기하면서. 같은 입장이기 때문에 서로 지지해 주고. 심리적

한 도움이 필요한 아이들의 가족을 위한 지원 프로그램'에서 처음 공식적으로 사용되었다. 현장교육지원전문가 전체 회의에서 송경선은 공동육아만의 독특한 용어로 '특별한 도움이 필요한 아이들'(children with special needs; 약칭은 특별한 아이들)이라는 용어를 제안했다. 부천 지역 산어린이집의 통합교육 사례를 발표한 박장배는 호칭과 개념의 전환은 인식의 전환, 행동의 변화를 의미하는 긍정적인 노력으로 볼 수 있다고 말한다. 하지만 여전히 '특별'이나 '도움'이라는 용어를 사용하여 복지적인 제한적인 차원으로 접근하는 것에는 아쉬움이 남지만, 용어보다 중요한 것은 그들이 속해 있는 사회의 '삶에 대한 가치관'이 어떻게 되어 있는가 하는 것이 문제라고 지적했다(공동육아와 공동체교육 홈페이지, 장애아통합교육사랑방 커뮤니티에서 인용).

으로 위안이 되죠. 정보를 들을 수 있어서 좋고. 힘들어도 도움을 받을 수 있겠구나 싶으니 마음이 놓이고. 미래에 대한 고민을 같이 나눌 수도 있고, 서로의 경험담이 아이를 키우는 데 많은 도움이 돼요.

— 하늘땅어린이집 길상 어머니(2004)

성과

장애 아동의 성장 및 발달

공동육아에서 통합교육을 경험한 장애 아동의 부모들은 대체로 "아이가 밝다"는 점과 "누구나 친구가 될 수 있고, 스스로 어디서나 사랑받고 환영받는 존재라고 생각하는 것 같다"는 것을 첫번째 장점으로 꼽고 있다. 이는 통합교육이 장애 아동에게 긍정적인 자아 개념을 갖게 한다는 연구 결과와도 일치한다(이소현, 2003). 통합교육을 통해 장애 아동은 더 많은 자극, 모방, 학습의 기회를 갖게 되어 발달이 촉진될 수 있다. 또한 또래 집단에서 일반 아동과의 긍정적인 상호 작용을 통해 나이에 적절한 행동을 배울 수 있으며, 사회적인 능력을 키우게 된다. 무엇보다 공동육아에서 빼놓을 수 없는 장점은 비장애 아동의 부모, 일반 교사 등 풍부한 관계 속에서 다양한 자극과 긍정적인 피드백을 받을 수 있다는 점이다.

공동육아의 장점 있잖아요. 교사들의 열린 마음, 아이를 자유롭게 인정해 주고, 너그럽고, 수용적인 것. 그런 공동육아의 장점이 통합교육에서는 더없이 살아나는 것 같아요. 더구나 풀이나 나무 등 자연을 가까이 느끼고, 많이 다니고, 보고, 친숙해지고 하는 직접적인 경험들이 아이에겐 더없이 좋았던 것 같구요. 우리 아이를 과잉 행동이라고, 산만하다고 보는 사람도 있겠지만 공동육아에서는 자연스럽게 보아 주는 점도 있죠. 아이를 이해해 주는 선생님이나 조합원들이 있어서 좋아요. 덕분에 아이가 부드러워지고, 말도 많이 늘고, 심성이 고와졌어요.

— 달리는어린이집 철수 어머니(2004)

낮잠을 재우는 일이 쉬운 일이 아니었어요. 졸려서 짜증은 심한데 자진 않고, 방에 들어오면 나가겠다고 소리를 지르곤 했죠. 처음에는 그 시간을 10분에서 시작해서 차츰 늘리기 시작했어요. 첫날은 현수가 소리를 지르는 바람에 아이들은 잠을 이루지 못하고. 그때 아이들이 호순이에게 "오빠, 그러면 안돼. 지금은 조용히 하는 시간이야" 하고 이야기를 많이 해 주었다고 하네요. 3, 4일 정도 적응을 한 후에는 자기 베개를 갖다 주면 어른과 함께 누워서 쉬다가 나오기도 하고. 정말 피곤한 날은 20~30분 깜박 잠을 자기도 했어요. 그때 큰 방 아이들이 현수는 여러 번 얘기해 줘야 듣는구나!라고 생각한 것 같아요. 요즘은 아이들이 현수에게 "선풍기 꺼 줘!", "라디오 꺼줘!"라는 부탁을 하면, "그래" 하고는 꺼 주기도 해요.

— 노원 통통어린이집 교사(2004)

일반 아동의 변화

통합교육은 편견이 적은 어린 유아기부터 시작하는 것이 적합한 것으로 알려져 있다. 실제로 유아기에 통합을 경험한 아이들은 장애 아동에 대한 거부감이 적고, 자연스럽게 친구로 받아들이는 경우가 많다. 또한 통합교육을 통해서 서로가 이해하는 마음, 배려하는 마음이 생기고, 다른 사람의 특성이나 차이를 쉽게 받아들이게 된다. 이 과정에 아이들은 서로 협력하고 배려하는 공동체를 만들어 가는 과정을 경험한다.

통합교육을 하다보면 일반 아이들도 개인의 특성이나 차이를 쉽게 받아들이게 되는 것 같아요. 자신의 단점도 편하게 느끼고요.

— 산어린이집 교사 인터뷰(2004)

각자 자기소개를 하는데 은석이 차례가 되었다. 은교가 손가락으로 책상을 두드리기만 하고 말이 없자 쇠뜨기방 아이 중 한 명이 "우리 다 같이 해 주자"는 기특한 제안을 했다.

　나들이 길에 은석이가 다른 방향으로 가려고 하는데, 한들이가 은교를 붙잡는다. "왜 그래?" 물었더니, "은석이가 혼자 가면 얼마나 놀라는 줄 알아? 그래서 잡았어" 한다. 아이들의 마음이 따뜻하게 느껴진다.

— 산어린이집 교사 일지(2004)

호순이는 남자 친구들보다는 여자 친구들에게 관심이 많다. 교사들이 하는 행동을 보고 여자아이들은 호순이에게 잠옷도 입혀 주고, 로션도 발라 주는 등 돌보아 주어야 하는 친구로 인식하는 것 같다. "오빠, ○○ 할래?", "오빠, 롯데마트 갈까?" 등 호순이의 대답을 듣기 위한 질문을 한다. 호순이 또한 "○○야, 지금 머리 빗으러…", "친구들은 1층에서 간식을…" 하면서 말꼬리를 흐리지만 의사 표현을 하기 시작했다. 점차 상황에 맞는 말을 하고 있으며, 말꼬리도 흐리지 않고 끝까지 말하려는 모습이 보인다.

— 통통어린이집 교사 일지(2004)

• '목발 짚고 걸어 보기'를 마치고
보슬비가 내리던 월요일 오후, 문학경기장으로 나들이를 떠났다.
아름다운 가게에서 공짜로 얻은 목발을 원영이랑 다빈이가 한 짝씩 들고 가겠단다(다혜는 의외로 힘쓰는 일을 좋아하고, 원영이는 대포 같다며 마냥 신이 났다). (중략)

원영이를 보고는 "난 최소한 백 발자국은 갈 거야" 하더니만 역시나 넘치는 의욕만 과시한 본기, 진짜 다리 아픈 사람 같다며 "언제 목발 써 본 거 아니냐?"는 의심까지 받았던 정란이, (목발 때문에) 겨드랑이가 너무 아프고, 점점 팔도 아파서 많이 걸을 수가 없다는 나린이, 너무 큰 키 때문에(목발이 어린이용이어서) 정란이만큼 할 수 없어 속상하다는 나미, 역시 키가 커서 잘 안 되는 것 같다며, 다음엔 큰 목발로 다시 하자던 경민이, 아이들은 물을 마실 때도, 잠깐 지나는 굵은 비를 피하려고 멈춰 있을 때도, 연습에 또 연습을…

"정말 쉬워 보였는데, 왜 이렇게 어려운 거야?"

"안 아픈 데가 없잖아, 이거. 겨드랑이랑 팔이랑 손이랑."

"있잖아, 우리가 아프다고 땅에 닿지 않기로 한 발 말이야, 그 발이 정말 아픈 발이라면 우리는 끔찍했을 거야."

"어쩌다 아픈 게 아니라, 평생을 이렇게 아픈 사람이 있다고 생각하니, 으…"

"목발은 누가 만들었을까? 정말 잘 생각했어, 아이디어야."

"그래, 그거라도 있으니 걸으니까."

"장애인들 말이야, 그런 사람들은 정말 너무 불편할 거 같아."

"그래도 우린 눈이 보이잖아. 만일 눈도 안 보이는데 다리도 불편하면 그땐 어떡해?"

"그냥 걸으면 빨리 갈 수 있는 길인데, 여기가 왜 이렇게 먼 거야?"

"그건 먼 게 아니라, 멀게 느껴지는 거야. 우리가 빨리 못 가니까."

"야, 목발 짚고 걸을 때, 옆에 너무 달라붙지 마, 걸려서 넘어진단 말이야."

"목발 짚은 사람 뒤를 따라 걸으려니까 쪼끔 답답하긴 하다. 으… 빨리 가고 싶어 못 참겠어."

"그럼 휠체어는 어떤 때 쓰는 거지? 그것두 다리 아픈 사람들이 타는 거 아니야?"

"난, 안 아프고 싶어."

"우리가 이렇게 쉬워 보였는데, 해 보니까 힘들고 어렵잖아. 이보다 더 어려운 건 또 뭐가 있을까? 이게 제일 어려운 거 같애."

"그치만, 이런 거 해 보니까 재미는 있어. 궁금했는데 해 보니깐 좋아." (중략)

'쫀쫀이' 아니면 '새콤달콤'을 먹으면서 돌아오는 길에 비가 갑자기 많이 내렸다. 동네 친구들을 만나 우산을 얻어 쓰고 오는데 노란이 물었다.

노란 그런데, 목발을 짚는 분들은 비 오는 날 어떻게 비를 피할까?

정란이 어? 나도 방금 그게 궁금했는데.

나은 손을 쓸 수가 없잖아, 목발을 짚었으니. 보호자가 있어야겠다.

정란이 근데, 보호자가 없으면 어떡해?

아이들 … 집에만 있어야 되나? 정말 어떡해???

— 너랑나랑어린이집 방과후 교사 일지(2004)

일반 교사들의 변화

교사들 역시 통합교육의 경험이 교사로서, 인간으로서 성장하는 과정이었다고 토로한다. 처음엔 막연히 불안하고 두려웠던 것들이 지금은 자연스럽고 당연한 것으로 받아들이게 되었다는 것이다. 아울러 아이들의 개별성과 다양성을 새롭게 바라보는 계기가 되었고, 한 아이를 깊숙이 들여다보고, 소통할 수 있는 경험을 가지게 되었다는 점을 통합교육의 가장 큰 성과로 꼽았다.

통합교육을 해 오는 동안 아이들과 어떻게 관계 맺어야 할지 몰라서 일방적으로 도움을 주어야 하는 관계로 생각하기도 하고, 교사의 부족한 자질을 탓하기도 했다. 그래도 어려운 일을 함께 나누려는 조합의 절대적인 지지와 신뢰에 힘을 얻어 아이들과 생활할 수 있었고, 조금씩이라도 향상되는 모습이 보이면 은근히 기쁘기도 했다. 통합교육을 하면서 정말 중요하게 부각되어야 할 것은, 그 부모의 심리적 안정을 위해 노력하는 일이다. 부모 상담을 지속적으로 하면서 아이의 상황에 대한 정보를 공유하고, 고민을 나누려는 자세가 필요하다. 특히 장애아 부모가 굳건한 의지를 가지고 아이와 따뜻하게 소통하고 믿어 줄 때, 아이도 심리적으로 안정되고 사회적 관계를 확장해 나가는 것을 볼 수 있었다.

— 산어린이집 원장 인터뷰(2004)

통합교육을 왜 해야 하냐고? 당연한 것이라고 생각해요. 조금 도움이 필요한 사람하고 도울 수 있는 사람하고 같이 지내는 게 사람 사는 세상 아닌가요? 있는 그대로 받아들이고, 극복하는 게 자연스러운 삶인 거지. 통합하면서 실제적인 어려움은 계속 만들어가야죠. 국가도 그렇고… 함께해 보니까 추상적으로 생각한 것이 정말 그렇구나! 오고 가는 교감이 있구나! 그런 생각이 들어요. 경험해 보지 않으면 두렵죠. 헌데 해 보면 자연스럽게 생활로 받아들이게 돼요.

— 느티나무어린이집 원장 인터뷰(2004)

겪다 보면 말이 아닌 것으로도 의사소통이 돼요. 마음을 읽는 게 엄마도 쉽지 않을 거예요. 아이 마음을 어른 마음대로 읽으면 곤란하죠. 깊숙한 사랑을 주지 않으면 아이의 마음을 이해할 수 없어요. 가족들이 상황을 이겨 나가고 극복하려는 모습을 보면서 더 힘을 얻어요.

— 달리는어린이집 교사 인터뷰(2004)

장애아를 바라보는 시각, 여성과 남성을 바라보는 시각, 피부색이 다른 다양한 인종을 바라보는 시각이 결국 같다는 생각이 들어요. 중요한 것은 '서로 다름을 인정하는 것'이겠죠.

— 너랑나랑어린이집 교사 인터뷰(2004)

장애 아동 가족의 변화

일반적으로 장애아 부모들은 심리적 고충과 양육에 대한 부담감, 사회적 편견에 따른 스트레스를 경험한다고 지적되어 왔다(송경선, 2000). 실제로 공동육아에 통합된 장애 아동의 부모들 역시 "장애라는 사실을 알고 무척 당황했으며, 막막하고 힘들었다"(영수 아버지, 산어린이집)거나, "처음엔 우리만의 문제라고 생각해 두렵고 어렵고 마음이 무거웠다"(철수 어머니, 달리는어린이집), "아내가 너무 힘들어했다. 터놓고 이야기할 사람도 없어서 답답했다"(영현 아버지, 산어린이집)고 털어놓았다.

그러나 공동육아를 통해 부모들은 많은 심리적 위안과 지지를 받았으며, 양육의 부담에서 어느 정도 놓여나 쉴 수 있었고, 좋은 이웃을 만나 편견 없이 아이를 함께 키울 수 있었다고 공통적으로 지적하고 있다(제2회 '특별한 도움이 필요한 아이들' 가족 지원 프로그램 중에서). 또한 부모가 장애 관련 분야의 전문가로 성장하기도 하고, 장애 아동을 위한 기관을 주도적으로 만들거나, 통합 프로그램을 기획하는 부모도 생겨나기 시작했다.

한편 장애 아동의 아버지들은 대개 장애에 대해 터놓고 얘기를 나눌 사람조차 없이 심리적으로 힘든 시기를 겪고, 결과적으로 장애에 대한 이해나 육아에 참여하는 정도가 낮아 부부간의 갈등을 겪는 예가 많은데, 공동육아에 참여한 장애 아동의 아버지들은 이를 공동체 내에서 풀고, 장애를 적극적으로 수용하게 되고, 주도적으로 문제를 해결하는 모습을 보이게 되었다. 일반 형제들 역시 장애를 편안하고 자연스럽게 받아들이게 되어 가족이 건강한 모습을 되찾아 가는 경우가 많았다.

우리 가족에게 공동육아는 꿈을 만들어 가는 현장이었다. 장애 아동과 일반 아동이 한데 섞여 있으면서도 장애 아동이 심리적인 불안과 좌절을 느끼지 않도록 교육적으로 배려하는 육아 현장이면서, 그 대가로 고액의 수업료를 부담하지 않아도 되고, 긴 시간 보육이 가능하고, 장애아 부모로서 그리고 형제자매로서 마음가짐과 역할을 훈련받아 그 가정의 경제적, 심리적, 정서적 안정을 만들어 내는 곳이었다. 일반 아동과 형제들은 장애 아동과 더불어 자연스럽게 돕고 생활하는 성숙한 심성을 기르고, 그 부모는 아이들을 통해 편견에서 벗어나 '다름'을 인정하는 건강한 정신을 회복함으로써 부모 노릇을 배우는 곳이었다. 개인적으로 장애 아동의 엄마인 내가 박사 학위도 받고 교수라는 직업도 갖게 해 주었다.

— 2002년 공동육아와 공동체교육 심포지엄

아이가 반응성 애착 장애라는 진단을 받고 많이 힘들었다. 정서적으로 위축되어 있는 편이라 자유롭고 수용적인 환경이 도움이 되었다. 나 혼자 하려면 어려웠을 텐데 다들 같이 키워 줬다. 우리 아이를 보면 서로 안아 주고, 꼭 눈을 맞추고 말을 걸어 주고… 그 덕택에 아이가 밝고, 정서적으로 안정이 되었다. 말도 많이 늘고, 서서히 친구들과도 어울리고. 공동육아에 오지 않았으면? 아마 혼자 놀이에만 몰두하고 거의 자폐아처럼 되지 않았을까? (웃음)

— 우리어린이집 인혁 어머니(2004)

처음에는 장애라는 사실을 알고 당황하고 막막했다. 하지만 결국 아이는 세상 속에서 섞여 살아야 하고, 통합해야 한다고 생각했다. 그러다 산어린이집에 오게 되었는데, 여긴 처음부터 장애아, 일반 아이 함께 살아야 한다는 마음가짐이 있었다. 이런 마음이 없는 교사나 부모, 아이 밑에서는 장애 아이가 적응할 수 없다. 이제 아이는 엄마와 분리도 가능하고, 선생님의 지시에도 따를 줄 알고, 표정도 밝아지고, 의젓해졌다. 다른 아이를 모방하려는 모습도 보인다. 작은 변화지만 큰 의미가 있다. 아이는 이제 큰 걸음을 뗐다. 이것을 어떻게 유지하고 발전시키느냐가 관건이다. 덕택에 우리 가족은 아이가 처한 상황을 자연스럽게 받아들이게 되었고, 다른 장애 부모들도 이해할 수 있게 되었다. 부모가 편해야 아이도 좋아진다. 모두에게 감사한다.

— 산어린이집 영수 아버지(2004)

공동육아는 친구가 많아 좋다. 아이에게도 친구가 생기고, 우리 부부에게도 이웃이 생겼다. 아이가 장애가 있다고 생각하지 않는다. 조금 특별할 뿐이다. 사람은 다 장점도 있고 약점도 있는 것 아닌가? 조합에 바라는 점? 없다. 기대하는 것이 아니라 우리가 하는 것이다. 단지 정부에 대해서는 할 말이 있다. 적어도 공동육아에 일반 제도권 교육의 공적 지원 규모라도 해 줘야 되는 것 아닌가? 우리가 다 세금 내서 하는 건데.

— 달리는어린이집 철수 아버지(2004)

향후 과제와 전망

공동육아 어린이집에서 행하고 있는 통합교육이 많은 성과를 거두었음에도 공동육아 어린이집 교사들은 통합교육이 어려운 여러 상황을 다음과 같이 제시하고 있다(공동육아와 공동체교육, 2002).

① 조합원과 교사의 장애 아동 통합교육에 대한 의식 부족으로 교사회와 조합원 또는 장애 아동 부모와 계속적으로 갈등이 발생할 때

② 보육료를 할인해 주거나 아동 수를 정원보다 적게 받게 되어 조합의 재정이 힘들 때

③ 터전 시설이나 환경이 미흡하여 장애 아동이 활동하기에 위험하거

나 계속적으로 주변의 도움이 필요한 때

④ 많은 기대를 갖고 공동육아를 시작한 장애 아동 부모가 실제 터전 생활에서 겪게 되는 현실과 생각하는 이상이 맞지 않을 때

⑤ 공동육아에 참여할 때 장애 상태를 모르고 들어왔거나 또는 장애 아동 부모는 알고 있었지만 얘기를 안 했을 때

⑥ 조합에서는 미리 논의가 되지 않은 상태에서 장애 아동 통합교육을 시작하게 되어 조합원과 교사 모두 준비가 되지 않은 때

⑥ 조합이 개원한 지 얼마 안 되어 교사회와 조합원이 모두 안정되지 않은 때

⑦ 통합교육을 하면서 장애 아동의 상태가 변화가 없거나 더 나빠져서 조합원과 교사회 모두 힘들어하는 때

⑧ 장애 아동 통합교육에서 다양한 범주의 장애에 대한 정보 부족과 교사의 전문 지식 부족으로 장애 아동에 대해 적절한 대처를 못할 때

이러한 어려움을 극복하기 위해서 조합과 어린이집은 사전에 충분한 준비와 논의를 거치고, 전문 인력 확보, 재정적인 여건의 개선 방법, 장애 아동 부모와 일상적인 의사소통 구조를 만들어야 할 것이다.

아울러 공동육아의 통합교육의 어려움은 조합과 어린이집에서 파생된 문제보다 사회나 정부가 감당해야 할 몫이 크다. 현재 세 명 이상의 장애 아동을 통합하고 있는 국공립 어린이집에만 지급하는 특수 교사 인건비나 시설 지원비 등을 공동육아 어린이집에도 과감하게 제공해야 한다. 또한 공동육아 어린이집처럼 소규모로 운영되는 어린이 집에는 순회 교사 제도를 활용하는 것도 바람직하겠다. 어느 곳이든 장애 아동이 있는 곳이라면, 그 아동에게 가장 적절한 서비스와 지원을 하는 것이 우리나라의 보육 정책이어야 한다.

대안 보육을 지향하는 공동육아가 오로지 교육적인 신념만으로 정부의 아무런 지원 없이 통합교육을 시행해 온 것은 그 자체만으로도 대단한 일이며, 고스란히 부모들의 몫이었던 장애 아동의 양육 부담을 이제는 정부가 함께 나누어야 할 때다.

참고문헌

공동육아와 공동체교육(2001), 「공동육아 협동조합은 이렇게 운영됩니다」, 2권 교육, 미간행, 공동육아와 공동체교육.

_____(2002), 「공동육아 장애 아동 통합교육 그 현실과 전망」(공동육아와 공동체교육 포럼 자료집), 미간행.

도널드 베일리(2003), 「장애영유아를 위한 교육」, 이소현 역, 이화여자대학교 출판부.

산어린이집(2003), 『코뿔소, 쇠뜨기가 뭐야?』, 잉걸.

송경선(2000), 「문제 해결 전략을 사용한 가족지원 프로그램이 발달장애 아동 부모의 스트레스와 가족 능력 부여(empowerment)에 미치는 영향」, 이화여자대학교 대학원 석사학위 논문, 미간행.

이소현(2003), 『유아특수교육』, 학지사.

평택 공동육아 협동조합 방과후 특별위원회(2003), 「아름다운 방과후」, 미간행, 느티나무어린이집 방과후.

Allen, K. E. (1992), "Meeting the Needs of Special Populations in Child Care," in B. Spodek, & O. N. Saracho(eds.), *Issues in Child Care,* New York: Teachers College Press.

Hallahan, D. P., & J. M. Kauffman(2003), *Exceptional Children: Introduction to Special Education* (9th ed.), Boston: Allyn and Bacon.

➠ **송경선** 별명은 달님. 장애아 통합교육과 관련된 교사 교육, 아동 프로그램, 부모 상담 등을 지지해 주는 현장교육지원전문가로 활동하고 있다. 특별한 도움이 필요한 아이들이 또래들과 즐겁게 상호 작용하고 발달을 촉진할 수 있도록 돕는 것과 가족 지원에 관심이 많다.

➠ **최윤희** 별명은 파랑새. 17년간의 특수교사 현장 경험과 공동육아 어린이집에서 아들을 키운 경험을 살려 지금은 공동육아와 공동체교육에서 장애아 통합교육을 위한 현장교육 전문가로 일하고 있다. 요즘은 개성이 강한 어린이들의 자연스러운 적응에도 관심이 많고, 장애우를 위한 부모와 교사의 상호 작용을 지원하는 데도 노력하고 있다.

온별이의
개별화 교육

최 윤 희

이 글은 2004년 9월부터 12월까지 진행된 온별이의 개별화 교육 회의에서 논의되었던 내용을 정리했다. 2004년 9월 3일 열린 첫 개별화 교육 회의에는 어린이집의 모든 교사(해님, 미소, 온달, 별님, 송사리)와 온별이 엄마, 통합 페다인 파랑새가 참석했고 모두 다섯 차례의 회의가 열렸다.

가족들의 이야기[*]

온별이는 1997년 10월 13일에 태어났습니다. 임신과 출산 시 큰 문제는 없었으며 3.83kg으로 자연 분만하였습니다. 엄마가 큰아이(온순이) 양육으로(세 살 차이) 좀 어려웠으나 외할머니, 도우미 아주머니의 도움을 받았

---

[*] 장애 아동의 출생, 성장, 이상 발견, 발달 정도, 교육 경험, 가정 이야기, 가족들의 관심과 협조 및 기대를 정리했다.

습니다. 출산 후 엄마가 좀 우울하기도 했고, 과거 약 1년 8개월 정도 시어머니와 살았는데 그때 스트레스를 받은 것도 한 원인이라는 생각이 들기도 합니다. 아빠는 가정적이고 일찍 퇴근하여 큰아이와 잘 놀아 주는 등 가사를 도왔으나, 술을 좋아하는 편이라 주 3회 맥주를 마시는 것은 일상적인 일이었습니다.

온별이가 어렸을 때는(1~4세) 비디오를 열심히 보았고, 영어 비디오 보는 것을 좋아했습니다. 특별한 인지 교육 없이 비디오로 한글과 숫자, 영어를 알아 갔습니다. 가족과 친지의 축복 속에 태어났고 사랑을 듬뿍 받았으나, 도우미 아주머니도 비디오를 틀어 주고 일을 하시는 등, 어른들에게 적절한 자극을 많이 받지는 못했던 것 같습니다.

5세 때, 정원이 20명(보조 교사가 있는)인 한국영재유치원에 다녔는데 담임선생님께서 육영회에 가서 진단을 받아 보라고 하셨습니다. 그해 가을에 육영회에서 전반적으로 지체되었으니 언어 치료 등을 받으라고 권했지만 저희는 심각하게 받아들이지 않았고 약간 늦되는 아이라고만 생각했습니다.

6세 때, 이사를 했는데 이사한 아파트 단지 내 유치원에서 입학을 거부당하고부터 다소 심각하게 생각했고, 소규모의 유치원(13명에 담임 한 명, 다른 발달 장애 아동이 한 명 더 있었는데, 둘이 잘 놀았음)을 3개월 정도 다니다가 폐원을 하여서 다시 영재교육원(5~6명에 교사 1인이고 소규모)을 9개월가량 다녔습니다. 7세 때, 교회 부설 어린이집(12명에 교사 1인)에 6개월 다녔습니다. 7세 부모의 소망대로 인지 교육에 중점을 두었으나, 온별이가 잘 따라가지 못하고 밖으로 뛰쳐나가 잃어버리는 사고가 발생하는 등 잘 적응하지 못했습니다.

7세가 된 2003년 9월부터 ○○공동육아 어린이집과 인연을 맺고 지금 1년째 다니고 있습니다.

그동안 특수 교육으로 언어 치료(☆☆복지관, ◎◎ 언어치료실 등)를 받았고, 현재는 ◇◇복지관에서 주 2회 언어 치료와 놀이 치료를 받고 있습니다. 앞으로는 집단 치료를 받으려 하며 9월부터 피아노를 치고 있습니다. 9세가 되면 바이올린과 승마 치료를 배울 계획이고 예술 쪽에 관심이 많아서 가능하면 예술 치료도 하고 싶습니다.

형 온순이는 늘 동생에게 엄마를 빼앗긴다는 느낌을 갖고 있고 며칠 전 검사를 받았는데 역시 사랑을 듬뿍 주라는 심리 검사자의 소견과 이상이 높고 아주 섬세한 아동이라는 평을 받았습니다. 문제를 쌓아 두는 스타일이라서 놀이 치료나 스포츠 등을 통해 분출하는 법을 배워 가야 할 것 같습니다.

엄마도 감정 기복이나 삶의 주기가 굴곡이 심하고, 또 가끔씩 우울하여 문제입니다. 아빠는 책임감이 너무 강해서 스스로를 묶어 두는 것 같고 술을 줄여야 하는 과제를 안고 있습니다.

온별이가 기분이 안 좋을 때 소리를 지르거나, 밖으로 뛰쳐나가거나 물건을 던지는 일 등에 대한 해결책을 찾는 것이 가족들의 공통 관심사입니다.

어린이집 생활에 대한 평가

온별이는 현재 8세이며 6~7세 통합방인 덩실방에서 덩실이 13명과 담임 교사인 구름, 미소와 함께 생활하고 있습니다. 터전 생활은 2003년 10월부터 했으며 10개월 정도 되었습니다. 어린이집에서 이루어지는 모둠, 나들이, 식사 시간, 오후 활동, 자유 놀이 시간에 친구들과 관계를 맺어 가는 모습입니다.

모둠 시간

아직까지는 적극적으로 모둠에 참여하지 않으나 친구들과 함께 앉아 있고 아주 간단한 말을 합니다. 예를 들면 나들이 장소를 정할 때 가고 싶은 곳에 대해 "그래", "아니 싫어", "우리 어디 어디 가자." 등을 표현합니다. 노래 부르는 것을 아주 좋아해서 친구들이 노래를 부르면 큰소리로 따라하기도 합니다. 나들이를 가기 전에 짝을 정하는 것은 아주 잘하는데 특히 여자 친구들을 좋아합니다. 최근에는 좋아한다는 표시를 아주 적극적으로 하고(다가와 안기거나 뽀뽀하려고 하는 등) 남자 아이들에게도 관심을 보이기 시작합니다. 자기 서랍장과 신발장을 구분할 줄 알고 자신의 물건을 찾아오거나 챙겨 넣을 줄도 압니다. 하지만 자발적으로 이루어지는 것은 아니어서 교사의 언어적인 지시가 있어야 수행합니다.

나들이

처음과는 달리 나들이 길에 많이 안정이 되었습니다. 늘 지하철과 버스만 타자고 고집하는 것도 많이 줄어들었으며, 지하철을 타면 한쪽 방향으로 종점까지를 가기를 원했는데 요즘은 자기 고집대로만 하려는 행동은 많이 줄어들었습니다. 버스를 타면 늘 같은 자리에만 앉기를 고집하기도 했는데 요즘은 교사들이 앉자고 제안하는 자리에 앉는 모습을 보면 상황을 이해한다는 것을 알 수 있습니다.

봄에는 산과 숲으로 꽃에 관한 책을 들고 다니면서 보곤 했는데 실제와 사진을 비교해 보고, 특히 처음 어린이집에 적응하는 동안 온별이를 도와주었던 제비꽃(교사 별칭)을 찾고는 무척 좋아했습니다. 개망초를 찾아내기도 하고 아무도 몰랐던 풀을 발견하기도 하였는데 그 풀 이름이 타래난초였습니다. 우연히 책을 넘겨보다가, 그 작은 꽃을 봤는데 흔하지 않은 꽃이라서 다른 아이들과 함께 즐거워하는 모습을 보이기도 합니다.

가끔 엄마가 차량 아마를 해 주실 때면 온별이가 처음에 보였던 반응들이 보이기도 합니다. 엄마와 떨어지려고 하지 않기도 하고, 혼자 멀리 가려고 하기도 하고, 또 자신이 하고 싶은 것만 하려는 초기의 모습을 보이기도 합니다.

점심식사

편식을 하는 편이지만 절대 안 먹는 음식은 없습니다. 싫어도 꼭 하나씩은 먹기로 약속을 했기 때문에 온별이는 이제 싫은 음식도 먹어야 한다고 알고 있습니다. 주로 기름진 음식과 고기 종류 일품 요리(카레나 자장밥) 등 먹기 쉬운 음식을 좋아합니다. 처음에는 오이나 나물 종류의 싫어하는 음식이 나와서 먹이면 수저를 던지거나 포크를 던지기도 하고 음식을 던지는 경우도 있었지만, 온별이와 한참을 실랑이하고 나서 싫어하는 음식이라도 하나씩은 맛보는 것을 원칙으로 정하고, 온별이가 그 음식을 먹으면 칭찬을 많이 해 주어서 지금은 가끔씩은 혼자서 싫어하는 음식을 먹기도 하며 음식이나 포크를 던지는 행동은 없어졌습니다. 숟가락만 사용하다가 차츰 포크를 사용하기 시작하여 요즘은 가끔이지만 옆의 친구들을 보면서 젓가락을 이용하여 음식을 찍어 먹기도 하고 가르기도 합니다. 아이들과 줄을 서서 음식을 뜨는 것을 기다리지 못하고 울거나 소리 지르고 심할 경우 밖으로 나가기도 하였는데 지금은 줄을 설 줄도 알고 다른 아이들에게 숟가락이나 젓가락을 나누어 주기도 합니다. 밥을 더 먹고 싶을 때는 혼자 나가서 스스로 더 떠 가기도 합니다.

양치와 씻기

온별이는 물을 좋아해서 씻는 것은 그런대로 잘하는 반면 양치는 너무 싫어했습니다. 처음에는 치약 없이 양치질을 했고 그것도 하기 싫어해서 제비꽃(교사)이 붙잡고 억지로 시키기도 했습니다. 요즘에는 양치 노래 (싹싹 닦는다)를 부르면서 하기도 합니다. 하지만 기분이 좋지 않은 날은 여전히 하지 않으려고 해서 교사들의 애를 먹이기도 합니다.

낮잠 시간

터전에 적응하는 초기 6개월은 낮잠 재우는 일이 무척 어려웠습니다. 처음에는 친구들이 잘 때 마당에 나와 모래 놀이를 했고 어른들은 옆에서 같이 놀아 주거나 날적이를 쓰면서도 수시로 온별이를 돌봐야 했습니다. 그렇게 낮잠을 자지 않으면 오후에 졸린 눈으로 짜증을 많이 부렸습니다. 그래서 낮잠을 재우기로 정하고 억지로라도 잠을 재우자 울고불고하며 덩실방에서 나가려고 몸부림을 쳤습니다. 1층 덩실방에서 재웠는데 밖에서는 교사들이 문고리를 잡고 있고 안에서는 힘들게 재우고 하면서 교사들도 온별이도 거의 녹초가 되어 낮잠 시간을 보냈습니다. 그러면서 조금씩 시간을 늘려 나가자 어느 순간 온별이도 포기하는 것 같더니 지금은 동화를 들으면서 편하게 잠을 잘 수 있게 되었습니다. 어른이 옆에 누워서 머리를 살살 만져 주면 낮잠을 잘 잡니다. 잠자기 전 "선풍기 꺼 줘, 켜 줘, 라디오 꺼 줘, 불 꺼 줄래?" 같은 간단한 부탁은 "그래" 하고는 잘 들어주기도 합니다. 최근에는 교사들이 했던 부탁의 말을 다른 친구에게 자발적으로 해서 어른들이 놀라기도 합니다. 나들이가 아주 고되지 않은 한 낮잠 자는 시간은 한 시간을 넘기지 않습니다. 자다가 깨면 조용히 거실로 나와서 날적이를 쓰고 있는 교사 무릎을 베고 더 자기도 합니다.

아주 피곤한 날이나 집에서 아토피가 심해서 밤에 잠을 못 잔 날에는 일어날 시간이 되어 깨우면 짜증을 내면서 자기가 불을 끄고 다시 눕기도 합니다.

262

오후 간식

간식을 먹을 때 싫어하는 음식이 나오면 2층에서 내려오지 않거나 다락방으로 가 버립니다. 그런 날은 점심과 마찬가지로 한입만 먹게 합니다. 좋아하는 음식은 두말할 것 없이 많이 먹습니다.

오후 활동

오후 활동에 자발적으로 참여하지 않기 때문에 교사가 옆에서 많이 도와주어야 합니다. 좋아하는 활동은 물감 놀이, 노래 부르기, 율동과 신나는 음악에 맞춰 춤추기, 종이 접기 등입니다. 책을 보면서 혼자서도 종이를 곧잘 접습니다.

자유 놀이

• 보드판 놀이 — 초기에는 숫자 쓰기, 지하철역 이름 나열하기 등에서 요즘은 케이크나 세탁기 같은 것을 같이 그리면 촛불을 끄거나 부속물들을 그려 넣기도 합니다. 그리고 아침 먹고 땡! 점심 먹고 땡!을 하며 해골바가지를 그리기도 하는데, 주로 아파트를 그려 넣고 동과 호수를 쓰는 재미에 빠져 있고 자동차의 계기판과 같이 숫자와 연관된 것을 많이 그립니다. 아주 자세하게 잘 그립니다. 몇 번 새가 알을 낳는 장면을 아주 작게 그리고 그 위의 새 모형의 장난감을 가지고 알을 낳는 시늉을 하기도 했습니다.

• 벽돌 놀이 — 처음에는 한 계단 한 계단 쌓기 놀이를 많이 했습니다. 친구들이 자꾸 방해한다고 생각되어선지 옆에 오지도 못하게 하고 혼자서만 했습니다. 그래서 아이들이 낮잠을 자거나 아무도 없을 때 만들어 놓고는 보면서 스스로 기뻐하고 만들어 놓은 곳을 어른이나 아이들이 침범하는 것을 못 견뎌 했습니다. 요즘은 그런 것에 신경 쓰지 않고 아주 자

연스럽지는 않지만 아이들과 어울려 하기도 합니다. 그 후에는 도미노 놀이. 조금 더 구체적으로 상계역, 노원역, 창동역을 만들기도 하고… 창동역을 만들 때는 차고로 들어가는 다른 길도 만듭니다.

- 카프라 — 처음에는 다른 아이들이 하는 것을 망가뜨리고는 자신이 쌓는 것을 좋아했습니다. 높이 쌓아 놓고는 부수고를 반복하다 한참 지난 후에 다른 아이들처럼 도미노 놀이를 하였고 또 한참 후인 요즘은 더 구체적으로 지하철역이나 도로를 만들기도 합니다. 한 길에서 두 갈래로 갈라지는 것과 지하와 지상을 높낮이로 조절하기도 하면서 점점 더 구체화되고 있습니다. 그리고 어느 정도 자신이 만족할 만하면 친구들이 그 길 위에서 자동차를 굴리며 노는 것도 좋아합니다.

- 모래 놀이 — 모래 놀이는 초기에 온별이가 가장 즐겨하는 놀이였습니다. 아이들이 없을 때는 큰 모래밭에서 지하철을 그리기도 하고 "두껍아 두껍아"도 하고 소매 자락으로 모래를 통과시키는 놀이에 푹 빠져 한동안 모래투성이가 되기도 했습니다. 다른 활동 시간이 되어도 모래 놀이만 하겠다고 집착하는 모습을 보이기도 했는데 요즘은 자유 놀이의 종류가 점점 늘어나면서부터 꼭 모래 놀이만을 고집하지는 않습니다.

관계 맺기

담임교사와의 상호 작용이나 의사소통은 자연스럽게 이루어지고 있습니다. 아이들 중에는 좋아하는 친구들에게만 간혹 자기만의 방식으로 (눈 뽀뽀, 코 뽀뽀, 얼굴 만지기 등) 애정 표현을 했는데 요즘은 모든 아이들에게 확대되고 있습니다.

친구들은 처음에 온별이를 숫자를 잘 쓰는 형, 영어를 잘하는 오빠로 인식하여 거부감 없이 받아들이고 생활하면서 초기의 적응 기간 동안 교사들과 실랑이를 벌이는 과정들을 보면서 나름대로 온별이의 행동을 이해하고 있습니다. 요즘은 오히려 온별이를 강하게 대하는 교사들의 행동을 나무라기도 합니다. 온별이는 여러 번 이야기해 줘야 듣는다는 것을 이해해서인지 아이들도 이젠 온별이가 고집을 부리거나 화를 낼 때면 옆에서 교사가 하는 것처럼 설명을 해 주기도 합니다.

• 박정희 — 현재 덩실방 중에서 온별이와 가장 많이 의사소통을 하고 있습니다. 하원을 같이 하는 것이 많은 도움이 되었습니다. 정희가 온별이를 잘 도와주기도 하고 설명도 잘해 주며 온별이도 정희를 도와줍니다. 주로 보드 마카를 이용한 그리기 놀이를 같이 하는데 "온별이 오빠 보드 마카는 이렇게 쥐는 거야", "오빠, 우리 이거 그리자" 하고 정희가 이야기하면 온별이는 정희를 한번 쓱 쳐다보고는(자기가 그리고 싶어 하는 것만 그리지만) 가끔 "그래" 하고 대답하기도 합니다. 정희 이야기에 잘 웃고 온별이 방식인 눈 뽀뽀, 코 뽀뽀를 하기도 합니다. 요즘에는 너무 많이 하려고 해서 가끔은 정희가 귀찮게 생각할 때도 있습니다. 그 외 나들이 길에도 놀이 시에도 그런 관계가 자연스럽게 이루어지고 있습니다.

• 박상철 — 올해 같은 덩실이가 되면서 온별이가 상철이의 행동을 주의 깊게 보고 그것을 모방하기 시작했습니다. "그래", "아니"라는 대답도 상철이가 하는 것을 보고 나서 모방하기 시작했습니다. 요즘은 상철이가 주도하는 '고대생물'(검치호랑이) 놀이에 상철이가 호랑이가 되어 잡으러 오면 벽돌 블럭으로 집을 지어 그 속에 숨기도 하고 소리를 지르며 도망 다니기도 합니다. 가끔은 온별이가 호랑이가 되어 "상철아, 어디가?", "일루 와"하며 호랑이 흉내 놀이에 참여합니다.

• 우지현 — 지현이가 짝을 할 때 온별이를 잘 챙겨 줘서인지 요즘 가장 관심 있어 하는 친구는 지현이입니다. 지현이도 낯가림이 많은 친구이고 적극적인 표현을 하는 것이 서툴러서 처음 며칠은 오히려 온별이를 밀쳐 내는 등 부담스러워 했습니다. 요즘은 온별이가 먼저 표현을 하면

가만히 눈을 마주쳐 주는 정도의 대응을 합니다.

• 배현식 — 낮잠 시간에 교사가 의도적으로 시키는 심부름(“온별아, 선풍기 켜 줘, 1단으로, 불 꺼 줘” 등)에 자신의 이름을 사용하더니 요즘은 “현식아, 선풍기 켜 줘, 1단으로. 불 꺼 줘” 하면서 현식이에게 많이 시킵니다. 요즘은 문장이 길어지면서 “현식아, 선풍기를 1단으로 해야지” 하고 정확하게 얘기합니다. 키가 안 닿는 현식이를 보고는 한참을 웃더니 “어휴, 내가 해 줄게” 하고 반응하기도 합니다.

그 외에 다른 아이들과도 대화가 오고 가고 있고 온별이의 작은 반응에도 덩실방 친구들은 매우 좋아합니다. 교사가 없는 상황에서 아이들 간에 있었던 이야기나 행동을 전달해 주기도 합니다. 온별이는 특히 동생들을 좋아하는데 때글이나 도글방(3, 4세) 아이들을 안아 주기도 하고 자신이 갖고 놀던 장난감을 선뜻 양보해 주기도 합니다. 또 온별이는 남자 친구들보다는 여자 친구들에게 관심이 많습니다. 교사들이 하는 행동을 보고 여자 친구들은 온별이에게 잠옷도 입혀 주고 로션도 발라 주는 등 돌봐 주어야 하는 친구로 인식하고 있습니다. “오빠, ~할래?”라고 질문하기도 하고, 상황에 따라 교사들이 온별이에게 하는 말이나 행동을 보고는 온별이가 좋아하는 “오빠, 롯데마트 갈까?” 등 온별이의 대답을 듣기 위한 질문을 하기도 합니다. 온별이는 여자 친구들 이름을 부르면서 “○○야, 지금 머리 빗으러…”, “친구들은 1층에서 간식을…” 하면서 말꼬리를 흐리지만 의사 표현을 하기 시작했습니다. 점차 상황에 맞는 말을 하는 횟수가 늘고 있으며 말꼬리도 흐리지 않고 끝까지 말하고 있습니다.

어려운 점

등원 초기에는 나들이 시 교사들은 온별이의 돌출 행동으로 어려움을 겪었습니다. 버스의 맨 앞자리에만 앉으려고 한다거나 지하철이 보이는 정류장 앞에서 갑자기 내리려고 하거나, 못하게 하면 소리를 지르거나 하는 행동으로 인해 당황스러웠던 적도 많았습니다. 위와 같은 상황에서 예전보다 돌발 행동이 많이 사라지긴 했지만 늘 안정적인 것이 아니라 온별이의 컨디션에 따라 달라지기도 합니다. 요즘은 돌발 행동의 횟수가 점점 줄어들고 그 강도도 약하게 나타나지만 그럴 때마다 또다시 교사들이 지금 하고 있는 행동이 잘하는 것인지 고민하게 됩니다. 그러나 보통 아이들이 성장 과정을 거칠 때 잘하곤 했던 행동들이 잘 안 될 때가 있었던 것처럼 온별이도 그런 과정을 여러 번 거친 후에 조금씩 나아진다고 생각합니다.

이렇게 행동 문제는 사람들이 많은 곳이나 대중교통 이용 시 적절하게 행동하는 연습 기회가 많이 필요하다는 생각이 듭니다. 또 일상생활 중에서 교사의 지시 없이도 스스로 할 수 있도록 다양한 경험이 많이 필요합니다. 예를 들면 물건을 사고 값을 치르는 일, 지하철에서 표를 사는 일, 은행에 예금을 하는 일 같은 것은 새로운 것에 쉽게 적응하기 어려운 온별이에게는 다양하고 반복적인 연습을 통해 적절한 행동을 스스로 할 수 있게 해야 합니다. 또 슈퍼나 관공서, 수영장, 놀이 시설 등과 같이 사람들이 많은 곳에서도 함께 간 사람들과 보조를 맞춰 이용하는 방법 등도 계속 경험하게 해서 익히도록 하는 것이 중요합니다.

온별이의 개별화 교육 목표

신변 처리(자조 기술)

온별이 스스로 할 수 있는 것도 많지만 이제는 자발적으로 자기가 해야 할 일들을 알고 또 할 수도 있어야 합니다. 그러려면 터전에서 반복적으로 자기 물건 챙기기나 제자리에 정리 정돈하기 등 단체 생활에 필요한 자조 기술을 연습할 수 있도록 해야 합니다. 다른 친구들처럼 자기 가방을 들고 다니도록 하고 가방에, 자기 바구니에 필요한 옷이나 소지품을 넣기도 하고 꺼내기도 하는 연습이 필요하고, 다른 아이들도 6, 7세 아이들은 자기 색연필, 자기 날적이 정도는 가지고 다니면서 매일 넣었다 꺼냈다 하면서 사용하는 것도 좋은 방법입니다. 일상생활 중에 필요한 신변 처리 기술을 익힐 수 있도록 도움을 점차 줄여 가고, 자신에게 필요한 것이 무엇인지 인식할 수 있고, 가정이나 터전에서 온별이가 구성원으로서 해야 하는 일들을 의도적으로 만들어 주어 연습할 기회를 많이 주어야 합니다.

운동성 발달

온별이는 운동 신경이나 감각이 둔하지는 않지만 그 능력을 자발적으로 다양하게 활용하지는 못합니다. 눈으로 보고 따라 할 수 있는 다양한 움직임이 많이 필요합니다. 구체적으로 자전거나 인라인 스케이트 등의 기구를 이용한 반복적인 몸 움직임이 필요한 활동이나 수영과 같이 한 가지 운동을 꾸준히 시키는 것도 좋습니다. 아이들이 다양한 놀이를 할 때 규칙을 요하거나 기존의 방법과 다른 방식으로 하는 몸 놀이를 많이 생각하여 다양한 신체 활동을 하는 것이 운동 감각을 발달시킬 수 있는 방법입니다.

사회성 발달

온별이는 이제 친구들에게도 관심이 생기고 나름대로 자기 방법(다가오거나, 한번 보고 가거나, 보면서 씩 웃거나, 만져 보거나 뽀뽀하거나 등)으로 표현하기도 합니다. 그러나 그 방법이 다른 아이들처럼 적극적이지 않고 아이들과 표현 방법이 다르기 때문에 친구들이 잘 알아채지 못하는 경우가 많지요. 어쩌면 선생님들도 온별이의 표현 방법을 잘 모를 수도 있습니다. 친구가 노는 모습을 슬쩍 넘겨다보기도 하고 하던 행동을 멈추고 바라보거나 히쭉 웃거나 하는 건 모두 관심이 있다는 표현입니다. 그럴 때는 재빨리 그 순간을 놓치지 말고 관심을 보이는 친구나 놀이에 끼어 넣도록 선생님들이 중간 역할을 해야 합니다. 다른 아이들처럼 끼어드는 방법을 모르기도 하고 자발적으로 하지 못하는 경우가 많기 때문입니다. 물론 처음에는 거부하거나 조금 하다가 말 수도 있지만 지속적으로 하는 것이 방법을 배우고 자발성을 기르는 방법이 될 수 있습니다. 또한 친구들과 다른 방법의 표현은 일반적인 방법을 가르쳐서 적절한 방법으로 바꾸어 나가면서 친구들에게는 온별이의 표현 방법을 알려 주어야 합니다. 친구들과의 놀이와 상호 작용은 선생님들의 끊임없는 중간 다리 역할이 필요합니다.

인지 발달

개념이 많이 부족합니다. 시각적으로 같고 다른 것을 변별할 수 있으나 일상생활 중에서도 자신이 알고 있는 것을 활용할 수 있는 능력까지 키워 주도록 합니다. 이러한 활동은 인지 치료나 개별 치료보다는 터전의 활동 중, 일상생활 중에서 자연스럽게 터득하도록 하는 것이 좋습니다. 글씨를 잘 아니까 이런 강점을 많이 활용하여 놀이나 활동 중에 표현할 수 있도록 하면 잊어버리지 않고 일상생활로 확대할 수 있을 것입니다.

언어 발달

교사들과는 더 많은 대화를 하고 있는데 예를 들면 오늘은 다 먹지 않

온별이의 2004년 장단기 교육 목표

영역	장기 목표	단기 목표	지도 상황
사회성 및 의사소통	1. 일과 중 자신의 요구·사항을 문장을 사용하여 표현한다.	① 상대방에게 요구하거나 의사 표현을 할 때 늘 먼저 호칭을 부른다. ② 자신의 요구 사항을 이야기할 때 상대방의 눈을 보며 말할 수 있다. ③ 적당한 크기의 목소리로 끝까지 말할 수 있다. ④ 표현 시 3단어 문장으로 말할 수 있다.	전체 일과 시
	2. 세 가지 이상의 의미를 담은 지시 사항을 따를 수 있다	① 터전 내에 있는 사물을 가져오거나 가져가는 심부름을 할 수 있다. ②본인이 원하는 것을 다른 교사나 친구에게 사물이나 말로 전할 수 있다.	모둠 활동 나들이 오후 활동
	3. 친구, 터전 가족들과의 의사소통을 향상시킨다.	① 처음 만나는 친구에게 인사를 할 수 있다. ② 온별이에게 말이나 인사하는 사람들에게 적절하게 반응할 수 있다. ③ 교사, 친구와의 상호작용 시 교사의 언어적 도움으로 자신의 감정을 (때리기/뺏기/회피하기) 행동 대신 말(싫어, 내가 할 거야, 미안해, 좋아 등)로 표현할 수 있다.	등·하원 전체 일과
	4. 그룹 활동 시 다른 사람의 이야기를 집중하여 들을 수 있다.	① 모둠 활동 시 이탈하지 않고 10분 정도 교사의 이야기를 들을 수 있다. ② 교사의 이야기를 듣고 질문(누가, 어디)에 대답할 수 있다.	모둠 활동 나들이 오후 활동

	5. 대소집단 활동에 5분 이상 집중하여 참여할 수 있다.	① 교사가 지시하면 이탈하지 않고 10분 이상 활동에 참여할 수 있다. ② 교사의 도움으로 자신이 해야 할 과제를 완성할 수 있다.	자유 놀이 오후 활동
신변 처리	1. 자신의 소지품을 정리할 수 있다.	① 자발적으로 신발, 가방, 날적이, 옷 등을 자기 자리에 넣고 필요시 꺼내 사용할 수 있다. ② 교사가 지시 없이 자유 놀이 시 가지고 놀았던 물건을 제자리에 정리할 수 있다.	등·하원 자유 놀이
	2. 자신의 외모에 관심을 갖고 스스로 관리할 수 있다.	① 필요한 경우 스스로 판단하여 옷을 갈아입을 수 있다. ② 거울을 보며 머리를 빗거나 얼굴 표정을 다양하게 지어 볼 수 있다.	전체 활동 식사 간식 시간 자유 놀이
대근육 및 소근육	1. 바깥 놀이에서 다양한 기구를 사용해 활동할 수 있다.	① 네발 자전거를 타고 모퉁이를 돌 수 있다.(킥보드, 롤러스케이트 등)	가정 나들이
	2. 필기구나 도구를 바르게 쥐고 사용할 수 있다.	① 가위를 바르게 잡고 선 따라 오리기를 할 수 있다. ② 젓가락을 사용하여 반찬을 집는다.	자유 놀이 오후 활동 식사 시간

은 반찬을 먹으며 "범순아, 이거 설탕인가 봐, 달다"면서 멸치볶음을 입에 넣어 주었더니 "아니 소금. 조~금 짜다"고 말하기도 합니다. 아주 간단한 표현을 하기 시작하므로 다양한 상황에서 여러 사람들과(식구나 친밀한 사람 외에도) 자기가 알고 있는 말을 표현할 수 있는 기회를 의도적으로 만들어 주어야 합니다. 온별이가 할 수 있는 말들을 모두 기록한 후에 가

정과 터전에서 그 말들을 최대한 표현할 수 있도록 기회를 많이 만들어 주는 것이 필요합니다.

가족의 희망과 계획 (올해의 목표, 내년 계획)

2004년은 또래들과 함께 생활하면서 단체생활에 적응하는 방법을 배우길 원합니다. 내년에 학교 진학에 대한 걱정이 크기 때문에 올해에는 선생님의 지시를 따르고 자기 물건도 잘 챙기고, 스스로 해야 할 일을 잘하고 말도 많이 늘기를 기대합니다. 구체적으로는

① 화가 날 때 물건 던지거나 뛰쳐나가는 행동이 줄어들었으면 좋겠습니다(집에서).

② (좋을 때도) 때리는 행동(다른 사람, 특히 형에게 화가 나도 엄마 때리기)이 없어졌으면 좋겠습니다.

③ 친구들이 온별이와 소통하는 방법을 알았으면 좋겠습니다.

④ 집착 행동(지하철이나 버스 타려고 하는 것)이 줄었으면 좋겠습니다.

내일을 기대하며

임 현 진

"우리 엄마 없어."

분명 우리 철수 소리다. 철수가 우는 것 같다. 나는 딸아이와 함께 부리 나케 집으로 들어왔다. 철수가 베개를 안고 텔레비전을 보며 "우리 엄마 없어. 우리 엄마 없어" 하며 울고 있었다.

"미안해. 네가 물장난 하길래, 빨리 누나 데리고 오려고 아무 말도 않 고 갔는데… 미안해. 앞으로 엄마가 나가면 너한테 꼭 말하고 갈게." 미안 하기도 했지만 우리 아이가 어느새 컸나 싶어 한편으로는 대견했다. 엄 마가 있든 없든 자기 할 일에만 신경을 쓰던 녀석이 어느새 이리 커서 외 로움과 두려움을 느끼나 싶었다.

까다로운 우리 아이, 철수

철수는 태어나서는 잠도 잘 자고 잘 웃고 아주 모범적인 아이였는데 언젠가부터 부산스럽고 움직이며 놀기만 좋아하고 어른 말에 쉽게 응하 지 않는 까다로운 아이가 되어 버렸다. 나는 많은 염려를 하였지만 어린

273

이집에 들어가서 3개월 정도 지내면 좋아질 거라는 주변의 말에 어린이 집에 보냈는데, 철수는 너무너무 답답해하며 계속 울기만 했다. 한 달여 만에 그만두고 다른 어린이집을 다녔지만 그곳도 철수에게는 어려운 곳일 뿐이었다. 나는 고민 끝에 대문도 있고 밖으로 나들이도 자주 가고 자연과 벗하는 공동육아 어린이집에 철수를 보내야겠다고 마음먹었다. 다행히도 집 근처에 어린이집이 생겨서 우리는 여기에 정착하게 되었다.

개원 전에 담당한 교사에게 우리 아이의 상황을 알려 주었고 아씨(담임교사)는 안타까운 마음으로 자기 자식처럼 힘쓰고 돌보았다. 그러나 철수의 생활은 순탄치 못했다. 혼자 흙을 파고 놀기를 고집했고, 계속되는 울음과 소리 지르기, 저항하기, 친구들 때리고 꼬집기, 밀기 등 철수 나름대로는 무슨 이유가 있겠지만 우리는 전혀 파악할 수 없었고, 조합 또한 당황할 수밖에 없었다. 신생 조합임에도 불구하고 통합 페다의 도움을 받던 우리 조합은 우리 아이와 다른 도움이 필요한 아이를 위해 통합 페다와 함께 이 문제를 풀어 가기로 합의했다. 등원한 지 3개월이 지난 후 철수와 병원에 들른 나는 철수가 '주의력부족 과잉행동장애'(ADHD)로 어려움을 겪는 것을 알았다.

ADHD 아동은 양육하기가 아주 어렵다. 일반적인 아이들에 대한 지침이 통하지 않을 때가 너무도 많다. 부모의 자존심을 상하게 한다. 그러나 이 아이들은 '자신의 행동에 대한 거절'을 '자신에 대한 거절'로 이해하고 쉽게 분노하는 경향이 있다. 문제를 많이 일으키는데, 이성을 찾아 바르게 훈계한다는 것이 얼마나 어려운가? 아이의 기질적인 문제라는 것을 끊임없이 나에게 각인해야 했다.

또한 이 아이들은 학습 기회를 박탈당하기 때문에 낮은 자존감을 갖게 되고 사회적으로 존중받기 어려운 상황에 처한다고 했다. 약물은 주의집중력을 향상시키지만, 식욕을 감퇴시키는 부작용이 있다. 아이가 덜

자랄 수도 있지만 자신에 대해 부정적인 것이 강화되는 상태로 아이를 자라게 해서는 안 된다는 생각으로 약물치료를 하기로 했다. 약물치료를 하고 아이의 주의 집중력은 많이 좋아졌다. 그러나 행동 문제는 끊임없이 가르치고 수정해 주어야 하는 과제였다.

긴 터널을 빠져나오며

교사가 이 아이와 지내면서 겪는 갈등은 부모 이상일 것이다. 부모는 주로 부모와 아이의 관계에 놓일 때가 많지만, 교사는 교사와 아이의 관계, 아이와 아이들의 관계, 부모들과의 문제 때문에 많은 고생을 할 수밖에 없었을 것이다. 참 힘들었을 것이다. 우리 선생님들은 이 과정을 잘 견디어 주었다. 뿐만 아니라 나에게 힘을 주었다. 조합원들도 나와 우리 아이를 이상하게만 보지 않고 이 아이가 가진 어려움 때문에 힘들어하는 나와 우리 가족에게 위로와 용기를 많이 주었다. 우리와 지내는 것이 힘들지만 내색하지 않고 많이 기다리고 지켜봐 준 많은 조합원에게 또한 감사한다.

이 긴 터널을 빠져나오면서 조금씩 조금씩 자라나는 아이가 보였다. 어린이집에 즐겁게 가는 아이. 조금씩 규칙을 이해하고 적응하는 모습. 이 일을 위해 담임교사와 교사회는 얼마나 많이 세워진 원칙을 이야기해 주고 가르치며 기다렸겠는가!

아는 것이 많아지고, 많이 자연을 보고 경험하고, 항상 아이들이 노는 곳에 중심에서 같이 있지는 못해도 그것들을 기억하며 조합 홈페이지에 들어가 앨범을 찾으면서 아이들 이름을 말하고 인쇄해 달라고 조르면서 집에 붙이고…

어린이집의 교육은 산교육이다. 철수는 매실에 설탕을 넣어 주스를 만들고 그것을 물에 타서 먹는 걸 안다. 무를 썰어 바늘로 꿰서 무말랭이를 만든다는 것도 안다. 무말랭이를 물을 넣으면 불어난다는 것도 안다.

나뭇잎을 소중히 여기는 아이. 이 돌, 저 돌, 시멘트 돌까지도 소중히 모아 가지고 다니는 아이. 자기가 접은 비행기를 보물 모시듯이 가지고 다니는 아이. 요란한 소리 나는 장난감보다 교사들이 만든 송아지, 말 인형이 더 좋은 아이. 요즘 세상 시끄러운 장난감보다 이런 것을 더 좋아하는 시골 아이 같은 우리 아들. 흙과 풀과 물이 좋은 아이. 작년에 만난 자원 봉사자 형은 우리 아이가 너무 똑똑하단다. 벼, 강아지풀, 배추 등 시골에서 자라는 식물들 이름을 물어보니 다 알더란다.

철수는 음악을 좋아한다. 음악치료실에 가서 들으면 너무도 멋진 소리를 만들어 낸다. 타악기를 가져다가 세팅해 놓고 거울을 보며 자신을 음악을 감상한다. 들어가서 보면 마치 연주자인 것 같다. 요즘에는 사물놀이에도 관심이 많아져서 꽹과리까지 가져다 놓고 연주한다. 노래도 잘 따라 부르고 열심히 외우는 철수를 보면 가슴이 벅차다.

요즘은 즐거운 나들이의 기억을 떠올리며 "엄마, 양재천 우렁이 잡으러 가자", "엄마, 아산에 자주 감자 캐러 가자. 백로 잡으러 가자" 한다. 너무도 즐거운 시간을 보냈으리라. 길을 걸으면서 은행나무라고 알려 주고, 자신의 의사를 분명히 표현해 주고 엄마가 야단하면 머쓱한 척 들어주기도 한다. 아빠하고 엄마한테 콩을 흙 위에다, 콩 위에다, 깃발 위에다 올려놓는다는 이야기를 한참 동안 해 주었다.

문을 닫고 숨어서 "우리 엄마, 우리 엄마" 하며 계속 찾으라고 부른다. 어디에 있는지 알지만 모른 척하고 "우리 철수, 어디 있어? 우리 철수, 어디 있어?" 하고 모른 척하면 "나 여기 있어" 하며 고개를 내민다.

이제 나는 희망을 본다

아직도 나에게는 많은 어려움이 남아 있다. 언어와 인지 능력이 많이 향상되고 행동 문제도 그 강도가 약해진 것은 사실이다. 그러나 아직도 자기 행동이나 요구가 거부당하면 쉽게 흥분하고 분노한다. 남에게 관심을 끌기 위해 아기처럼 말하고 남의 자동차의 윈도우 브러시를 움직이고 싶어 하고 남의 자동차여도 세차하고 싶어 한다. 상대적으로 많은 관심과 배려를 받고 싶어 하고 독차지하려고 한다. 내년이면 학교에 가야 하는데 학교 준비도도 낮고 이런저런 걱정이 앞서는 것도 사실이다.

2년 전 나는 오늘의 철수를 상상하지 못했다. 이제 나는 희망을 본다. 이 세상에는 아주 따뜻한 사람들이 많다. 우리 아이를 길러낸 것은 공동육아 교사들과 아마들이고, 통합 폐다, 치료사 선생님, 친지들과 이웃 모두다. 우리 삶이 순탄치 않다 해도 우리에게는 우리를 돕는 많은 손길이 있고 이 모든 사랑을 받고 우리 아이가 건강하게 자라기에 나는 내일을 기대한다. 행복하게 자라기를 바라며.

엄마는 네가 행복했으면 좋겠어. 많은 사람이 널 사랑하고 너를 지켜준 것처럼 너도 남에게 따뜻한 사람이 될 수 있을 거야. 사랑 안에서 평안하게 크는 널 보면 기쁘다. 네가 웃으면 엄마도 행복해. 잘 먹고 건강하고, 친구들과 사이좋게 지내렴. 그리고 너 화내지만 말고 남의 이야기도 조금씩 들어주고 양보도 하고 그래!!

따뜻한 사랑으로
성장하는 우리 아이

강민영

영현이는 이제 열 살, 초등학교 2학년이다. 아이가 살아온 10년의 짧은 역사에는 엄마, 아빠의 눈물과 노력, 그리고 영현이를 사랑해 줬던 모든 사람들, 산어린이집 선생님(코뿔소, 기린, 꼬리, 미니, 두레박, 염소)과 '아마'들, 친구들의 소중한 도움과 사랑이 살아 숨 쉬고 있다.

이해할 수 없는 우리 아이, 영현이

영현이는 1995년 11월에 세상과 만났다. 태어난 지 100일이 지나 아빠의 공부 때문에 중국 베이징에 가서 살게 되었다. 2년간의 중국 생활을 마치고 돌아와 보니 영현이는 엄마, 아빠도 말하지 못하고 불러도 대답도 없고 눈 맞춤도 되지 않고 엎드려서 자동차의 바퀴만 들여다보고 있는 이해할 수 없는 아이가 되어 있었다. 물론 중국에서도 좀 느린데 하는 느낌을 있었지만 확인할 길이 없었다. 1998년 초 처음 소아정신과 병원에 갔을 때 의사는 청각에는 이상이 없다며 자폐증이나 발달 지체로 보인다고 했다. 나는 그 병원의 검사를 신뢰할 수 없다고 다른 병원으로, 복지관으로 영현이를 검사하러 다녔다. 그러나 검사를 받기도 그 검사에 따른 치료 기회를 얻기도 쉽지 않은 일이었다. 아무튼 영현이는 심각한 상황에 있었고 그것을 받아들이는 나나 아이 아빠도 심각한 정신적 공황에 시달려야 했다.

나는 도대체 자폐가 뭘까, 발달 장애는 또 뭔지, 영현이를 고치려면 어찌 해야 하나 하는 고민에 빠졌고 이를 알기 위해 대학 평생교육원 강의를 찾아 들으러 다니기 시작했다. 처음 접한 것이 아동의 놀이 치료에 관한 것이었다. 그 강의를 들으며 가장 좋았던 것은 아동 중심의 사고와 부모의 심리적 안정이 가장 중요하다는 것이었다. 그리고 깨달은 것은 아이의 상태가 감기처럼 치료를 받으면 낫는 그런 병이 아니라 평생 가지고 가야 하는 병이라는 것, 그리고 완치를 바라기보다는 장기적인 치료와 교육이 필요하다는 것이었다. 즉 영현이와 함께 100미터 달리기를 하는 것이 아니라 함께 마라톤을 뛰어야 한다는 것이다. 이렇게 마음먹으니 조급증과 나 때문이라는 강박증에서 조금 벗어나 영현이의 먼 미래를 보고자 하는 여유가 콩알만큼 생기기 시작했다.

그리고 주위를 둘러보며 영현이를 보낼 만한 곳을 찾기 시작했다. 1998년 9월부터 임시로 집 근처의 코코짐이라는 유아 체육 시설에 보내기 시작했고 다음 해 3월 같은 건물에 있는 미술학원에 보내게 되었다. 그한 달 동안 사설 교육 기관의 현실과 조악함의 진면목을 경험할 수 있었다. 이건 아니야 하고 마음먹고 있는데 마침 좋은 기회가 찾아왔다. 옆 동네에 복지관이 들어서는데 그곳 어린이집에 특수반이 생긴다는 것이었다. 1999년 4월 영현이는 고강 성심어린이집의 특수반인 샘물반에 다니기 시작했다. 그때부터 영현이는 엄마, 아빠를 말하고 좀 반응다운 반응을 보이기 시작했다.

2000년이 되자 영현이는 여전히 혼자서 놀고 있었지만 단어 수준의 말

도 하고 놀이도 조금씩 다양해지고 다른 아이들이 노는 것에도 관심을
보이기도 하는 등 나와 아이 아빠를 심리적 지옥에서 한 걸음씩 나올 수
있도록 해 주었다. 특히 샘물반 선생님의 애정 어린 보살핌은 영현이가
성장하는 데 큰 도움이 되었다.

세상 속에서 사람들과 어울리며 살기 위해

영현이가 조금씩 나아질수록 내게는 점점 더 해결되지 않는 난제가 생
겼다. 그것은 영현이가 여전히 혼자서만 놀고 있다는 것이었고 특수반이
라는 환경은, 가끔 그곳 아이들과 통합을 시도한다고 하지만, 영현이가
아이들과 어울릴 수 있는 기회를 제약하는 가장 큰 걸림돌인 것 같았다.
나는 영현이가 세상을 살아가는 데 가장 중요한 것이 무엇일까, 긴 미래
를 보았을 때 특수반에서 배우는 말 한 마디나 글자 하나, 여러 가지 기능
들보다는 세상 속에서 사람들과 어울리며 사는 법을 배우는 것이 가장
중요하지 않을까 하는 고민이 생겨났다. 주변을 두리번거리면서 영현이
가 다른 아이들과 생활할 수 있는 공간이 없나 찾다가 알게 된 곳이 공동
육아였고, 부천에도 공동육아 어린이집인 산어린이집이 있다는 사실을
알았다.

처음 산어린이집에 전화를 걸 때 마음이 떨리던 게 생각난다. 그런데
전화기로 들려오던 코뿔소 선생님의 약간 투박한 목소리, "일단 한번 아
이를 데리고 산집에 와 보세요." 그후 우리는 네 번에 걸친 면담을 하고 산
어린이집으로 가기로 결정했다. 많이 망설이던 영현 아빠는 마지막 한 번
의 면담에 참석하고 영현이를 보낼 것을 결심했다. 아마도 면담을 했던 코
뿔소, 당시 이사장인 쌍둥이 엄마, 운영이사 환희 엄마의 차분하고 성의
있는 태도와 따뜻한 마음을 읽은 것은 아니었을까. 코뿔소는 이전에 더 심
한 장애아와 있어 본 경험이 있기 때문에 산어린이집이 영현이에게 행복

한 공간이 될 수 있을 것이라고 했다. 산어린이집이 지금은 이사 가서 번듯한 집 두 채를 쓰고 있지만, 당시에는 1960년대 말의 누추한 공간처럼 보였는데 그것이 더 소박하고 따뜻해 보였다. 나는 다니던 어린이집에 잘 적응한 영현이를 다시 낯선 산어린이집으로 보내면서 정말 살이 쭉 빠질 정도로 고민을 했다. 그리고 영현이의 인생과 내 인생을 걸고 산어린이집으로 갔다. 영현이는 2000년 9월 4일 산어린이집 당실방의 일원이 되었다. 방 담임교사였던 꼬리는 시원시원한 목소리만큼 영현이에게 성큼 다가섰고 영현이도 꼬리에게 안겨서 행복한 웃음을 짓고 있었다.

그리고는 고난의 연속이었다. 자기 방어 능력이 약한 영현이는 산어린이집 형이나 친구들이 보이는 과격한 관심의 표현에 어찌할 바를 모르고 저 앞에 누가 보이기만 해도 도망가기 일쑤였다. 그리고는 찾아낸 곳이 소근방. 자기보다 어려서 의사소통도 긴 말이 필요 없는 아이들이 교사 기린의 따뜻한 품속에서 지내는 공간, 여기서 영현이는 동생들과 지내기를 좋아했다.

아침에 등원할 때 자기 감정을 말로 표현하지 못하는 영현이는 흔들리는 눈빛으로 엄마에게 "엄마, 가기 싫어, 힘들어" 하는 말을 전했다. 나는 내 선택이 잘못된 것은 아니었나 정말 고민이 되었다. 그때 해결의 실마리가 된 것은 마실과 다른 조합원들과의 소통, 그리고 선생님들의 날적이와 관심이었다.

마실은 영현이가 가장 힘들어했던 친구나 형들과의 관계를 풀어 준 실마리였다. 물론 초반기에 마실을 가면 함께 놀지 않고 따로 있었지만 영현이 집에 놀러 갔다 왔다 혹은 자기 집에 영현이가 왔었다는 특별한 경험은 산어린이집 생활에서도 그대로 이어져 영현이에 대한 우호적인 관심을 표해 주었고, 영현이의 산어린이집 생활도 점점 부드러워졌다. 마실을 하면서 영현이의 산어린이집 생활의 어려움은 서서히 사라져 갔고 나도 고민을 함께해 준 조합원들 덕분에 마음의 안정을 점차 찾아가기 시작했다.

그리고 날적이는 흔들리는 부모의 마음을 전하기도 하고 교사의 어려움을 알 수도 있었고 영현이의 성장을 서로 확인하기도 하면서 서로 격려하고 배려할 수 있는 좋은 매개체였다. 또 굳이 날적이가 아니더라도 방 담임이 아닌 다른 교사들의 관심도 내게 큰 힘이 되었다. 특히 기린 선생님은 한번도 영현이와 같은 방은 아니었지만 특유의 섬세함으로 영현이의 성장에 지속적으로 관심을 가져 주셨다.

나는 혼자가 아니야

산어린이집 생활은 우리가 사는 것이 섬 같은 고립된 인생이 아니라 마을에서의 연대감으로 살아가는 것이라는, 각박한 도시 생활에서는 찾아보기 힘든 공동체 경험이었다. 이 땅에서 따뜻하고 건강하고 평화로운 공동체를 만들 수 있다는 생각을 가졌다고 자부하면서도 그것은 가능성일 뿐이었다. 그 가능성이 확신으로 느껴지게 만든 일이 2000년 겨울에 일어났다. 그해 겨울에는 엄청난 폭설이 내렸다. 통합 페다를 모시고 통합교육에 대한 조합원 교육을 하던 날, 엄청나게 내린 폭설로 도로는 마비 상태에 빠졌고 나는 통합교육에 가면서 회의적인 마음이 들었다. 차도 안 다니는데 이 추위에 누가 교육에 올까, 나도 가기 싫은 걸. 하지만 저녁 여덟 시에 도착한 산어린이집에는 따뜻한 온기가 넘쳐나고 있었다. '옹골찬' 방 앞 현관을 꽉 채운 신발들, 방 안 가득히 넘쳐나는 따뜻한 마음들, 이날 교육에서 받은 감동 ─ 솔직히 무슨 말이 오갔는지는 생각나지 않는다 ─ 은 그 뒤로도, 아니 지금까지 산어린이집과 산어린이집 사람들에게 변하지 않는 신뢰감을 갖게 한다. 적어도 영현이가, 내가 혼자가 아니라는.

그리고 크고 작은 사건들을 겪으면서 영현이는 자랐다. 산어린이집에 등원한 후 1년 반 동안 마당의 폭주족으로 거의 하루 종일 자전거만 타던 영현이가 조금씩 활동에도 참여하게 되었고 아주 간단하지만 산어린이집에서 있었던 일을 엄마에게 전해 주기도 했다. 2002년 여름 상반기 마무리 발표회에서 영현이는 옹골찬 방 친구들과 함께한 태껸 시연을 우렁찬 목소리로 이끌어 산집 아마들에게 큰 감동을 주고 박수갈채를 받기도 했다.

영현이는 현재 각 영역별로 조금씩 다르긴 하지만, 대략 2~4년 정도의 발달 지체를 보이고 있다. 별다른 어려움이 없는 영역도 있고 상당한 어려움이 있는 영역도 있다. 어려움을 느끼는 영역을 중심으로 봤을 때, 영현이는 장애와 비장애의 경계 지대에 있다고 할 수 있다. 혼자 있을 때는 나름대로 행복하게 지내지만 또래와의 관계 형성은 매우 힘들다. 주변 어른의 지속적인 도움이 필요하지만, 그걸 현재의 학교나 동네 환경 속에서 기대하기는 어렵다. 요즘은 영현이의 의사소통 실패 경험이 자꾸 쌓이는 것 같아 긴장이 되곤 한다.

아이가 자라는 만큼 엄마도 함께 자랐다

영현이를 키우면서 엄마로서 어려움도 많이 느꼈다. 그러나 달리 생각해 보면 영현의 어려움이 아니었으면 얻지 못했을 인간적인 성숙을 경험했다고 생각한다. 아이가 자라는 만큼 엄마인 나도 함께 자랐다.

내가 심리적인 안정을 얻는 데는 조합원들이 마음을 열어 준 것이 큰 작용을 했다. 참여한 만큼 조합원들과 마음을 열고 얘기할 수 있었다. 나는 아이를 데리고 시기 별로 놀이 치료, 언어 치료, 미술 치료, 운동 치료 등 각종 특수 교육을 받으러 다니느라 무척 고단했다. 그런데 두세 달 된 초보 조합원 시절에 산어린이집 이사를 해야 했다. 밤늦게까지 회의를 하고 거의 상시적으로 산어린이집 일을 해야 했지만, 결국 그렇게 호흡을 맞추는 과정에서 서로 보완해 주는 조합원들을 만나서 서로 마음을 열고 의지하고 밀어 줬다. 어떤 조합이건 마찬가지겠지만, 산어린이집에서는 결국 참여한 만큼 애착도 생기는 것 같다.

그렇다고 산어린이집의 통합교육이 항상 만족스러웠던 것은 아니다. 교사의 애정이 넘쳐나기는 했지만 산어린이집은 생활의 공간일 뿐 치료 공간으로서는 미흡했다. 특히 전문 교사가 없는 상황에서 구체적인 상황에서 생기는 문제들은 간과되기 쉬웠다. 교사도 어찌 해야 될지 모르는 상황에서 통합 페다의 도움은 필수 불가결한 요소였다. 일주일에 한 번씩 통합 페다를 모시는 일은 산어린이집의 내공이 아니었으면 있을 수 없는 일이었다.

산어린이집에서 발간한 『코뿔소, 쇠뜨기가 뭐야?』 서문에는 "공동체는 역시 '생활필수품'(commodity)이다"(18쪽) 하는 말이 있다. 『프리스쿨』 서문에서 따온 말이다. 우리가 '공동체'며 '다양성'이며 '상생'을 얘기하는 것은 거창한 것이 아니다. 꼭 무슨 첨단 과학 기술을 동원해야 하는 것도 아니다. 산어린이집 책의 주제는 '공동체≒마을'이다. 이 주제는 아이들 차원에서는 잘되고 있지만, 관대함과 속 좁음 사이에서 방황하는 어른들이 문제다?!

영현이와 나는 아직 마라톤을 뛰고 있다. 가끔은 영현이보다 내가 더 먼저 주저앉을 때가 있지만 우리는 아직 사이좋게 뛰고 있다고 믿고 싶다. 하지만 결국은 더 먼 인생의 여정을 영현이 혼자 뛰어가야 할 것을 나는 이제 점차 깨닫고 있다. 어느 순간 손을 놓고 혼자 뛰어가게 해 주어야 하나 고민이지만 영현이는 씩씩하게 뛰어갈 것이다. 자신을 사랑해 줬던 사람들과의 아름다운 추억을 힘으로, 그리고 함께 뛰어 줄 여러 사람의 힘으로.

참여 보육과
생태적 성장

보육 과정에서는 유아가 자신에 대한 보살핌, 친밀한 사람에 대한 보살핌뿐만 아니라 낯선 사람과 멀리 있는 사람에 대한 보살핌, 자연과 환경에 대한 보살핌, 인간이 만든 도구나 이념에 대한 보살핌 등을 중요한 덕목으로 다룸으로써 남을 보살피는 태도를 형성할 수 있어야 할 것이다. ― 양옥승

학습은 개별적 과정이 아니라 관계와 참여의 틀을 통해 이루어지는 과정으로 재개념화되어야 한다. 학습의 목적은 관계와 참여의 체험이며 확장이다. ― 이기범

공동육아는 대안적 보육 모델이다. 즉, 오늘날 같은 소비적 산업 사회에서 결코 주류가 될 수 없는 수공업적 보육 방식이다. 그러나 모두가 획일적이고 표준적인 삶을 살도록 강요하던 근대적 문화 논리가 퇴색하는 오늘날 힘들더라도 아이들을 위해서 조금은 다르게 살아보려는 부모들이 선택하고 실천할 수 있는 대안으로서 필요한 것이다. ― 정병호

생태적 성장, 보육 담론의 새 지평

양옥승

인간에게는 발달의 속성이 있으며 그 발달은 사회 문화적 환경이나 자연 환경과 상호 작용하고 상호 의존하는 관계 속에서 역동적으로 이루어진다. 환경 역시 변화(발달)의 속성이 있기 때문에 인간의 발달과 더불어 인간과 상호 작용하면서 변화되어 간다. 이렇게 생태적 성장의 관점에서 보면 아동 발달과 생태계 간에는 항상 상호 조절의 과정이 필요하다. 따라서 현재 우리 아이들이 처한 제반 환경을 분석하는 것은 영유아의 삶의 질 향상을 목적으로 하고 있는 보육이 나가야 할 방향을 제시하는 데 필요한 절차이자 과정이다.

인간 발달과 사회 문화적 환경의 관계를 기술한 브론펜브렌너(Bronfenbrenner, 1979)에 따르면 사회 생태계는, 크게 미시 체계, 중앙 체계, 외체계, 거시 체계, 시간 체계 등으로 구분되며, 아동이 성장하는 과정에도 계속 변한다는 특징이 있다. 그의 설명 방식에 따라 영유아의 성장과 발달을 기술해 보면, 미시 체계는 가족, 보육 시설, 이웃 등과 같이 영유아(이하 '유아'라 칭함)에게 직접적으로 상호 작용할 수 있는 체계다. 중앙 체계는 미시 체계들 간에 이루어지는 상호 교류 관계를 지칭하는 것으로, 유아와 부모 관계, 형제 관계, 또래 관계, 부모와 교사 관계 등이 여기에 속한다. 그리고 외체계와 거시 체계는 유아와 직접적인 교류는 없다 할지라도 미시 체계와 중앙 체계를 둘러싸고 있음으로 해서 유아와 상호 작용하는 사회 문화적 환경들을 의미한다. 예를 들면, 거시 체계는 부모의 직장 및 인간 관계망, 형제자매가 이용하는 각종 시설들이 포함되고, 거시 체계로는 사람들이 갖고 있는 아동관, 육아관, 보육에 대한 고정관념, 경제 사회적 구조, 법제도, 유아 교사 양성 제도, 육아 지원 정책 등이 포함된다. 시간 체계는 시간의 경과와 더불어 발생하는 변화와 사회 역사적인 환경을 포함한다. 이를테면, 기혼 여성의 경제 활동 참여 증가나 출산율 저하, 이혼율 증가와 같은 가족 구조의 변화가 유아의 발달과 상호 연관되어 있다는 것을 들 수 있다.

한국 사회의 변화와 육아 환경

2002년 현재, 우리 사회는 여성의 경제 활동 참여는 증가하고 있으나 그 비율은 낮아 50%선에 머물고 있다(통계청, 2003a). 이는 많은 OECD 가입 국가들이 국가 사회의 육아 지원에 힘입어 70%대를 유지하는 것과 대조적이다. 특히 우리나라 여성의 취업률을 연령별로 분석해 보면, 자녀를 양육하고 출산하는 연령대인 25~34세에 그 비율이 떨어졌다가 35세 이후에 증가하는 M자 곡선을 나타낸다. 이 현상은 여성의 경제 활동 속도에 맞춰 육아 서비스 등 사회 인프라를 구축하지 못한 데서 나온 것으로 여성들이 가격이 저렴하고 질이 좋은 보육 서비스를 제공받지 못하고 있음을 입증하는 것이다.

우리 사회는 또한 출산율 급락으로 인해 고령화 사회로 계속 이행할 것이 예측된다. 1960년대 초 경제 개발 5개년 계획의 시행과 더불어 인구 증가 억제를 국가 시책으로 채택한 이후, 출산율이 급속하게 감소해 15~49세 가임 여성 1인당 합계 출산율은 2004년 1.16명이 이른다. 이런 결과는 1983년 대체 출산율이 2.1명으로 감소했을 때 출산 장려를 위한 육아 지원책을 강구했어야 함에도 불구하고 그동안 국가가 이 문제를 소홀히 다루었음을 의미한다.

출산율이 급격하게 떨어지면 점차 젊은 인구가 감소하므로, 경제 활동 인구, 즉 노동력이 크게 부족하게 되어 결국 국가 인력 자원의 운용에 심각한 문제를 야기할 것으로 추측된다. 이는 곧 국가의 경쟁력 약화를 의미한다. 지식 정보화 사회의 미래 인적 자원의 중요성을 감안한다면 출산은 단순히 개인의 문제가 아니라, 한 국가와 사회가 관심을 가져야 할 문제로 인식되어야 한다. 유아교육학적으로 볼 때, 출산율의 하락은 또한 형제자매 수의 감소를 의미하는 것으로 유아가 또래 집단과 어울릴 수 있는 양질의 새로운 사회 문화적 환경이 필요하다는 것을 시사한다.

최근에 들어서는 '방종'이나 '일탈'로 여겨졌던 신세대의 탈중심화되고 해체된 문화나 행동들이 개성이나 창조력으로 인식되기 시작했다. 그러나 문제는 산업화를 이끌어온 기성세대들이 이러한 신세대들의 문화를 쉽게 납득하지 못한다는 사실이다. 이런 사회 문화적 맥락에서 교육이 해야 할 역할은 점점 커지고 있다. 사실상 교육의 기회만을 놓고 보면 우리 사회는 입시가 톱뉴스인 고학력 사회다. 2003년 현재, 고등학교 진학률이 99.7%로 거의 100%에 육박하고, 고등학생의 79.7%가 고등 교육 기관(전문대학, 교육대학, 대학교, 각종 학교 포함)으로 진학한다. 높은 학력에도 불구하고 가족 이기주의를 극복하지 못하고 자유, 인권, 정체성, 정의, 공존 등과 관련하여 가치관 정립이 잘되지 않는 것은 유아 때부터 정체성과 공동체 의식을 기르는 교육에 한국 사회가 더 많은 노력을 기울여야 함을 의미한다.

그렇다면 자연 생태계와 인간의 관계는 어떤가? 20세기 산업화 과정에서 인간은 자연을 생활의 편익과 효율성을 제공하는 경제 사회적인 수단으로 인식하여 무분별하게 개발함으로써 자연 환경이 파괴될 위기에 있다. 이런 위기의 저변에는 인간의 자연에 대한 지배를 정당화하는 인간 중심적 자연관이 깔려 있다. 그동안 교육은 인간 중심으로 자연에 대한 지식과 자연 개발의 기술을 강조했기 때문에 윤리적인 측면에서 환경 파괴적인 삶을 크게 문제 삼지 않았다. 자연 생태계의 위기를 극복하기 위해 바람직한 생활 방식을 안내하는 교육이 시급하게 되었다. 특히 이 시점에서 요구되는 것은 자연 생태 중심으로 패러다임을 전환하는 일이다.

생태 중심의 자연관에 기초한 교육은 단순히 자연 환경의 위기를 관리하고 대처하는 기술적 수준의 교육이나 자연 회귀적이고 자연 보존적인 차원의 교육이 아니라 인간과 자연의 조화와 협력을 위한 자연 친화 교육으로 전환하는 것을 의미한다(양옥승, 2001; 정병호, 1998; 최미현, 2000). 특히 가치관 형성의 출발기인 유아기 때부터 자연 친화 교육을 하는 것은 생명과 자연에 대한 존중감을 갖게 하는 기초가 될 것이다.

보살핌과 가르침이 결합된 보육: 여성주의 접근

유아 교육 과정, 즉 보육 과정(이하 '보육 과정'이라 칭함)에 대한 담론은 어떤 지식을 강조하며 지식의 형성 과정을 어떤 방식으로 설명하는지 등의 인식론적인 가정과 함께 어떤 가치나 태도를 중시하는지와 같은 윤리적 가정을 중심으로 이루어진다(양옥승, 2000). 그런데 지금까지 이루어진 논의와 쟁점들은 인식론에 맞추어져 있고 윤리적 논의는 간과되었음을 알수 있다. 보육의 개념이 가르침과 보살핌을 결합한 의미를 지니고 있음을 고려할 때 '보살핌 윤리'의 차원에서 보육 과정을 재개념화하는 것은 교육과정학뿐만 아니라 유아교육학에도 큰 의의가 있다. 또한 보살핌이 여성 고유의 재생산 과정으로만 생각할 수 없는 남성과 여성이 공유해야 하는 영역이라고 본다면 여성주의 관점에서 보육 과정을 이해하는 것도 필요하다(양옥승, 2004b).

우리 사회가 가족 이기주의에서 벗어나 사회 윤리를 강조하는 도덕적인 사회로 발전하기 위해서는 보살핌을 유아 때부터 키워 갈 중요한 덕목으로 삼아야 한다. 지난 역사를 돌이켜 볼 때 우리의 삶을 강력하게 지배한 가부장제 하에서 남성은 세계를 설명하고 명령하고 통제하는 역할을 할 수 있는 데 비해 여성은 출산과 육아를 담당하는 가정의 도덕적인 중심체로서만 인정을 받았다. 가부장적 사회에서 여성의 정체성은 육아와 뗄 수 없이 연결되어 여성은 자녀나 가족 이외에 사회적으로도 보호가 필요한 약자를 보살필 책임이 있는 존재로 받아들여졌다. 그래서 보살핌은 여성에게 기대된 윤리로서 이를 거부하는 여성은 여성스럽지 않은 존재로 이해되었다. 이런 사고방식은 지금까지도 이어져 내려와 현재에도 육아나 유아 교육을 '여성의 몫'으로 간주하게 만들었다.

그러나 노약자를 돌보고 보살피는 일은 여성만이 하는 것이 아니라 모든 사람들이 가지고 있는, 그리고 가져야 할 태도라는 점에서 우리의 시각이 바뀌어야 한다. 보육을 통해 남녀 모두에게 보살핌, 유능함, 사랑, 사랑스러운 사람을 양성한다는 것은 인간 존엄성을 인정하는 것이다. 따라서 보육 과정에서는 유아가 자신에 대한 보살핌, 친밀한 사람에 대한 보살핌뿐만 아니라 낯선 사람과 멀리 있는 사람에 대한 보살핌, 자연과 환경에 대한 보살핌, 인간이 만든 도구나 이념에 대한 보살핌 등을 중요한 덕목으로 다룸으로써 남을 보살피는 태도를 형성할 수 있어야 할 것이다.

생성적인 보육 과정을 만들기 위해서는 일반 교육 과정 분야에서 마틴 (Martin, 1994)이 제안한 3C, 즉 보살핌(care), 관심(concern), 관계(connection)를 보육 내용으로 포함하는 것도 좋을 것이다. 구체적인 예로서는 유아 자신, 가족, 친척, 친구, 선후배, 이웃, 지인, 낯선 타인들에 대한 보살핌 능력을 발달시키는 내용, 어려움에 처한 사람들이 느끼는 고통을 함께 느끼고 공감하며 도와줄 수 있는 도덕적 민감성을 키워 주는 내용, 인간을 상호 의존적이고 공생적인 존재로 인식할 수 있게 하는 내용, 가사 노동과 육아 노동의 중요성과 그에 대한 공동 책임감을 갖게 하는 내용, 진정한 남녀평등의 의미와 필요성을 인식할 수 있게 하는 내용을 들 수 있다. 이와 아울러 친숙한 사람을 보살피는 주제를 탐색할 때는 사랑, 우정, 부모 역할에 관한 내용을 포함할 수 있고, 낯선 사람 및 세계의 다른 사람을 보살피는 주제에서는 전쟁과 가난, 관용의 문제를 다룰 수 있다. 인류가 만든 세계를 보살피는 아이디어를 설명할 때에는 우리를 둘러싸고 있는 기계와 공학에 대한 평가를 할 수도 있다. 전쟁이나 가난, 범죄, 인종, 성 차별 같은 주제들은 통합적인 보육 과정에서 거의 다뤄질 수 있는 것들이다. 일상생활과 관련된 경험 속에서 안전하게 살아가는 것, 이웃을 신뢰하는 것, 낯선 사람을 만날 때 안정감을 느끼는 것에 대해서 이야기를 나눌 수 있고, 교육 과정을 진행하면서 정직, 열정, 온유, 자비 같은 주제를 유아들이 접하도록 준비할 수 있다.

보살핌 윤리는 보살핌의 원(circles)과 사슬(chains) 개념을 적용할 때 그 범위를 더 넓힐 수 있을 것이다(Noddings, 1992; 박병춘, 1999에서 재인용). 유아가 원의 중심에 있고, 원의 중심에서 가까이 위치한 원 안에 보살피는 사람이 있을수록 유아가 느끼는 타인에 대한 친밀함과 보살핌의 정도는 높아질 수 있다. 원들의 중심에서 유아가 얼마나 멀리 떨어져 있느냐 하는 것이 보살펴 주는 여러 다양한 사람들에 대해서 느끼는 친밀함의 수준을 나타낸다고 볼 수 있다. 예를 들어, 우리가 가장 많이, 자주 보살피는 사람들은 중심에서 가장 가까운 원 안에 있고, 더 적게 보살피는 사람들은 원에서 멀리 떨어진 원 안에 있다. 그리고 이런 조직망에는 유아가 전혀 만나 보지도 못했고 보살펴 주지 않았던 다른 사람들도 포함되어 있다. 이들과는 개인적이거나 형식적인 관계 즉, 사슬을 통해서만 나와 연결된다. 그러나 보살핌은 생태적 순환성을 띠기 때문에 보살핌의 원과 보살핌의 사슬 모두를 통해서, 처음에 유아가 보살펴던 사람과 동일한 방식은 아니라 할지라도 그 사람이 보살펴 준 사람을 유아가 보살피는 그런 과정을 거쳐 서로를 보살피는 결과를 낳아 그 대상은 확대될 수 있다.

생태 중심의 자연 친화 교육

자연과 인간의 공동체로서 형성된 문화인 자연 환경은 인류가 미래 세대에 물려주어야 할 중요한 문화유산이다. 자연을 사랑하고 자연과의 상호의존적인 사고에 기반을 둔 성숙한 자연 친화적인 태도는 유아의 삶에도 지속적으로 작용하여 아름다운 공동체를 형성하는 데 중요한 역할을 할 것이다. 이런 견지에서, 자연 친화 교육은 풍부하고 다양한 자연 체험을 통해 자연을 삶의 일부로 자신과 함께 성장하는 생명으로 인식하도록 일상적으로 이루어져야 한다. 그러려면 보육 시설은 자연 친화의 장으로 재개념화되어야 하고, 지금 이 순간부터 교사, 부모, 사회가 함께 노력을 기울이기 시작해야 한다.

생태적 성장의 관점에서 보면 생태계의 모든 존재들은 각각의 가치를 지니고 있을 뿐 아니라 서로 나눔과 보살핌의 문화를 보유한 조화로운 공동체다. 따라서 인간은 자연의 일부이자 동반자로서 자연 환경과 상호 의존적이고 순환적인 삶을 이룰 수 있도록 조화로운 관계를 유지해야 한다. 이를 위해 보육 과정은 자연의 '생명'과 '권리'를 인정하고 자연과 공동체적인 관계와 문화를 형성할 수 있는 가치관과 태도를 함양하는 데 초점을 맞추어야 할 것이다. 또한 인간은 자연 환경을 책임져야 하는 유일한 생태적 존재로서 자연 생태계를 가꾸고 지켜 나가야 할 사회적 책무가 있음을 강조해 보육 과정을 구성한다. 그 교육 내용으로는 환경에 대한 지식 전달, 환경으로부터 배우는 교육, 환경을 위한 의식 고양, 행동 실천, 그리고 더 나아가 생태적인 새로운 삶의 방식을 추구하고 체득하는 것 등이 포함되어야 한다(심성보, 1999).

이제 보육 과정은 단순히 생태적 지식뿐 아니라 모든 생명에 대한 경외심과 생태계의 순환성을 인정하는 인지와 정서를 통합한 것이 되어야 한다. 특히 자연과 함께 살아가는 소중함을 느끼고 생명 공동체의 필요성을 깨달을 수 있는 감성을 키워 주는 것이 되어야 한다. 유아들의 자발적이고 창의적인 놀이를 존중하고 자연 속에서 자연을 즐기며 살 수 있는 환경을 조성하여, 인간과 자연의 상호 의존적인 특성을 체험할 수 있는 기회를 제공해야 한다. 나아가서 먹을거리 교육 프로그램이나 도시와 농촌이 공생할 수 있는 교류 프로그램 등을 개발하는 것도 필요하다(임재택, 2004).

보육에 대한 다문화 접근

오늘날에는 어린 유아라 할지라도 사회 구성원으로서 다양한 문화에 노출되어 있다. 발달적으로 볼 때, 유아는 문화의 다원성을 편견 없이 수용할 수 있는 기초 능력을 지니고 있다(양옥승, 1997a; 이은화, 양옥승, 1988). 만 2~3세 유아는 자기 이외에 타인의 피부색, 성, 신체 구조 등에 대해 관심을 보이고, 다른 사람의 문화화된 행동을 인식하기 시작하며, 자기가 무언가를 원할 때 또는 타인이 자기에게 해롭게 할 때 감정을 어떻게 표현하는지를 학습할 수 있다. 그리고 만 4세가 되면 민족 집단과 성에 대한 정체성을 가질 수 있고, 자신이나 친숙한 사람이 속한 하위문화와 타 문화 간의 공통점과 차이점을 찾는 데 많은 흥미를 보인다. 그리하여 타인에 의해 손상된 자신의 감정과 생각을 다스리는 갈등 해결 기술을 익힐 수 있게 된다. 그러나 아직까지는 집단 구성원으로서 자신의 존재를 받아들이는 데 한계가 있어서 자기 가족의 생활 방식을 일반화하고, 주변 사회의 편견과 고정관념에 따라 자신의 생각과 감정을 표현하는 경향이 있다.

만 5세가 되어도 유아들은 개인적 흥미와 달리 주변 환경이 변하지 않는 한 고정관념의 틀을 벗어나지 못하고, 민족 집단, 성, 종교, 사회 계층, 장애 상태, 지역 등에 대한 사회적 편견을 그대로 내면화하는 특성을 보인다. 그러나 성인의 도움을 받으면 고정관념, 편견, 부당한 사회적인 행위에 대해 비판적으로 생각할 수 있으며, 민족 집단이나 성별에 따른 문화 차이를 반영하여 타인의 행동을 수용할 수 있다. 그리고 만 6세가 되면 민족 집단, 성 이외에도 사회 계층, 종교, 장애 상태, 지역에 따른 생활 방식과 하위문화의 다양성을 인식하고, 집단 구성원으로서 자신을 동일시하기 시작한다. 나아가서 교사의 도움을 받아 학교나 지역 사회에서 벌어지는 차별적인 상황에 대해 문제를 제기하고 해결할 수 있게 된다. 따라서 '좋은 보육' 환경을 마련하기 위해서는 유아 때부터 연령, 성, 계층, 지역, 종교, 장애 정도, 국적, 인종, 피부색 등을 차별하지 않고 타인을 존중하고 그에 따른 문화를 편견 없이 받아들일 수 있도록 다문화의 관점에서 보육 과정을 이해할 필요가 있다.

전통 놀이 문화와 공동체 교육

문화를 습득하는 과정이 사회화이고 교육이라면, 교육 자원으로서 문화는 전통에서 그 뿌리를 찾을 수 있다. 전통적인 민속놀이가 우리나라 사람들이 공유하는 지식, 개념, 가치를 포함하는 문화로서 이 시대를 살고 있는 어린아이들에게까지 계승되어 현대 감각에 맞는 놀이 문화 창조에 이바지하기 위해서는 교육 과정을 반드시 거쳐야 한다. 더욱이 한 민족으로서의 민족 문화에 대한 이질화 현상은 무분별하게 외래문화를 받아들이고 있는 사회 속에서 성장하고 있는 유아들에게도 심각한 문제가 된다. 문화 정체감 상실의 위기에 대처하기 위해서는 일찍부터 우리 민족 문화를 활성화해야 한다는 의식이 확산될 때 놀이 문화의 계승과 창조의 장으로서 보육 시설의 역할은 부각될 것이다.

유아기는 놀이의 시기다. 유아에게 놀이란 하나의 생활양식이기 때문에 놀이를 통해 유아는 사회화하고 전인적으로 성장, 발달한다. 유아기 어린이들이 감각적이고 표피적인 놀이를 즐긴다고 해서 오락성 짙은 놀이 문화만을 제공할 순 없을 것이다. 유아기는 민족 문화를 자랑스럽게 여기고 관심을 갖게 되느냐 아니면 무관심하게 되느냐가 결정되는 시기이므로, 보육 시설에서는 교육 활동으로서 전통 놀이를 제공할 수 있어야 할 것이다. 또, 유아는 전통적인 놀이 문화를 접해 봄으로써 우리 사회의 지식, 개념, 가치, 행동 양식을 터득하고 민족 문화에 대한 정체감을 형성할 수 있다.

특히 유아에게 민속놀이를 즐길 수 있는 기회를 주는 것은 일상생활과 삶의 질을 높이는 데 도움을 준다는 점을 감안할 때, 유아들에게 즐겁고 의미 있는 생활 경험이 될 수 있는 민속놀이를 발굴하여 발달적으로나 사회 문화적으로 적절하게 변형하는 작업은 필요하다. 집단으로 즐길 수 있는 민속놀이(예를 들면, 윷놀이, 비석치기, 연날리기)를 원형 그대로 적용하려면 적어도 만 6세는 되어야 하므로, 초등학교 취학 전 만 6세 이하 유아를 위해서는 이 시대 이 땅에 살고 있는 아이들의 일상생활과 삶의 형태에 적절하게 놀이 도구 및 방법 등을 수정하는 작업이 불가피하다.

남북한 통일과 평화 교육

유아기는 통일을 이룩하는 데 필요한 가치관과 태도의 기초를 형성할 수 있는 가장 적절한 시기다. 그것은 유아기가 자아 개념, 자기의 감정과 생각을 조절하는 사고 능력, 또래와의 공동생활을 통한 사회 도덕성의 기초를 형성할 수 있는 가장 적절한 시기, 그리고 사고의 유연성과 자율성, 창의력을 최대한 계발할 수 있는 최적의 시기이며, 동시에 타인이나 타집단의 경험, 생각, 느낌만이 아니라 성, 연령, 계층, 지역, 종교, 장애, 국가, 인종 등 여러 가지 사회 현상에 흥미, 요구, 관심을 보이는 중요한 시기이기 때문이다.

초기 경험의 중요성과 관련하여 뇌생리학자, 신경학자, 정신의학자들은 신체적인 성장뿐 아니라 두뇌 발달, 정서 발달, 사회성 발달, 도덕성의 기초 등 전인적인 성장과 발달이 유아기 동안 결정적으로 이루어진다고 주장한다. 이 시기에 유아의 독특한 발달적 특성과 사회적인 조건을 고려한 질 좋은 교육 환경을 접하지 못하면 나중에 교정하기가 더 어렵고 비용도 더 많이 들며 그 효과도 낮다고 한다. 유아 교육의 저비용, 고효율의 경제적 효과는 유아 교육에 투입한 비용 1달러는 장기적으로 볼 때 7.16달러의 효과가 있다는 1995년 미국의 헤드스타트에 대한 비용·효과 연구에서도 잘 나타난다.

인간의 두뇌는 사고와 언어에 관한 일을 담당하는 전두엽에서부터 눈으로 보고 느끼는 시각적인 정보를 담당하는 후두엽 쪽으로 이동하면서 발달한다. 신경정신학적으로 볼 때 생후 12~36개월에 이미 뇌에 각인된 기억은 평생 강하게 남고, 이때 형성된 인성은 인생을 좌우할 만큼 그 영향력이 크다고 한다. 만 3~6세 유아기가 되면 한 가지 사물을 여러 각도에서 보고 느끼고 생각하는 종합적인 사고 기능과 인성, 도덕성, 종교성 등의 사고 기능을 담당하는 전두엽이 집중적으로 발달한다. 따라서 통일 교육의 기본 과제라 할 수 있는 객관적이고 긍정적인 인간관의 형성, 평화 공존과 민족 화해의 정신 함양을 위해서는 유아기부터 평화 교육은 시작되어야 한다. 유아 때부터 평화 교육을 하는 것은 사회적으로도 긍정적이고 발전적인 사고의 초석을 다지는 것과 다름없다.

유아를 대상으로 하는 남북한 통일 교육은 직접적인 북한의 실상을 이해한다거나 통일이 되면 어떤 점이 좋다거나 하는 것도 중요하지만, 자기 가치관 정립과 통일을 이루어야 할 한국인이라는 정체성, 어떤 대상과 사건을 바라보는 다양한 시각을 갖도록 하는 데 목표를 두어야 할 것이다. 이는 남북한의 생소함과 이질성을 극복하고 동질성을 회복하도록 도와주는 일이다. 따라서 유아 통일 교육이 긍정적 자아 개념과 자기 조절 능력의 기초 형성, 생명 존중과 평화 공존 의식의 기초 형성, 타인이나 타 집단에 대한 긍정적인 태도 형성, 문화 차이의 수용, 공동체 의식 형성 등을 목적으로 한다면 그 이론적 토대로서 다문화주의와 평화 교육의 이념을 적용할 수 있을 것이다.

다문화 관점에서 북한 문제, 통일 문제를 조망해 보면 우리와 그들의 차이점은 수용할 수 있는 인간사의 다양성 측면에서 접근하고, 공통점은 한민족이라는 당위성으로 귀결할 수 있다. 특정 대상에 대한 태도가 형성되는 유아기에 타인을 혹은 타 집단을 바라보는 시각을 긍정적이고 수용적이게 할 수 있다면 그것이 바로 통일 교육인 것이다.

오늘날의 평화 교육은 사람의 마음속, 사람과 사람 사이, 집단과 집단 사이, 사람과 생태 환경 사이에서 발생하는 비평화적인 관계에 주목하여 이루어진다(오인탁, 2002). 특히 집단적 차원에서 볼 때 인간은 자기가 소속되지 않은 타 집단이 어떤 형태로든 동질적이지 않을 때 편견을 갖게 되고 이해보다는 오해와 적대감, 반목과 질시, 착취와 투쟁, 소외와 억압 등의 행태를 보이며 극심한 경우에는 전쟁과 같은 폭력으로 갈등을 해결하려고 한다. 이러한 사회 현상을 극복하기 위해서 평화 교육은 모든 객관적 세계에서 기능하는 같음(동일성)은 이해를 위한 교수·학습의 수단으로만 이용해야지 사유와 판단, 행동의 수단으로 이용해서는 안 될 것이다. 교육이 세상에서 같음을 중심으로 유유상종하게 하고 다름을 소외시키는 인간의 미성숙한 의식 작용을 가속화할 수 있다는 점에서, 평화 교육으로서 통일 교육은, 같음에서 시작하되 궁극적으로는 다름으로 다가가서 다름을 껴안을 수 있도록 해야 한다.

평화 교육의 관점에서 유아 통일 교육에 대한 접근은 남북한 평화 통일을 구축한다는 의미 이외에 유아로 하여금 정신적으로 성장하고 정서적으로 풍요롭게 한다는 점에서도 의의가 있다. 특히 유아 발달의 특성상 통일 교육을 위한 교육 경험의 근간은 현재의 일상적인 생활에서 찾고, 교육 활동은 민족 문화에 대한 정체성 확립의 차원에서 남북한 사회 간의 다름보다는 같음과 비슷함을 찾는 데 초점을 맞추어야 할 것이다. 유아들은 현재의 일상적인 실생활 문화를 중심으로 활동을 전개할 때 가장 현실감을 갖는다. 북한이나 다른 나라에 대한 소개가 단순히 전통적인 것을 중심으로 이루어지거나 이질성에 초점이 맞추어지면, 흥미는 유발할 수 있을지 모르나 북한 주민이나 다른 나라 사람들의 가치관이나 생활양식을 공감하는 것으로까지 연결되지는 않는다. 또한 유아 발달의 특성을 고려하여 생활상에 대한 소개도 될 수 있는 한 어른보다는 어린이의 생활상을 중심으로 하는 것이 필요하며, 현재의 생활상에서부터 시작하여 가까운 과거나 미래로 발전시켜 가는 것이 좋다.

다행히도 유아 교사들은 북한에 대하여 경쟁이나 적대적인 관계보다는 도와주어야 할 상대라거나 대등한 협력 관계를 가져야 한다고 생각하며, 감정적으로도 북한에 대해 호의적이다(양옥승, 출판중). 이러한 교사의 태도가 통일 교육의 기본 방향과 잘 부합하기 위해서는 유아 교사는 기본적으로 유아 교육에 대한 전문적 지식, 개별화와 융통성, 보살핌과 협력, 현장성과 정보 기술의 이해, 개방성과 의사소통 능력, 의사 결정 능력, 지속적인 자기 갱신, 삶에 대한 비전 등의 전문적 능력을 가지고 있어야 한다. 또한 통일 교육의 효과를 높이기 위해서는 각 지역 단위로 유아 교원 연수 프로그램이나 부모 교육 프로그램이 연구, 개발되고 다양한 교수·학습 자료들이 보급되어야 할 것이다.

유아/교사/가족/지역 사회가 함께 성장하는 보육

변화하고 있는 사회 문화적 여건에 걸맞게 보육하기 위해서는 보육 서비스가 가족의 부족이나 결손을 메워 주는 데 그치는 것이 아니라 유아의 삶의 질 향상과 더불어 가족과 지역 주민의 삶의 질을 높이는 '종합적인 서비스 체계'로 확대되어야 한다. 이런 관점에서 보육 시설이 제공할 수 있는 프로그램으로는 가족과 지역 사회의 적극적인 참여와 협력을 이끌어 낼 수 있는 부모 교육 프로그램, 가족 참여 프로그램, 가족 지원 프로그램 등 세 가지 유형을 들 수 있다.

보육 시설에서 가족을 지원하는 노력을 해야 하는 가장 큰 실천적 근거는 부모 참여와 가족 지원 서비스를 제공함으로써 유아 교육의 효과를 극대화했던 미국의 헤드스타트 프로그램에서 찾을 수 있다. 헤드스타트는 1960년대 이래 유아 교육 개혁을 통해 빈곤 문제를 해결하고자 만 3세에서 유치원 취원 전 만 5세까지의 유아를 대상으로 종합적인 서비스를 제공하는 연방 정부 지원 프로그램이다. 미국의 헤드스타트 프로그램에 대한 오랜 연구에서 부모와 가족에게 정책 참여와 결정의 기회를 부여했을 때 서비스의 질이 높아지고 가족의 생활이 좀 더 윤택해져 유아는 물론 가족의 발달과 복지 실현이 가능했음을 보고하고 있다.

최근 영국 정부가 빈곤 지역에 거주하는 유아들의 신체적, 지적, 사회적 발달을 증진시키기 위해 가족을 함께 지원하고 있는 슈어스타트 프로그램 또한 출생부터 만 4세까지의 유아 대상 프로그램의 중요성을 일깨워 주는 사례가 될 것이다. 그 외에 이탈리아의 레지오 에밀리아 시에서 시도해 온 유아 교육에 대한 접근은 교육 자치제와 관련지어 종합적인 서비스 체제의 실현 가능성을 보여 준 좋은 모델이다.

보육 서비스가 가족과 지역 사회의 파트너십을 형성해 유아/교사/가족/지역 사회가 함께 성장할 수 있는 종합적인 서비스 체계로 이해되려면 보육 시설은 첫째, 가족과 동반자 관계를 유지해야 한다. 둘째, 부모가 아동 중심의 사고와 철학을 가지고 자녀를 양육하도록 보육 시설은 부모를 상담하고 교육해야 한다. 셋째, 가족의 보존과 발달을 돕는 부모 교육 프로그램을 제공해야 한다. 넷째, 가족과 지역 사회가 유아 교육 현장에 참여할 기회를 제공해야 한다. 다섯째, 부모가 유아 교육과 관련된 정책 결정 과정에 참여하게 해야 한다. 여섯째, 보육 시설은 부·모가 자녀를 양육하고 교육하는 책임을 함께 지도록 격려해야 한다. 일곱째, 가족 구조의 다양성을 인정하고 이에 적절한 형태로 가족을 지원해야 한다. 여덟째, 가족 및 지역 사회 복지에 기여해야 한다(양옥승·이원영·이영자·이기숙, 2003).

부모 교육

부모 교육은 부모가 보육의 일차 책임자로서 자녀 양육의 역할을 더 원활히 수행함으로써 부모의 위치를 확고히 하게 하는 데 그 목적이 있다. 부모 교육에 대한 정의는 부모 자신과 유아의 발달을 도울 수 있는 포괄적인 관점에서 내려지는 것이 필요하다. 부모 교육 프로그램은 다루고 있는 교육 내용과 정도에 따라 소극적인 형태의 부모 교육 프로그램(축소형)과 적극적인 형태의 부모 교육 프로그램(확대형)으로 분류할 수 있다.

소극적인 형태의 부모 교육 프로그램은 부모가 가정에서 어린 자녀들의 보호자, 교육자로서 부모 역할 기능을 효율적으로 수행하는 능력을 기르는 데 초점을 맞춘다. 따라서 프로그램의 피교육자인 부모에게 아동 성장과 발달에 관한 지식을 가르치며 자녀 양육이나 교육 기술에 대한 여러 가지 정보를 전달하는 데 주력한다. 이것의 주 목적은 부모 교육을 통해 가족, 특히 부모와 자녀 간의 인지, 정서적인 관계를 형성시키는 것이라고 하겠다. 그러나 실제로는 보육 시설에서 실시하는 보육 과정이 대체로 이상적이라는 묵시적인 가정 하에서 보육 시설 측에서 계획·준비한 대로 유아 교육이나 아동학 관련 전문가를 초청하여 부모를 교육하는 데 역점을 두고 있기 때문에 학부모는 어린이집 보육 과정 계획이나 행정에 거의 관여하지 않게 된다는 것이 특징이다.

적극적인 형태의 부모 교육 프로그램은 부모를 성인 교육의 대상으로 규정하기 때문에 교육 내용은 부모 자녀 간의 인지, 정서적 관계에 대한 직접적인 정보나 지식을 전달하는 것으로 제한되지 않는다. 가족 영양, 건강, 의료 문제, 소비자 경제 문제, 시사 문제, 여성 문제, 법률 문제, 기타 예술 및 문화, 교양 등으로 그 범위나 주제가 확대되어 있다는 것이 특징이다. 부모 또는 가족을 성인 교육의 직접적인 대상으로 인식하여 평생 교육의 차원에서 학부모 및 가족의 지속적인 성장과 발달을 이루기 위하여 포괄적이고 다양한 내용을 포함하고 어린이와 함께 성장하는 부모, 가족, 지역 사회가 되는 데 초점을 맞추고 최선의 노력을 한다.

가족 참여

가족 참여란 부모가 보육 시설과 육아에 대해 공동의 책임을 진다는 입장에서 보육 과정을 구성하는 과정이나 보육 시설을 운영하는 과정에 직접 관여하는 것을 뜻한다. 가족 참여를 강조하는 프로그램에서는 부모를 보육 프로그램의 보조자 또는 결정권자로 인정하고 사회적 책무를 수행하도록 요구한다. 가족 참여 프로그램은 보육 프로그램 관여 정도에 따라 소극적인 가족 참여 프로그램(축소형)과 적극적인 가족 참여 프로그램(확대형)으로 분류된다.

소극적인 가족 참여 프로그램은 부모를 위시한 가족원에게 자원 봉사자가 되어 보육 교사의 역할을 수행할 수 있는 기회를 주는 것에서부터 시작한다. 일하는 부모를 위해서는 각 가정에서 교육 자료를 보수, 제작케 하거나, 교육 자료로 쓰일 폐품을 수집케 하거나, 기타 잡무 처리 등으로 교사를 보조하는 역할을 할당한다. 이와 같은 다양한 형태의 가족 참여 경험을 통해 부모나 가족원들은 각 가정에서 자녀를 더 효율적으로 양육, 교육할 수 있는 역량을 기르며 동시에 교사가 더 충실하게 보육 과정을 실천하게 도와줄 수 있다.

가족 참여의 또 하나의 유형이라고 할 수 있는 적극적인 형태의 참여 프로그램에서는 보육 시설의 모든 프로그램의 결정자로서 학부모가 이들의 계획, 실행, 평가의 전 과정에 직접 관여할 수 있다. 특히 적극적인 가족 참여를 유도하기 위한 방안으로 다양한 형태의 부모회 조직을 구성, 활성화하고 행정, 재정 문제를 포함한 보육 과정의 전반에 관한 건의, 심의 기능을 수행하도록 제도화하기도 한다.

적극적인 참여를 강조하는 가족 참여 프로그램에서는 어린이집 자체에서 실시하는 부모회에 참여하는 것만이 아니라 지방 자치 단체 산하에 있는 지역 단위의 보육 시설 운영 위원회, 중앙의 정책 심의회 등에 보육 시설의 가족 대표를 파견, 참여하게 하는 방법을 쓸 수 있다. 보육 시설 단위로 자체 운영되는 부모회에서는 보육 시설의 보육 과정만이 아니라 가족 지원 프로그램을 포함한 보육 서비스 전반에 관하여 부모들의 개인적 의견을 수렴, 계획 및 평가에 반영하도록 하고 지역 사회에서 이루어지는 다양한 행사에 참여할 것을 유도하기도 한다.

지역별로 운영되는 보육 시설 운영 위원회에서는 교직원의 임명, 예산안과 프로그램 전반에 관한 건의 및 심의(보육 서비스의 궁극적 목적, 목표까지도 건의, 승인할 수 있는 권한이 주어진다), 사회 복지 서비스의 수용 여부의 결정과 수용에 따른 구체적인 서비스 내용을 입안한다. 중앙의 부모 정책 심의회는 부모회의 최고 의결 기구로 실제적인 역할은 부모 정책 위원회와 크게 다를 바 없다. 그러나 가족 참여의 효율성을 증대하고 보육 프로그램 운영 전반에 관한 사항을 효율적으로 건의, 심의하기 위해서는 지방 자치 단체 산하에 지역별 운영 위원회를 그리고 중앙의 운영 위원회에 가족 대표를 추천, 참여하게 하는 방안을 고려해 봄 직하다.

가족 지원

가족 지원이란 가족과 지역 사회의 복지 향상을 위해 지역 사회 내의 각종 단체, 아동 복지 기금 및 시설, 의료 시설, 기타 기업이나 사회 복지 시설, 교육 기관에서 제공하는 각종 서비스를 동원하여 가족을 지원하는 프로그램을 의미한다. 가족 지원 프로그램을 통해서 가정뿐만 아니라 지역적 조건으로 야기될 수 있는 갈등적인 상황을 줄일 수 있도록 다양한 형태의 사회 복지 서비스를 제공하기도 한다.

가족 지원 프로그램은 아동과 가족 발달을 촉진시키는 서비스만이 아니라 지역 개발을 위한 종합적인 서비스 프로그램이다. 무엇보다도 가족 지원을 강조하는 프로그램은 어린이 문제뿐만 아니라 여성 문제, 지역민의 생활 개선에 관한 문제 등 가족 구성원 모두가 직면하고 있는 문제들을 해결할 수 있도록 지지적인 복지 서비스 제고에 주력한다. 이를테면 저소득층 가정에는 건강 보험의 혜택뿐만 아니라 주거 문제, 취업 문제, 진학 문제를 해결하기 위한 여러 가지 복지 혜택이 주어진다. 공부방, 방과후 보육 프로그램은 가족 지원 프로그램의 한 가지 방안이라고 볼 수 있다.

맺음말

신촌 우리어린이집의 개원과 함께 시작된 「공동육아와 공동체교육」이 올해로 12주년을 맞는다. 그동안 공동육아 어린이집과 방과후는 매년 늘어나 80여 개가 되었다. 공동육아 어린이집은 또한 2004년 영유아보육법 개정으로 '부모 협동 보육 시설'로서 새로이 자리 매김할 수 있는 근거가 마련되었다.

이 시점에서 공동육아와 공동체교육이 해결해야 할 첫 번째 과제는 생태적 성장의 관점에서 보육 현장의 다양성을 살리면서 보육 과정과 프로그램을 전문적이고 체계적으로 연구, 개발하여 '좋은 보육'을 실천하는 것이다. 그런데 근래에 자연 친화 교육, 교사 대 유아의 비율 조정, 조합원 간·조합원과 교사 간 갈등의 일상화 등 몇 가지 현실을 비판하는 우려의 소리가 자체 내에서 들리고 있다. 자연 친화 교육이나 적정한 교사 대 유아의 비율을 통한 개별화 및 소집단 교육이 가족 이기주의에 매몰되어 그 본래의 취지를 살리지 못하고 있으며, 조합이 중심이 되어 프로그램을 운영하는 특수한 조건이 부모의 교권 침해라는 또 다른 부정적인 결과를 낳고 있다는 것이다. 이러한 문제들이 야기되었다는 것은 그동안 공동육아 어린이집이 부모 교육, 가족 참여, 가족 지원의 다양한 서비스를 제공하지 못했음을 의미한다. 공동육아 어린이집이 부모 협동 보육 시설로서 정체성과 전문성을 확보하기 위해서는 앞서 제안한 대로 보살핌의 윤리를 강조하고 생명 존중과 공존을 목표로 하여 보육 서비스를 종합적인 서비스 체계로 재편하고 그에 따라 기능과 역할을 다할 수 있어야 할 것이다. 또한 가족—보육 시설—지역 사회 간에 협력적인 관계를 구축할 수 있도록 '공동육아 운영위원회'(가칭)를 구성하는 것도 한 방안이 될 것이다. 이와 아울러 공동육아 프로그램이 교육 본위에 충실한지(이기범, 2002), 교사의 참여권이나 부모의 참여권 이외에 유아의 참여권도 보장하고 있는지, 지역민의 삶의 질을 높이기 위해 어떤 노력을 하고 있는지 등을 종합적으로 평가하는 작업이 필요하다.

참고문헌

경제기획원(1986),『한국통계연감』.

_____(1990),『한국의 사회지표』.

권태환(1997),『한국 출산력 변천의 이해』, 일신사.

박병춘(1999),「보살핌 윤리의 도덕 교육적 접근 연구」, 서울대학교 박사학위 논문.

심성보(1999),『도덕교육의 담론』, 학지사.

양옥승(1997a),「유아 교육 과정 연구의 재개념화 Ⅲ: 다문화주의의 적용」,『덕성여대 교육연구』5, 49-66.

_____(1997b),「놀이와 문화」, 한국어린이육영회 연수원 전문가 연수 자료 3.

_____(2000),「유아교육과정 이론: 분석적 탐구」,『교육학연구』38(1), 135-151.

_____(2001),「자연을 통한 유아교육」, 한국어린이육영회 창립 20주년기념 유아교육 학술대회자료.

_____(2004),『유아 때부터 시작하는 자유선택 교육: 언어적 계획·평가 (VPE) 프로그램의 적용』, 학지사.

_____(출판중), 『남북 유아의 교육과 보육』, 학지사.

양옥승·이원영·이영자·이기숙(2003), 『21세기 바람직한 유아교육에 대한 한국유아교육학회의 입장』, 정민사.

오인탁(2002), 「유아기의 평화교육, 어떻게 할 것인가?」 열린유아교육학회 2002년 봄 학술대회 논문집.

이기범(2002), 「공동육아 프로그램의 교육적 의미」, http://www.gongdong.or.kr.

이은화·양옥승(1988), 『유아교육론』, 교문사.

이정란(2003), 「유아의 자기조절 구성 요인 및 관련 변인에 대한 구조 분석」, 덕성여자대학교 박사학위 청구논문.

임재택(2004), 「교육과정: 주체적 교육과정/모방적 교육과정」, 한국유아교육학회 2004 정기학술대회 자료.

정병호(1998), "자연과 공동육아 I "「공동육아」 4(9), 16-20.

최미현(2000), 「생태학적 유아교육의 기본 프레임워크 탐색」, 경북대학교 박사학위 청구논문.

통계청(1996), 『통계분석자료 모음』.

_____(2003a), 『사회지표』.

_____(2003b), 『총인구』(http://www.nso.go.kr/cgi-bin/sws_999.cgi).

_____(2003c), 『연령별 출산율』(http://www.nso.go.kr/cgi-bin).

Bronfenbrenner, U.(1979), *The Ecology of Human Development: Experiments by Nature and Design*, Cambridge, MA: Harvard University Press.

Martin, J. R.(1994), *Changing the educational landscape,* London: Routledge.

Noddings, N.(1992), *The Challenge to Care in Schools: An Alternative Approach to Education,* New York: Teachers College Press.

_____(1994), "Conversation as Education,"*Journal of Moral Education*, 23(2): 223

_____(1995), "A Morally Defensible Mission for Schools in the 21st Century," *Phi Delta Kappan*, 76(5): 365-68.

_____(2001), "The Care Tradition: Beyond'Add Women and Stir'," *Theory into Practice*, 40(1): 29-34.

Rasinski, T. V.(1988), *Aspects of a Caring Reading Curriculum*, ERIC

➡ **양옥승** 「공동육아와 공동체교육」 공동대표이며, 덕성여자대학교 유아교육학과 교수로 재직 중이다.

참여적 학습과 보육 공동체

이 기 범

사회생활과 과학 기술이 확대되고 복잡해짐에 따라, 평생 학습의 필요성이 높아지고 있다. 평생 학습은 시간과 공간의 차원에서 변화를 요구한다. 시간의 측면에서는 과거보다 어린 나이에 학습이 시작되어 평생에 걸쳐 지속되어야 하며, 공간의 측면에서는 학교에서의 형식적 학습(for-mal learning)뿐 아니라 사회에서의 비형식적 학습이 요구된다. 이 글은 평생 학습의 관점에서 보육을 이해할 때 보육이 '생활형 비형식적 학습'을 지향해야 한다고 주장하고, 그 사례로서 '공동육아'에서 형성되는 학습 공동체와 진행되는 학습을 소개한다.

평생 학습과 보육

'유아 교육과 보육의 유기적 운영'(이하 ECEC)이 평생 학습의 출발점이 됨으로써 '보호와 교육의 통합으로서의 보육'(educare)은 이제 일부 전문가와 부모들의 기대에 그치는 것이 아니라 국가 정책에 의해 실현되어야 한다.* 평생 학습의 관점에서 보육 정책을 입안할 때 우선 개인적·국가 적 차원의 필요성에 의해 보육의 기회가 보편적으로 보장되어야 한다. 과거에 한국의 보육 정책은 보육을 복지로 규정하여 육아를 감당할 경제 적 능력이 없는 부모들만 예외로 하고 '수혜자 부담의 원칙'을 고수했다. 평생 학습의 관점에서 이 원칙은 유효하지 않다. 국가는 경쟁력 강화를 위해 시민 사회와 경제에 적극적으로 참여할 수 있는 인적 자원을 개발 해야 하고 인적 자원 개발에 평생 학습이 관건이므로, 평생 학습은 보육 에서 시작되어야 하고 보육 기회는 보편적으로 주어져야 한다. 즉 모든 아동들이 '잠재적' 인적 자원이므로 보육은 평생 학습으로서 모든 아동 들에게 제공되어야 한다. 개인적 차원에서 보더라도 사회에 참여할 수 있는 능력을 갖추기 위하여 평생 학습이 필요하고 보육이 그 출발이라면 당연히 보편적 보육의 기회를 요구할 권리가 있다. 보편적 보육 실현의 정당성과 가능성은, 인적 자원으로 사회에 참여할 수 있는 실제적 능력 이 보육을 통하여 계발될 수 있다고 국가와 개인이 인정할 때 높아진다. 즉 보육에서 이루어지는 학습의 질을 높이는 것이 보육 기회 보편화에 기여할 수 있을 것이다.

평생 학습의 출발점으로서의 보육에 적합한 학습을 모색하기 위하여 먼저 '학교형 형식적 학습'(school based formal learning)의 아이러니를 극복해

---

* OECD는 1996년에 열린 교육 장관 회의에서 ECEC를 "어떤 운영 방식(setting), 재정, 운 영 시간, 프로그램 내용이건 의무 교육 학령 전 아동들을 교육하고 돌보는 모든 시설과 조 치들"로 정의한다(OECD, 2001: 7). 주제로 설정한 '모든 사람을 위한 평생 학습 구축' (Making learning a reality for all)을 토의하면서 유아교육과 보육을 통합한 Early Childhood Education and Care(ECEC) 개념을 제안하고 ECEC에 대한 기회의 확대와 질의 심화를 촉 구한다. 이런 요구는 2001년에 열린 같은 회의의 주제인 '모든 이의 능력 개발을 위한 투 자'(Investing competencies for all)의 협의 과정에서 다시 확인된다.

야 한다.* 우리 사회에서는 어린이집과 유치원 모두에서 정도의 차이는 있더라도 기존의 학교 교실에서 진행되는 경직된 형식적 학습을 적극적으로 모방하여 학령 전에 적용한다. 이러한 학습은 다음과 같은 가정에 의존하고 있다. 첫째, 학습은 머릿속에서 일어나는 개인적 과정이므로 모든 상호 작용은 통제되어야 한다. 둘째, 학습에는 시작과 끝이 있으므로, 그 과정이 표준화되어야 하고 정해진 시간 안에 끝내야 하는 일회성 활동이다. 셋째, 학습과 놀이, 생활 등의 활동은 구분되어야 하므로, 정해진 시간과 공간에서 학습이 이루어져야 한다. 넷째, 학습은 정해진 교과 혹은 읽기, 셈하기 등의 교과 영역의 학습이므로, 효율적 학습을 위해 교과와 교과 영역을 세분해야 한다. 마지막으로 학습은 교수(teaching)의 결과이므로, 학습은 교사가 주도해야 한다.

이런 가정들에 기초해 아동들이 외부 세계에 참여함으로써 생기는 방해를 차단하고 교사, 교과, 주어진 과제에만 관심을 집중하도록 교실을 조직한다. 그리고 학습지, 연습 문제, 컴퓨터 학습 프로그램 등을 통해 아동들이 개별적으로 요령을 습득하고 반복 연습을 하도록 한다. 학습 성과를 평가하기 위해서 시험을 보는데, 협력은 위법으로 간주하므로 아동들은 개별적으로 주어진 문제들을 하나하나 풀어 나감으로써 삶의 맥락과 관련 없이 자신의 지식을 과시할 수 있어야 한다.

그 결과 우리가 이미 알고 있는 바와 같이 이미 어린 나이에 많은 아동

---

* 이외에도 두 가지의 아이러니를 더 극복해야 한다. 하나는 '시혜적 복지의 아이러니'로서, 보육 정책의 수혜자 부담 원칙과 극빈자 시혜의 원칙으로 피해를 보는 보육 수요자들이 공동육아처럼 자생적으로 보육의 보편화를 기울이는 노력에 냉소적인 태도를 취하는 것이다. 다른 하나는 '외국 보육 모델의 아이러니'로서 우리 보육계가 발도로프 교육, 레지오 에밀리아 교육, 몬테소리 교육 등 외국의 보육 모델을 흠모하여 열띤 관심을 보이지만 한때일 뿐 실제 보육에 적절하게 수용하는 현장은 거의 없다는 것과 '외제 브랜드'를 선호하는 만큼 공동육아 같은 '국산품'의 평가와 수용엔 인색한 현상을 일컫는다.

들에게 학습은 지루한 것, 지난한 것, 무용한 것으로 각인된다. 초중고 교육을 거치는 동안 어떤 아이들은 부모와 교사를 실망시키지 않기 위해 참고, 어떤 아이들은 참다못해 탈출을 시도하고, 어떤 아이들은 경쟁하는 맛에 공부하고, 대부분은 아이들은 그럭저럭 견디어 낸다. 대부분의 아동, 부모, 교사들은 학습을 통해 무엇을 성취하는가에 관심이 없고 학습을 통해 어떤 학력을 획득하는가에 관심을 쏟는다. 우리 사회에서 학습은 학습을 위한 학습, 진학을 위한 학습으로 존재하는 경향이 지배적이다. 기존의 학교형 형식적 학습은 여러 가지 측면에서 부적절하지만, 자발적 탐구심을 저해하고 일찍이 학습에 무관심하도록 망가뜨리기 때문에 특히 아동들에게 치명적이다.

최근에는 '학교 해체' 혹은 '교실 붕괴' 같은 극단적 현상에 대한 우려가 늘어나면서, 많은 부모와 교사들이 기존의 학교 교육과 학습에 대하여 강한 불신과 불만을 갖게 되었다. 그러나 대부분의 부모와 교사들의 대처 방안은 아동들에게 더 조기에 더 집중적으로 경직된 학습을 제공하는 방향으로 흐르는 아이러니를 보이고 있다. 그것은 경직된 학습에 대한 대안을 상상할 수 없거나, 대안이 존재하지 않거나, 혹은 대안이 있어도 불안하여 선택할 수 없기 때문일 것이다. 이러한 인식의 고정관념과 실천의 관성을 극복해야 평생 학습에 적합한 보육의 학습을 모색할 수 있다.

공동육아의 학습 공동체

'공동육아'는 아동, 부모와 교사들이 협력하여 학교형 형식적 학습의 구속에서 벗어날 수 있는 대안을 찾는 의미 있는 시도들의 한 사례다. 이러한 시도들은 공통적으로 학습은 삶에 참여하는 생생한 경험의 맥락에서 이뤄진다는 인식에서 '생활형 비형식적 학습'(life-based informal learning)을 대안으로 채택하여 적절한 학습을 모색하고자 노력한다. 공동육아는 이러한 시도를 통해 아동의 총체적 발달과 행복을 증진하고자 한다.

공동육아가 대안적 학습을 채택하게 된 이유는 학교형 형식적 학습이 수십 년 간 추진되었으나 아동들의 총체적 발달과 행복에 효과가 제한될 뿐더러 최근에는 심지어 아동들을 말라 시들게까지 한다는 위기의식과 어떤 형태든 새로운 학습이 필요하다는 절박감이다. 더 적극적으로는 교사와 부모들이 가족, 어린이집과 지역 사회, 생활과 학습 그리고 아이들과 어른들이 자연스럽게 통합된 문화에서 아동들이 성장하기를 희망할 뿐 아니라, 그러한 희망을 가진 어른들과 연대하고자 하는 공감대가 있다. 어른들 사이에서 현실 인식과 미래 전망이 상당 부분 공유된다는 점에서 공동육아는 '보육 공동체'를 지향한다.

공동체는 돌봄, 존중, 상호 의존의 상황에서 가치와 정서를 교류하고 공유하는 인격적 관계 혹은 그러한 삶의 형태와 사회 조직을 가리킨다(이기범, 1994). 공동육아는 그러한 공동체 중에서 보육 공동체이며 그 기본적 성격은 '학습 공동체'이다. 공동육아에서 학습 공동체는 주어진 것이 아니라 만들어야 하는 것이므로, 학습의 내용과 학습을 둘러싸고 어른들 사이에 토의가 있고 갈등이 나타난다. 이 점은 발도로프 모델이나 몬테소리 모델과 다르다. 이 모델들은 다소의 변화는 있지만 권위 있는 전문가의 학습관이 주도하는 일종의 완결된 구성체다. 그에 비해, 공동육아의 학습은 물론 전문가들이 연구하고 평가하지만 결국은 아동, 부모, 교사들이 선택하고 실천해서 검증되어야 한다. 그러므로 학습을 실천하는 가운데 토론을 하고 더 나은 학습 방향을 '발견'하기도 하고, 이를 통하여 끊임없이 자신을 수정한다. 그렇기 때문에 공동육아는 미완의 공동체이고 변화해야 하기 때문에 항상 시끄럽다. 공동육아는 아동, 부모, 교사들이 함께 적극적으로 참여하고 참여를 통하여 학습이라는 실천을 발전시키는 학습 공동체다.

공동육아 보육 공동체는 동시에 생활 공동체(유기농 먹을거리를 나누는 생활협동조합 등), 문화 공동체(지역 사회에서 마을 잔치 개최 등)이기도 하다. 그러나 이러한 공동체 활동들은 결국 학습의 결과물이다. 아이들에게 유기 농산물을 먹여야 한다는 인식, 아이들은 지역 사회 속에서 성장해야 한다는 인식들이 공동육아의 학습에서 비롯되기 때문이다.

여기에서 중요한 점은 부모와 교사들이 자신들을 아이들의 학습의 맥락으로 여긴다는 것이다. 즉 가족과 어린이집에서 나타나는 어른들의 가치관과 생활 방식은 아이들의 학습에 영향력 있는 자원이 된다고 인정된다. 그러므로 아이들이 학습하기를 기대하므로 어른들도 학습하고 그를 통해 성장하고자 노력한다. 민주적이고 효과적인 부모 참여는 학생들의 "능력과 사회 경제적 배경보다도 더 학생들의 성취, 태도 그리고 동기 형성에 영향을 준다"(Epstein, 1987: 120). 여기에 더해 다음과 같은 소득이 있다고 알려져 있다(Henry, 1996: 15-17; OECD, 2001: 100). 첫째, 부모가 자기 아이에 대해 알고 있는 전문 지식을 얻을 수 있고, 학습을 가족에 연계할 수 있다. 둘째, 부모들을 통해 미처 깨닫지 못한 학교의 문제를 알 수 있고, 좀 더 타당한 의사 결정을 할 수 있다. 셋째, 부모의 아동 학습에 대한 긍정적 태도를 증진하여 아동의 학습 기회를 장려할 수 있다. 넷째, 부모의 정치망을 동원하고, 교육 기관에 대한 더 폭넓은 지지를 확보할 수 있다. 공동육아의 부모와 교사 참여는 이러한 수준을 넘어서서, 어른들이 아이들의 학습을 평가하는 위치에만 있는 것이 아니라 자신들이 학습을 통해 성장해야 아이들도 성장한다고 믿는 데서 비롯된다. 이런 믿음은 공동육아에서 통용되는 '함께 크는 아이들, 함께 크는 어른들'이라는 표현에 잘 나타난다. 공동육아는 아이들뿐 아니라 부모와 교사들의 학습 공동체다.

공동육아의 통합적 학습

공동육아 학습의 목적과 목표는 명시적으로 볼 때 다른 교육 시설과 크게 다르지 않다. 아이들이 양식 있고 능력 있는 시민으로 사회에 적극 참여하도록 성장하는 것을 목적으로 한다. 다소 다른 점이 있다면 행복한 사람으로 성장하기를 바란다는 점이다. 물론 행복이 무엇인가, 어떻게 보육하는 것이 행복하게 하는 것이냐 등 논란은 공동육아에서 계속된다. 목적이 독특하지 않으므로 목표도 다른 교육 시설과 유사하여, 아동들의 총체적 발달을 도모하고, 자율성, 독립성, 유연성, 사회성, 창의성, 협업성 등이 성장하기를 기대한다.

　목적과 목표가 무엇인가보다 실제로 그것이 이루어질 수 있도록 학습이 실천되는가가 더 중요하다. 많은 연구들(간디니, 1996; 이기범, 2000; 이종태, 2001, 한국교육개발원, 1996, Dalin & Rust, 1996; Goodman, 1992)에 의하면 이 목적과 목표는 아동 주도 학습, 생활 중심 학습, 탐색 학습, 발현적 교육과정 등에 의해 실현될 가능성이 높다. 그러나 대부분의 부모와 교사들은 학교형 형식적 학습에 익숙하다. 다른 형태의 학습을 경험하거나 상상해 본 적이 없기 때문에 우선 새로운 학습을 이해하기 어려우므로 문헌에 제시된 학습 원칙을 '외워서' 충실하게 진행하게 되고 그러면 이미 새로운 학습의 취지를 반영하지 못하는 학교형 형식적 학습으로 회귀하게 된다. 혹은 비교적 성공적으로 학습을 수행하더라도 자신이 하고 있는 것이 타당한지 그리고 이 결과가 어떻게 될지 자신이 없고 불안하므로 자신에게 익숙한 학습 방식 사이에서 왕복 운동을 하기도 한다. 예를 들면 교실 학습과 경직된 학습 계획안을 벗어나려고 해도 왠지 아이들을 놀리기만 하는 것 같은 불안을 느끼는 경우가 있다. 이런 현상은 공동육아 초기에 불거졌으며 아직 부모와 교사들의 고민은 계속되고 있다. 그러므로 목적과 목표보다는 과정에 초점을 두는 것이 유용하다.

공동육아의 학습은 특정 학습 이론에 크게 의존하지 않는다. 다양한 학습 이론들이 있고 각 이론들은 언어, 문제 해결 등 각기 다른 영역에 강점이 있다. 굳이 이론적 친화성을 이야기하자면 비고츠키(Vygotsky)의 사회적 구성주의 이론, 코울(Cole, 1995), 레이브와 웽거(Lave & Wenger, 1991), 웽거(Wenger, 1998)의 실천 이론 등을 들 수 있다. 그러므로 오히려 학습 과정에서 실제적으로 중점을 두는 부분들을 소개하는 것이 유용하다. 이 요소들은 기존의 학교형 형식 학습에서 간과되거나 결여된 경우가 대부분이다.

공동육아는 우선 학습의 통합적 측면을 강조한다. 학습의 통합적 측면에는 두 가지 뜻이 있다. ① 인위적, 개념적, 편의적으로 분리되었던 학습의 부분과 요소들을 합치어 '완결된' 학습을 지향한다. ② 학습을 통해 보육 공동체에 구성원으로 정체성을 형성하고 통합된다. 특수 교육학에서는 통합 학습으로 '특별한 도움이 필요한 아동들'(children with special needs)을 사회에 온전하게 참여할 수 있도록 일반 학교에서 같이 교육하는 경우를 말한다. 공동육아의 통합적 학습은 물론 이 경우를 포함하지만, 더 넓게 학습 전반을 아우른다. 다음에서 학습 차원(plane)의 통합, 학습과 발달 영역·활동 영역의 통합, 학습과 시공간의 통합, 다양한 배경과 능력의 통합을 통한 학습을 논의한다. 놀이와 학습의 통합은 중요하지만 이미 잘 알려져 있으므로 생략한다. 논의에서 유의해야 할 점은 통합을 통해 부분과 요소들이 자기의 특색을 잃고 획일화되지는 않는다는 것이다. 예를 들자면 인지 발달은 그 특성은 유지되지만 다른 발달 영역과 유기적으로 통합되어 학습된다. 또 구성원들은 각자의 다원적 정체성을 유지하는 가운데 공동육아의 보육 공동체에 속하게 된다.

학습의 차원인 개인적 실천, 상호 주관적 실천, 사회적 실천은 서로에게 영향을 주며 상호 구성하는 통합적 관계다

아동들의 학습은 머릿속에서 일어나는 개인적 관념이 아니라 또래 혹은 어른들과의 의사소통 등의 상호 작용 그리고 가족, 어린이집, 지역 사회의 규범 속에서 행해진다. 또한 상호 작용과 사회적 규범은 고정 불변이 아니라 아동들의 실천과 개입에 의해 변화한다. 학습은 한 차원(개별 아동)에서 진행되면 다른 차원(또래들)에서도 진행되며, 한 방향(교사 → 아동)뿐 아니라 쌍방향으로도(아동 ↔ 교사) 진행되는 것이 확인된다. 공동육아의 통합적 학습은 학습의 사회적 속성을 명확하게 인식하고, 개인, 또래와 어른, 사회의 연계망을 자연스럽게 구성하여 활발한 상호 작용이 진행되도록 노력한다.

기존의 학습에서 분리되었던 발달의 영역(인지 발달, 도덕 발달, 신체 발달 등)과 활동 영역(언어 활동, 미술 활동, 논리 활동 등)을 통합해 학습하려고 노력한다

이 구분은 개념적 구분 혹은 논리적 구분이지, 실제상의 구분이 아니다. 영역의 구분은 "실제 교육을 하는 데 어느 것을 어느 정도 강조할지 등을 밝히는 방식으로 교육의 방향 설정에 도움을 줄 수 있을 것이다"(홍은숙, 1999: 94-5). 실제로 이 논리적 구분에 따라 학습을 진행하면 기이한 모습의 '모자이크식 학습' 혹은 '칸막이식 학습'이 생겨나지만, 우리는 이렇게 학교형 형식적 학습에서 배웠으므로 그러한 기형을 당연하게 받아들인다. 그러나 시험 상황이 아니라 실제 상황이나 일상에서 한 가지 발달 영역이나 한 가지 활동 영역만을 동원하여 문제를 해결할 수 있는 경우는 거의 없다. 또한 실제 상황에서 어떤 영역이 동원되는지 각 영역들을 엄밀하게 구분하기도 어렵다. 예를 들자면 '배가 난파되었을 때 구명선에 누구를 태워야 하나'라는 상황에 대한 답변이 인지 발달의 영역인가, 도덕 발달의 영역인가 그리고 언어 활동에 관련되는가, 논리 활동에 관련되는가를 판단하기는 어렵고 오히려 무모하다. 통합적 학습은 발달 영역과 활동 영역(언어 활동, 미술 활동, 논리 활동 등)을 통합할 수 있는 실천에 역점을 둔다. 예를 들면 공동육아에서 하는 아이들의 차(茶) 모임에서 '오늘 있었던 일을 이야기하기'는 경험을 여러 가지 판단과 표현 능력을 발휘하여 내러티브로 구조화해야 하는 통합적 학습이다. 나들이 또한 오가는 과정에서 발생하는 다양한 상황에 적합하게 다양한 영역들을 동원해야 하는 적절한 학습의 예다(이기범, 2003).

학습을 시간과 공간에 맞추는 것이 아니라
학습에 시간과 공간을 맞추도록 통합한다

학교 교육에서는 학습 과정을 표준화하여 정해진 시간 안에 학습을 끝내야 하고, 외부 세계의 방해를 받지 않도록 정해진 공간에서 학습이 이루어진다. 지정된 시간과 공간에 자신의 삶을 맞추어야 하는 소외의 경험은 미하엘 엔데(1999)의 소설 『모모』에 잘 드러난다. 공동육아는 학습이 수행되는 시간과 공간의 범위를 표준화하지 않으며 교사와 아동들이 시간과 공간 활용의 주체가 되도록 권력을 부여한다. 포스트만(1995: 45-46) 등은 좋은 학습은 "매일 학생들에게 시간을 강압적으로 배당하지 않는 학교", "모든 학생들이 똑같은 시간 내에 똑같은 일을 일률적으로 할 수 있다고 기대하지 않는 학교", 그리고 "시간은 학생들의 활동 및 경험과 관련지어야 한다"는 원칙을 세우고 있는 학교에서 가능하다고 보고한다. 특히 아이들의 경우, "성숙과 발달과 이해에 필요한 시간, 또 전체적으로 느리고 독특하고 계속 변하는 어린이의 능력이 나타나는 데 필요한 시간을 존중"해야 한다(말라구찌, 1996: 213).

공동육아에서 공간은 단지 학습에 유용하고 안전한 장소만이 아니라 교육관이 반영되고 실현되는 공간으로 인식된다. 어린이집은 심리적·물리적으로 편안하여 학습과 생활이 가능하리라는 느낌이 들게 구성된다. 아이들과 교사들의 상호 작용이 원활하게 유지되도록 실내외 동선을 구성하려고 노력한다. 학교 교육에서는 교과로서 체험을 규격화, 추상화하였기 때문에 학습이 주로 교실에서 이루어져야 하지만 어린이집은 그런 점에서 자유롭다. 학습은 자기 방, 마루, 부엌, 마당, 어린이집 밖에서 다양하게 이루어진다. '자신의 시간'과 '자신의 공간'을 느낄 때 아이들은 시간과 공간을 스스로가 통제하는 체험을 하게 되고 학습과 생활에 폭넓고 심도 있게 적극적으로 참여한다. 공동육아에서 시간과 공간은 교육을 지배하는 요소가 아니라 학습에 적합하도록 구성되고 있는 요소이다.

공동육아는 다양한 배경과 능력을 통합하여 학습한다

공동육아는 특별히 발달 수준이 구별되는 학습을 제외하고, 연령, 성별, 능력, 필요성, 사회적 배경이 다른 아이들이 함께 학습함으로써 인지적·감성적·도덕적 발달을 촉진할 수 있다고 믿는다. 다양성과 다름은 편견과 차별의 근거가 아니라, 의사소통과 상호 이해를 향한 동기와 의욕을 제공하고, 차이를 인정하고 조화를 이루며 사는 것을 일상에서 실천하고 배우는 계기다. 다양성과 다름을 존중하고 이해하려는 태도는 자신과 다른 생각, 행동, 삶에 개방적인 자세를 갖게 하고, 이러한 개방성으로 자신의 생각, 행동, 삶을 성찰하는 학습의 기회를 갖게 된다(Noddings, 1993). 흔히 함께 지내기 어렵다고 간주하는 '특별한 도움이 필요한 아이들'(장애아)을 적절하게 배려하고 돌보는 것을 배우고 이 경험을 통해 자신도 다른 사람에게 배려와 돌봄을 적절하게 요청할 수 있게 된다. 다름과 다양성과 통합된 학습을 통해 자기 성찰, 자기 평가와 자기 수정이 활발하게 이루어지고 성장이 가능하다.

공동육아의 참여적 학습

참여적 학습과 통합적 학습은 유기적으로 결합되는데, 통합적 학습이 학습을 구성하는 틀에 더 관련된 것이라면 참여적 학습은 학습의 과정, 실천과 더 관련 있다. 참여적 학습의 주요 요소인 사회적 실천, 안내된 참여, 관계적 참여를 논의한다.

사회적 실천

이미 수차례 설명하였듯이 공동육아는 학습을 사회적 과정 즉 사회적 실천으로 개념화하여 비중을 둔다. 코울(Cole, 1995)과 밀러와 굿나우(Miller & Goodnow, 1995)는 사회적 실천을 특정한 기술과 특정한 지식의 체계를 사용하여 목표를 지향하는 일련의 반복되는 활동이라고 정의한다. 매킨타이어(MacIntyre, 1984: 187-188)는 더 상세한 설명을 하는데, 사회적 실천은 사회적으로 성립된 협동적인 인간 활동을 수행하는 모종의 일관되고 복잡한 양식으로서, 그 양식에 적합한 탁월성의 기준이 있어서 그 기준을 추구하는 가운데 활동 양식에 내재된 가치가 실현되며 그 결과로 인간의 능력이 체계적으로 확장된다. 사회적 실천은 우연히 생긴 것이 아니라 특정한 관심과 필요성에서 비롯된 것이고 활동에 내재한 가치를 실현하고자 하는 가치 지향적 활동이기 때문에, 기계적 기술이나 전문적 기술과 구별된다. 사회적 실천은 그렇기 때문에 관찰될 수 있지만 행동 주의자들이 말하는 관찰의 뜻이 아니라, 사회적 실천이 어떤 맥락에서 어떤 의미와 가치를 실현하고자 하는가를 파악하고 해석할 수 있다는 뜻 이다. 또한 사회적 실천은 어떤 식으로 해야 적절한가에 대한 규범적 기 대를 충족하려고 노력하는 것이다. 예를 들면 글씨 쓰기는 단순 기술 훈 련이고 주제를 가진 글쓰기는 사회적 실천이고, 말하기에 대비하여 이야 기하기는 사회적 실천이며, 공차기에 대비하여 축구는 사회적 실천이다.

사회적 실천인 학습은 추상화된 규칙을 가르치는 것이 아니라 왜, 어 떻게 그 일을 수행하는지를 가르침으로써 그 활동의 구성원이 되게 하는 일이다. 이는 아동들이 규칙, 지식, 정보 혹은 그것들의 구조를 단순히 습 득하거나 수용하는 것이 학습이라는 관점에서 탈피한다. 우리는 규칙이 나 어떤 인지 구조를 먼저 배우고 외운 후 그에 따라 행동하지 않는다. 또 일반적 규칙을 안다고 해도 특정 상황에 어떻게 적용해야 할지 분명하지 않을 때가 많다. 추상적 규칙이 활동을 있게 하는 것이 아니라 활동의 결 과로 규칙이 생겨나는 것이다. 학습에서 활동에 관한 규칙과 명제를 배 우는 일은 부차적 일이며 규칙과 더불어 활동 자체를 수행하는 방법을 배워야 한다(홍은숙, 2004). 같은 맥락에서 OECD보고서(OECD, 2001: 114)는 ECEC에서는 '발현적 접근'을 채택하여 일상적 관심에서 자연스럽게 학 습이 수행되도록 인지 활동을 놀이로 구성하는 것이 바람직하다고 소개 한다. 학습해야 할 것은 요약된 규칙과 요령이 아니라 그 규칙과 요령을 생산한 활동 자체의 수행 과정과 방법이다.

대개, 활동의 수행 과정은 말로 표현되기 어려우며 말로 표현된다고 하더라도 그것을 듣고 자신이 실제로 수행하기는 어렵다. 학습의 목적은 실제로 무엇인가 할 수 있게 하는 것인데, 학교형 형식적 학습은 학습이 왜 의미가 있는지 납득시키는 과정을 생략하고, 요약된 규칙이나 정보를 단기간에 습득하도록 하기 때문에 학습의 목적, 즉 실제 수행 능력을 계발하는 데 한계가 명확하다. 예를 들면, 대부분의 학교 교육에서 죽을 쑤는 방법을 학습할 때 교과서에 나온 죽 쑤는 순서를 아동들이 외우게 하는데, 이렇게 학습한 아동들이 실제로 죽을 쑤게 되면 말 그대로 '죽을 쑤게 된다.' 공동육아는 실제로 실천하는 가운데 이루어지는 학습이 특히 아동들에게 더 유효하다고 확신한다. 공동육아의 참여자들은 보육 공동체가 공유하는 규범에 따라 학습하여, 적절하게 생각하고 행동하는 것을 배우면서 구성원이 되어 간다.

사회적 실천인 학습은 개인의 머릿속에서 이루어지는 것이 아니라, 협업적 참여 속에서 일어나는 과정이다. 앞에서 말한 바와 같이 인간은 사회적 상황에서 발달하며, 공동 참여자들의 다양한 관점이 상호적으로 구성됨으로써 학습이 이루어진다. 학습의 주체는 개인이 아니라 학습 공동체 혹은 학습 상황에 공동으로 참여하고 있는 사람들이다. 또 어떤 종류의 인지적 과정과 개념적 구조가 포함되었는가를 중시하는 대신에, 어떤 종류의 사회적 참여가 적절한 학습 상황이 되는가를 고민해야 한다(Lave & Wenger, 1991). 즉 학습은 학습 공동체에 참여하는 과정이며, 실제적 참여 과정이 학습에 결정적이다. 그 참여는 처음에는 정당한 주변적 참여에서 점진적으로 참여의 정도와 복잡성이 증대되고, 이에 따라 구성원 정체성이 분명하게 형성되어 간다.

공동육아에서 사회적 실천인 학습은 현재의 학습을 미래의 목적과 목표를 실현하기 위해 규칙과 지식을 습득하는 수단으로 보는 것이 아니라, 그 자체가 의미와 가치가 있다고 본다. 그래서 아동들이 어린이집을 넘어서 '실제 세계'를 접하고 그 속에서 '실제 문제'를 해결하도록 장려한다. 실제 세계는 "상호 작용과 건설적 학습을 자극하는 자극제로 충만한 교육적 '내용'을 가진 것으로도 보기 때문이다(간디니, 1996: 200). 공동육아의 나들이 프로그램은 바로 이러한 학습의 대표적 예다. 세계를 체험하는 기회는 현장 견학처럼 고안되지 않고 생생한 체험으로 제공된다.* 또한 세계 체험은 당면한 학습 과제를 수행하기 위하여 필요한 체험이기도 하다. 이러한 기회는 현장의 일부분만을 구경하는 식으로 진행하지 않고, 그 복잡성을 이해할 수 있도록 충분한 시간을 가지고 진행해야 한다.

공동육아는 아이들이 사회에 적절하게 참여할 수 있게 성장하도록 어릴 때부터 주변 사회에 실제로 참여하게 한다. 책임 있는 시민으로 성장하려면 "아동들 자신이 매일 접하는 학교나 이웃 그리고 마을, 가장 가까운 곳에 있는 것부터 돌보고 아끼는 것을 배우는 데서 시작해야 한다"(포스트만, 1999: 139). 그래서 "지역과 유리되면 학교는 산 지식의 생동감을 잃고 스스로 갇히게"(홍순명, 1998: 55) 된다는 인식이 강조된다. 실제의 문제, 예를 들면 지역 사회의 환경 문제나 소비자 권리 문제들을 해결하려고 시도하는 과정에서 학생들은 "우리가 변화를 일으킬 수 있다"는 믿음을 갖게 되고 양식 있는 시민으로 성장한다.

안내된 참여

위에서 설명하였듯이 사회적 실천은 참여를 통해 가장 잘 이해되고 실행된다. 그런데 의미를 느껴야 참여하게 되므로 교사의 안내가 필요하다. 포스트만(1999: 25)이 '교육의 종말'이라는 표현으로 이야기하듯이, "의미가 없다면 학습은 목적이 없는 것과 같다." 학교 교육에서 아동들이 학습

---

* "우리 아이들은 나들이를 통해 세상, 세계와 만난다. 자연의 변화를 알고 그 변화에 민감하며 즐길 줄 안다. 그 속에서 기쁨을 주는 존재와 생명에 대해 존중해야 함을 배운다. 우리 아이들은 지역 사회를 견학하지 않는다. 지역 도서관에 구경 가지 않고 책을 읽으러 가며, 우체국에는 이사 간 친구에게 편지를 부치기 위해 간다. 나들이를 하면서 오가며 만나는 동네 어른에게는 '안녕' 하며 반말하지 않고 '안녕하세요' 하고 인사할 줄 안다"(공동육아 어린이집의 한 교사의 말, 이부미, 1999: 93에서 재인용).

의 의미와 목적을 인식하지 못하기 때문에 학교는 배움터가 아니라 수용소로 전락한다. 또한 교사들은 아동들이 의미를 찾아 참여하도록 적절한 방법을 안내하는 역할도 해야 한다. 아동들은 학습에 의미와 가치를 진지하게 느낄 때 심지어 몰입할 수 있게 된다. 피아제의 주장과 달리 또래끼리보다는 더 숙달된 선배나 어른들의 안내를 받아 더 적절하게 참여할 수 있게 된다(Rogoff, 1993). 이를 '안내된 참여'로 부르는데, 그렇기 때문에 공동육아에서 어른들의 파트너 역할은 중요하다.

아이들뿐 아니라 교사와 부모들도 안내된 참여를 통해 구성원의 정체성을 형성하여 공동체에 통합된다. 공동육아는 앞서 말한 대로 학습 공동체로서 아이들뿐 아니라 부모와 교사들도 적극적으로 학습하며 변화한다. 다양한 기회에 참여를 통해 아이들과 어른들은 학습의 범위가 넓어지고 수준이 높아지고, 이에 따라 참여의 폭과 깊이가 늘어난다. 즉 '공동육아 사람'으로 정체성을 형성해 통합되어 가는 것이다.* 여기에서 특기할 점은 학습에 교육 과정이나 지침이 있지만 더 유효한 것은 '고참'들이 '신참'들을 안내한다는 것이다. 신참 과정을 거친 고참들은 시의 적절하게 학습을 안내하게 된다. 이 학습은 마치 도제살이처럼 신참이 주변적으로 참여하다 고참이 되어 완전히 참여하는 식으로 참여의 폭을 넓힘에 따라 보육 공동체의 구성원으로 정체성을 형성해 간다. 공동육아에서 학습은 참여의 확대 과정이며, 정체성 형성의 과정이다.

---

* 개별 어린이집 부모들에게는 어린이집을 만드는 과정에서 조합원 교육이 이루어지고, 일상에서 이사회, 총회, 소위원회 모임, 방모임 등이 운영된다. 교사들은 '현장학교'를 통해 입문 자격을 얻고 교사 회의, 재교육을 지속한다. 또 부모와 교사의 연석회의가 유지된다. 어린이집 연합 단위에서는 총회, 이사회, 운영 위원회, 신임 이사 교육, 교사 대회, 각종 워크숍이 열린다.

관계적 참여

공동육아는 인간을 포함한 세계의 구성 요소들이 상호 작용을 통해 유기적 관계를 형성하고 한 체계를 이룬다고 인식한다. 더욱이 사회는 다양한 관심과 전문성을 가진 사람들로 이루어진 상호 관계의 네트워크로 개편되고 있으므로, 그 관계에 접속하고 참여할 수 있는 능력과 태도의 계발이 점점 더 학습의 목적으로 부각되어야 한다. 그래서 아이들이 관계와 의사소통에 참여하여 친구, 교사, 다른 사회 구성원들, 지역 사회, 자연을 이해하고 함께 살 수 있는 태도를 갖도록 장려한다. 이런 학습으로 말미암아 아이들 간에, 아이들과 교사들 간에, 아이들과 지역 사회 간에 그리고 아이들과 자연 간에 온전한 이해, 협동적 유대, 관계가 형성되고 상호 유기적 생태계가 구성된다.

공동육아에서는 아이들의 개별성과 자발성을 장려하지만 동시에 자기 자신과 다른 것을 긍정하고 배울 수 있는 관계에 참여하는 것을 매우 중요하게 다룬다. 또 공동육아에서는 다양성이 존중될 뿐 아니라 다양성을 조정할 수 있도록 안내된 참여 같은 관계와 의사소통이 활발하다. 예를 들면 아동들이 지켜야 할 규칙도 일방적으로 교사가 강제하지 않고 아동들 관계에 문제 상황이 발생했을 때 그 문제를 해결할 수 있는 규칙을 아이들이 스스로 만들게 하고 있다. 아동들이 의사소통 과정에서 납득할 수 있는 동의, 양보, 협상, 승복, 유보들을 학습하게 하여 관계 맺기 특히 협업적 관계를 체험하게 한다.

구성원들의 참여가 활발한 만큼 협업적 관계가 활발해진다. 도덕의 측면에서 보면 우리가 함께 살아가기 위해서는 개개인의 자유와 존엄성을 강조하는 것과 동시에 독립적인 개인들이 서로를 긍정하며 돌보는 협업적 자세가 필수적이다. 협업적 관계는 학습의 측면에서도 중요성을 가진다. 앞에서 이야기했듯이 개인 차원의 학습은 다른 아이들의 학습과 연관된다. 각기 이룩한 바를 공유할 때 그리고 자기와 다른 의견을 접함으로써 학습에 대한 동기가 활성화된다. 또한 서로의 의견에 대해 우호적인 반응을 보일 때 자기 존중감이 생기며 이는 학습에 자극이 된다. 협업적 관계는 아동의 자율성과 창의력을 저해하지 않는다. 오히려 관계 속에서 공통점과 차이를 인식하고 더 합리적 의견을 채택하게 됨으로써 자기 색깔과 자기 목소리를 내게 된다. 자율성과 창의성은 개별적인 활동이 아니라 수평적 관계 속에서 계발된다. 건강한 관계를 체험하고 관계맺기에 자신감이 생긴 공동육아의 아이들은 초등학교에 진학하여 다소다른 환경에도 잘 적응한다. 이런 점에서 학습은 개별적 과정이 아니라관계와 참여의 틀을 통해 이루어지는 과정으로 재개념화되어야 한다. 학습의 목적은 관계와 참여의 체험이며 확장이다.

맺음말

평생 학습의 출발점으로 보육을 이해하면, 시간의 측면에서는 학령 전시기에 고유한 학습이되 학교 교육과 연계를 고려해야 하고, 공간의 측면에서는 주로 비형식적 학습이되 형식적 학습과 연계되어야 할 것이다. 공동육아는 비형식적 실제 상황에서 사회적 실천으로 학습을 구성한다. 비형식적이지만 학습에 구조가 있다는 것을 인정하고 이를 발달시키기위해 노력한다. 단지 그 구조는 학습의 외부에 혹은 아동들의 머릿속에존재한다는 것을 거부하는 것이다. 사회적 실천의 확대로 학습을 이해하므로 학습 공동체 안에 참여 구조가 존재한다는 것을 인정한다. 그리고기존의 구조가 참여와 학습을 구성하는 데 어느 정도 역할을 하는 것은인정하지만, 구조가 학습을 전면적으로 지배하고 결정한다는 주장은 기각한다. 실제 상황에서 일어나는 사회적 실천들은 구조의 영향을 받지만 구조를 변화시키기도 한다. 구조는 불변의 구조가 아니라 유연하고 융통성이 있는 학습의 결과다. 구조는 불변의 선행 요건이 아니라 변화될 수 있는 학습의 결과다. 공동육아의 학습은 비형식 속에 구조를 전제하고 진행된다.

공동육아의 학습은 사회적 학습에 대한 다음 가설들이 유효함을 입증한다. ① 아동들을 사회적 존재로 인식하는 것이 학습의 핵심 요소다. ② 학습은 가치와 의미를 부여하는 사회적 실천과 관계에 참여하는 것이다. ③ 학습으로 참여를 확대함으로써 학습 공동체의 구성원으로 정체성을 형성한다. ④ 학습의 체험은 학습 공동체의 참여에서 더 넓고 다양한 세계에 적절한 참여로 확장된다. 공동육아의 학습은 사회적 실천, 의미의 체험, 정체성 형성, 변화와 확장으로 개념화할 수 있다.

물론 보육의 질을 제고하는 학습을 증진하기 위하여 정책적, 제도적 장치가 요구된다. 먼저 교사 양성과 근무 여건의 질이 높아져야 한다. 적절한 학습 자원을 제공하는 국가, 지역 단위의 센터도 필요하다. 또 학습의 질을 관리하기 위해, 예를 들면 학습 상황을 점검하는 어린이집 내부의 기구가 필요하며, 주기적으로 어린이집의 학습의 질을 인증하는 절차도 필요하다. 예산도 늘어나야 하지만 균등한 분배가 아니라 필요에 따라 가족이 어린이집을 선택하게 허용함으로써 학습의 질을 제고하기 위해 노력하는 시설에 인센티브를 부여하는 등 다양한 방식을 동원해야 한다.

참고문헌

간디니, 렐라(1996),「발현적 교육과정과 사회적 구성주의」,『레지오 에밀리아의 유아교육』, C. 에드워즈, L. 간디니, J. 포먼 지음, 김희진·오문자 옮김, 정민사.
공동육아연구원(2003),『코뿔소, 나들이 가자』, 또 하나의 문화.

리날디, 칼리나(1996), 「발현적 교육과정과 사회적 구성주의」, 『레지오 에밀리아의 유아교육』, C. 에드워즈, L. 간디니, J. 포먼 지음, 김희진·오문자 옮김, 정민사.

말라구찌, 로리스(1996), 「역사, 사상, 기본 철학: 렐리 간디니의 인터뷰」, 『레지오 에밀리아의 유아교육』, C. 에드워즈·L. 간디니·J. 포먼 지음, 김희진·오문자 옮김, 정민사.

엔데, 미하엘.(1999), 『모모』, 한미희 옮김, 비룡소.

이기범(1994), 「공동육아 공동체의 가치와 의미」, 『함께 크는 우리 아이』, 공동육아연구회 엮음, 또 하나의 문화.

_____(2000), 「제도교육의 재구조화를 위한 좋은 학교의 교육철학, 문화의 비교문화연구」, 『교육인류학연구』 3(3): 185-211.

_____(2003), 「미래를 여는 교육적 체험인 나들이」, 『코뿔소, 나들이 가자』, 공동육아연구원 엮음, 또 하나의 문화.

이부미(1999), 「'공동육아' 문화의 교육적 해석」, 중앙대학교 대학원 박사학위 논문.

이종태(2001), 『대안교육과 대안학교』. 민들레.

한국교육개발원(1996), 「'새 학교' 구상: 좋은 학교의 조건과 그 구현 방안 탐색」, 『연구보고 RR』: 96-16.

홍순명(1997), 『위대한 평민을 기르는 풀무학교 이야기』, 내일을 여는 책.

홍은숙(1999), 『지식과 교육』, 교육과학사.

_____(2004), 「무기력한 지식교육의 대안: '사회적 실제'에의 입문으로서의 교육」, 『현대사회와 교육의 이해』(개정판), 강영혜 외, 교육과학사.

포스트만, 니일, 외(1995), 『21세기를 위한 학교와 교사』, 배영사.

포스트만, 니일(1999), 『교육의 종말』, 차동춘 옮김, 내일을 여는 책.

Cole, M.(1995), "The Supra-Individual Envelope of Development: Activity and Practice, Situation and Context," in J. J. Goodnow, P.J. Miller & F. Kessel(eds.), *Cultural Practices as Contexts for Development,* San Francisco, CA: Jossey-Bass Publishers.

Dalin, P. & V. D. Rust(1996), *Toward Schooling for the Twenty-first Century,* N.Y.: Cassell.

Epstein, J.(1987), "Parent Involvement: What Research Says to Administrator," *Education and Urban Society* 19(2): 119-136.

Goodman, J.(1992), *Elementary Schooling for Critical Democracy*, Albany, NY: State University of New York.

Henry, M.(1996), *Parent-School Collaboration*, Albany, NY: State University of New York.

Lave, J. & E. Wenger(1991), *Situated Learning*, Cambridge: Cambridge University Press.

MacIntyre, A.(1981), *After Virtue*, Notre Dame, IN: University of Notre Dame Press.

Miller, P. J. & J. J. Goodnow(1995), "Cultural Practices: Toward an Integration of Culture and Development," in J. J. Goodnow, P. J. Miller & F. Kessel(eds.), *Cultural Practices as Contexts for Development*, San Francisco, CA: Jossey-Bass Publishers.

Noddings, N.(1993), "Care and Moral Education," in W. Kohli(ed.), *Critical Conversations in Philosophy of Education*, N.Y: Routledge.

OECD(2001), *Starting Strong: Early Childhood Education and Care.*

Rogoff, B.(1993), "Children's Guided Participation and Participatory Appropriation in Sociocultural Activity," in R. H. Wozniak & K. W. Fischer(eds.), *Development in Context: Acting and Thinking in Specific Environments*, Hillsdale, NJ: Lawrence Erlbaum Associates, Publishers.

Wenger, E.(1998), *Communities of Practice: Learning, Memory, and Identity*, Cambridge: Cambridge University Press.

●◦ **이기범** 공동육아를 처음 세울 때부터 참여하고 있다. '해송보육운동'을 시작으로 30년 가까이 보육과 긴 인연을 맺고 있다. 숙명여대 교육학부에 재직하면서 「남북어린이어깨동무」 사무총장으로 일하고 있다.

함께 크는 삶의 시작, 공동육아

정병호

새로운 세기를 맞이하며 근대 교육에 대한 반성과 그 근본적 개혁 방안이 대부분의 산업 사회에서 모색되고 있다. 이른바 대안 교육이라는 이름으로 현존하는 교육의 문제를 해결하려는 다양한 노력이 있었고, 그중에는 단순한 기술적 대안만이 아니라 근대와 근대성이 표방하고 추구해 온 가치관과 그 가치관의 대량 재생산 구조로서의 교육에 대한 근본적 비판 의식을 바탕으로 근대성 그 자체를 넘어선 새로운 문화를 만들기 위한 모색으로서의 교육 실험들이 있었다. 이들은 근대의 기계론적 세계관에 대하여 유기적이고 생태적인 세계관을 주장했고, 근대적 국가주의와 획일적인 표준화 교육에 대하여 개성과 자발성과 총체적 경험을 중시하는 교육 방법론을 택했다.

　현재 한국의 대안 교육 현장은 그 수에서나 역사적 전통 면에서 대단히 빈약하다. 그것은 분단 상황과 오랜 군사 독재 상황 하에서 교육에 대한 국가 통제가 철저하게 이루어진 결과다. 따라서 어떤 개인이나 집단이 획일적 제도 교육의 통제 밖에서 대안적인 교육 실험을 계속하기에는 많은 어려움이 있었다. 그러나 최근에 제도 교육의 문제점이 널리 알려지고 그 개혁 방안을 모색하는 과정에서 이들 몇 안 되는 대안 교육 현장들은 우리 사회의 귀중한 선구적 교육 실험 사례로 받아들여지고 있다.

그러한 대안적 노력 중에서 교육적 지향의 하나로 공동체성을 강조하는 '공동체 교육' 현장들이 있다. 자본주의적 산업화와 도시화 과정에서 파괴된 공동체적 연대를 회복하고, 사회적 효율 추구의 대상으로 전락한 파편화된 개인의 문제를 극복하기 위해서 공동체적 교육 프로그램들을 모색하는 곳들이다. 그중 우리 사회에서 공동체적 육아 방식을 실현하고자 다양한 차원의 실천적 노력을 기울여 온 '공동육아' 운동의 경험을 통해서 새롭게 더불어 사는 삶의 가능성을 탐색해 보려고 한다.

공동육아의 의미

공동육아는 1994년 여름 첫 조합형 어린이집을 시작한 후 2006년 4월 현재 전국에 어린이집 59곳, 초등 방과후교실 22곳, 초등 대안학교 1곳을 설립 운영하고 있고, 저소득층 아동과 탈북 아동들을 위한 지역 공부방 5곳이 함께 활동하고 있다. 공동육아 어린이집들은 보육의 수요자인 부모들이 직접 참여하여 설립하고, 교사들과 함께 자치적으로 운영하는 육아 공동체이다. 매일의 나들이를 통해 어린이들이 자연 속에서 자랄 수 있도록 하였고, 시간과 공간과 인간관계에 열린 미래 지향적 보육을 일상생활 속에서 실천하려 노력하고 있다. 또한 공동체적 보육을 지향하여 연령, 장애, 성평등 통합보육을 하고 있다.

공동육아 어린이집은 기존의 관료화되거나 상업화된 보육 시설의 문제점을 극복하고 자연 친화적이며 공동체적인 생활을 익히게 하는 실험적 보육 제도이다. 공동육아 운동은 우선 협동조합 방식으로 우리 사회에 절대적으로 모자라는 사회적 육아 공간의 확보를 도모했다. 협동조합 방식이란, 1세부터 10세까지의 아동을 둔 30~40여 가정이 한 지역 조합 단위가 되어 300~500만 원(지역에 따라 차이가 있음) 정도의 출자금을 내서 이웃에서 비교적 큰 마당이 있는 집을 전세로 얻어 부모들이 직접 어린이집을 설립하고, 운영하는 주민 자치적인 육아 방식이다. 생후 4개월부터 초등학교 입학 때까지 종일 보육하고, 초등학교 저학년 어린이들을 위한 방과후 보육도 한다. 각 가정의 출자금은 아동이 10세가 되어 더 이상 보육의 필요성이 없어졌을 때 돌려주게 된다. 즉, 궁극적으로는 유동적인 상태이지만 어린이집을 설립하고 유지할 수 있는 상당 기간 동안 안정된 자금(약 1~2억원 수준)이 확보되는 자발적이고 자주적인 민간 역량 동원 방법이다.

공동육아는 일단 부모들이 보육에 스스로 참여하고 직접 운영을 함으로써 교육에 대한 신뢰의 문제를 근본적으로 해결한 측면이 있다. 대부분의 공동육아 어린이집들은 정원 이상 많은 대기자들이 있고 특히 영아 보육에 대한 수요는 대단히 크다. 예를 들어, 시설과 설비 등 객관적인 조건이 다소 열악해도 이는 자신들이 노력해서 개선해야 할 과제이지 그 자체가 그대로 불신으로 이어지는 것은 아니다. 오히려 신뢰는 사람과 제도가 맺는 관계의 문제다. 부모들이 보육 현장에 얼마나 주체적으로 참여할 수 있는가가 그만큼 중요한 것이다.

육아의 특성상, 공동육아 운동은 작은 지역 사회에 기반을 둔 지속적이고 일상적인 인간관계의 연계망을 통해 자란다. 지역 문화와 지역성의 토양이 엷어 인구의 유동성이 높은 우리 사회에서 공동육아란 그만큼 시작하기 어려운 일이었다. 그러나 그 때문에 더욱 사회적으로 필요하고 의미 있는 일이었다. 실제로 조금 오래된 어린이집에서는 생활협동조합

물품도 함께 구매하고, 야간이나 주말에도 급한 일이 있으면 서로 아이들을 돌봐 주는 등 도시공간 안에서는 보기 드문 공동체적 인간관계가 되살아난 생활을 하고 있다. 이러한 실질적이고 기능적으로 도움이 되는 육아를 중심으로 형성된 이웃 관계 때문에 개원 후 1~2년 이내에 어린이집 주변으로 3분의 2 이상의 조합원 가구가 이사를 와서 새로운 지역성과 주민 의식이 자라나고 있다. 공동육아를 통해 지금까지 지역 사회와 유리된 곳에서 진행되어 왔던 다양한 사회 운동을 지역 사회의 일상적 삶 속에 뿌리내리게 하기도 하였다.*

어려운 반생태적 사회 환경에서도 공동육아는 어린이집 공간에 갇히지 않고 매일 지역 사회의 다양한 생활 영역 속으로 파고 들어가는 나들이와 현장 탐방 프로그램을 일상화했다. 이제는 좀 더 다양한 지역 사회의 전문가들과 연계망을 구축하여 살아 있는 현장 교육자로 활용 가능성을 넓혀 나가고 있다. 특히 동네의 할머니, 할아버지들이 정기적으로 '옛날이야기' 교사로 자원 활동을 하는 프로그램을 시작한 것은 노인의 복지와 아동의 교육을 묶는 좋은 시도라고 볼 수 있다.

구체적인 교육내용으로는 자연 친화 교육과 공동체 교육, 체험을 중시하는 종합적 교육 프로그램 운영, 평등한 인간관계 교육 등이 있다. 공동육아에서 우선 중요하게 생각하는 것이 자연과의 만남이다. 바깥나들이를 일상화하여 근처의 야산, 놀이터 등을 돌면서 이를 통해 아이들이 햇빛과 바람, 구름, 하늘을 충분히 접할 수 있도록 한다. 어린이집의 내부 공간도 마당을 확보하여 물놀이, 모래 장난을 충분히 할 수 있도록 하고 한

---

* 서울 마포구의 4개 공동육아 어린이집과 방과후교실들이 주도한 '성미산 살리기 운동' 같은 지역 환경 운동이 한 사례다. 도시 속에서 새롭게 자라난 육아 공동체는 생활협동조합과 반찬가게, 카센터 등의 생활 공동체 운동으로 확산되었고, 대안 초중등교육 현장인 '성미산학교' 설립의 토대가 되었다.

뼘이라도 텃밭을 일구며 작은 동물들을 키우도록 한다.

생활환경도 꽉 짜인 시간표에 아이들을 맞추기보다 아이 하나하나의 호기심과 자발적인 움직임들로 이루어진 자연스런 시간의 흐름을 존중한다. 종일 여러 연령의 아이들이 함께 어울려 지내며 생활의 흐름이 끊이지 않도록 배려하면서 비슷한 연령의 아이들이 그룹을 지어 활동하는 시간을 갖는다. 큰 아이들은 교사들과 전철을 타고 박물관, 어린이 서점 등 멀리 바깥으로 나가기도 한다. 교육 내용을 부모와 교사가 함께 의논하는 체계를 만들고 부모들은 3~4개월에 한 번씩 일일 교사 활동을 통해 어린이집 생활을 함께 체험한다. 어린이집에서의 생활과 집에서의 생활이 매일 연락장(날적이)을 통해 서로 전달된다.

교육과 생활을 떼어서 생각하지 않고 교사 중심의 교실 수업이나 획일적 인지 능력 개발 교육을 하기보다는 어린이집에서의 하루가 생활이 되도록 하며 스스로의 자발적인 호기심으로 자연과 주변을 관찰하고 탐색하는 직접 경험에 중점을 둔다. 이러한 생활, 놀이, 체험 중심의 교육을 통해 아이들은 기존의 집단적이고 획일적인 교육에서 벗어나 자율적이고 창의적인 개성 있는 어린이로 성장할 것이라고 믿는 것이다.

공동육아는 지극히 상식적인 당연한 유아 교육의 한 방법이라고 할 수도 있겠으나, 오늘날 한국 사회의 과열된 인지 학습 중심의 조기 교육 경쟁 풍토에서는 오히려 극단적인 자연주의적 실험처럼 받아들여지고 있다. 모두의 아이를 위해 협동하는 부모나 아이 하나하나의 내면의 욕구와 호기심에 귀 기울이는 교사 자체가 예외로 여겨지는 현실이기에 더욱 그러하다. 어쩌면 당연한 공동육아의 교육 내용을 자세히 들여다보는 것이 바로 우리 사회의 대부분의 교육 현장이 얼마나 반공동체적인가 하는 사실을 밝히는 일이 될지도 모른다.

함께하는 사람들

공동체 교육 현장의 가장 뚜렷한 구조적 특징은 직접 민주주의적 체제와 틀을 갖추고 있다는 점이다. 그 구성원 모두가 평등하게 직접 참여하고 대화할 수 있는 구조와 기회를 만들어 내는 것이 가장 중요한 교육적 프로그램의 하나가 된다. 이를 위해서는 교육 단위가 소규모가 되는 것이 필수적이다. 공동육아 협동조합 어린이집의 경우도 조합원 세대수 최대 40가구(평균 25~30가구), 아동 수 30~50여 명 정도의 규모를 이상적으로 생각한다. 실제로 공동육아 어린이집에 지원자가 많아져서 그 이상의 규모가 된 경우도 있었으나, 조합원 간의 대면적 관계가 덜 빈번하게 되고 자연히 책임 의식도 약화되어 조직 자체의 위기감이 고조된 바 있다.

학교의 규모와 더불어 나타나는 특징은 일반 대규모 유아 교육 현장과 비교해 볼 때 상대적으로 높은 교사 대 아동 비율이다. 공동육아 현장은 어른과 아이의 비율이 대개 1:4~5 수준을 유지하고자 한다. 보통 대면적 관계 속에서 이루어지는 체험적 생활 교육을 위해서는 그 정도 비율이 필요하다고 본다. 다만, 자격증을 가진 교육 전문가의 전업 직장의 개념을 그대로 받아들이기보다는 삶의 경험과 지혜를 나누어 줄 수 있는 다양한 분야의 생활인(보통 어른)들을 (현장교육) 전문가로 활용하는 방식을 통해 절대적으로 부족한 인건비 문제를 부분적으로 해결해 나가고 있다.

공동육아는 절실한 육아의 문제를 공동의 노력으로 해결해 보려는 부모(조합원)들이 주축이 된 곳이다. 당연히 공동체 조직 안에서의 책임의 주체나 자발성과 참여의 정도도 교사 중심, 부모 중심의 큰 줄기가 다르게 나타나고 있다. 그러나 중심 집단이 어느 쪽이었건 교육 현장의 다른 구성원 집단을 책임 있는 주체로 참여시키기 위한 다양한 장치와 방법이 개발되어 개인적이거나 집단적인 소외가 없도록 하고 있다.

부모(조합원) 중심의 공동육아는 한국의 교육 현장에서 아주 예외적으로 교사들이 상대적으로 제한된 입장에 처해 있음을 알 수 있다. 교사들의 모임과 교사들이 각 방별로 부모들의 '모둠'(모임 또는 회의)을 주도하고 원장을 통해 조합 이사회에 교사들의 의견을 알리는 방식으로 어린이집의 설립과 운영을 책임진 조합원들과 대등한 구조적 위치와 상호 작용의 길을 마련하기 위해 노력하고 있다.

한국의 제도 교육 현장에서 가장 소외받고 있는 학부모들을 교육의 주체로 참여시키는 일을 적극적으로 모색하였고 또한 상당 부분 성공하고 있다는 점은 주목할 만한 일이다. 이러한 교육 당사자 모두를 주체로 세우는 일은 또한 아동들을 책임 있는 주체로 만드는 과정으로 연결된다. 각종 회의, 모둠 등을 통해 자신들이 당면한 문제들에 대해 직접 상의하고 공동체적 해결 방안을 도출해 나가는 경험 자체를 부모와 교사들뿐만 아니라 어린이들에게도 중요한 교육 프로그램으로 만든 것이다.

부모

공동육아는 상식적인 보육 수준을 실행하고 있다는 점에서 우리 사회의 여유 있는 중산층의 보육으로 오해받는 측면이 있으나 그 부모들은, 대부분 30대 초중반의 맞벌이 부부로 아직 대다수가 자기 집을 못 가진 층으로 생활 안정권에 도달한 계층은 아니다. 차라리 이들은 1980년대의 대학생들로 민주화 투쟁의 열정을 품었던 이념적 동질 집단일 가능성이 많다. 이른바 386세대(30대, 80년대 학번, 60년대 출생)가 젊은 부모 세대의 주류인 1990년대에 시작한 공동육아의 참여자들은 구체적으로 표방한 바는 없지만 개혁에 적극적이고, 평등한 공동체를 지향하는 이념을 공유한 사람들이 주축이 되었다고 할 수 있다.

아무런 제도적, 재정적 지원 장치 없이 협동조합 방식의 어린이집이 사회적 호응을 받아 여러 곳에서 시도될 수 있었던 것은, 육아의 내용과 질을 부모들이 직접 통제할 수 있는 열린 보육 공간이기 때문이다. 특히, 영아와 장애 아동 등 아직은 우리 사회에서 특수한 보육 수요로 간주되는 경우에도 부모의 요구에 따라 융통성 있게 대응할 수 있고 어린이집의 운영과 교육 내용에도 부모 참여가 가능한 중소 규모의 육아 공동체이다. 흔히 관료화되기 쉬운 대형 국공립 어린이집이나 영리를 목적으로 하는 놀이방, 불안정한 가정 탁아보다 실속 있는 육아 서비스가 가능했기 때문일 것이다. 이를 통하여 아이들뿐만 아니라 어른들이 공동체적 생활 경험을 쌓고, 협동과 자치의 효율을 경험할 수 있었다.

이러한 부모 참여적 교육 프로그램의 의미와 필요성은 거의 모든 교육 전문가들이 동의하는 것이지만 이것이 보육 현장에서 실현되려면 구조적 여건 마련, 교사들의 확신, 부모들의 이해가 모두 절대적으로 필요한 일이다. 흔히 부모들의 이기심, 경쟁심, 조바심이 가장 큰 장벽이라고 여겼다. 공동육아 현장에서는 이러한 조건들을 우선 부모 참여와 부모 교육을 통해 풀어 나갔다. 보육의 책임 있는 주체로 참여한 부모들은 일상적 보육 현실을 보고 먼저 영유아보육법 기준보다 한층 높은 교사와 아동 비율을 만들었다.* 아동을 위한 부식과 간식의 질도 높였다. 투명한 운영 체제 때문에 실질 보육료 부담이 현격하게 늘어나는 것을 비교적 쉽게 납득했다.

대신 유니폼이나 제품화된 부교재 등은 사지 않고 재능 교육이나 특기 교육에 대해서도 그것이 어느 시기에 누구에게 필요한지 공개적으로 토

---

* 어린이집의 연령별 아동 비율과 공간 구조에 따라 차이가 있지만, 대체로 만 2세아 미만은 교사 대 아동 비율을 1:3, 3세아는 1:5, 4세 이상은 1:12를 넘지 않는다.

론해 결정했다. 단순한 선전 문구나 풍문에도 일방적으로 흔들리기 쉬웠던 개별화된 소비자이던 부모들이 좀 더 객관적인 정보를 접하고 공적인 논의 과정에서 이미 아이를 키워 본 사람이나 다른 부모들의 다양한 입장을 알게 되면 대개는 현명한 결정을 했다. 놀이 기구와 그림책 등은 대부분 돌려쓰거나 함께 쓰게 되었다. 이렇게 절약된 사교육비를 계산하면 공동육아의 비교적 높은 보육료 부담이 오히려 경제적이라는 주장도 설득력을 갖는다.

공동육아는 어린이집 설립 준비가 조합원들의 자율적인 공동 노력으로 이루어지고 개원을 하고 나서도 부모 중에서 선출된 이사들과 원장(상임이사)으로 구성된 이사회, 방모임, 소위별 모임, 소청소, 대청소, 조합원 교육, 임시 총회, 정기 총회 등 부모들의 공동 참여를 일상적으로 요구한다. 그 과정에서 일부 조합원들이 교사들 편에 따라 갈리기도 하고 공동육아의 청사진이 합의되지 않은 상태에서 상업적 조기 교육 프로그램 도입을 요구하는 사례 등 부정적인 모습을 보인 예도 있었다. 이는 공동육아의 역사가 일천하다는 데 기인하는 바가 크다.

그러나 공동육아가 공동체 회복의 잠재력을 갖고 있고, 그 공동체성은 이미 작동하고 있음을 조합원들은 경험하고 있다. 그 공동체성이 더 개성적인 것으로 확고히 뿌리내리기 위해서는 더욱 노력해야 하는 과제가 있다. 예를 들면 조합원과 교사 모두, 정도 차이는 있지만, 의사소통의 기술을 더 잘 배우고 익혀야 한다. 또한 교사의 처우와 복지를 사회의 후원 없이, 조합원들이 내는 보육비로 충당해야 한다는 것은 교사 대우의 질이 향상되지 못하는 결정적인 구조적 요인으로 작용한다. 교사의 만족 없이 공동체를 기대할 수 없다는 점에서 이것은 공동육아가 대(對) 사회적으로 풀어 가야 할 중요한 과제다.

교사

공동육아 어린이집에서는 아동의 연령에 맞는 적절한 수의 교사를 확보하고, 주식과 간식의 질을 높이고, 필요한 교구, 교재를 마련하는 일에 소요되는 일상 운영 경비 모두를 부모들의 매월 보육료(아이의 연령과 부모의 소득에 따라 차등적으로 책정)로 충당하고 있다. 현재 국가의 재정 지원을 받는 곳보다 현저히 높은 보육료 부담이 있지만, 영리적 이윤 추구를 배제하여 교사 대 아동 비율을 정부 기준보다도 훨씬 높였고, 교사의 처우를 상대적으로 현실화(기본급에 학력과 경력에 따른 호봉, 각종 상여금 등으로 국공립 봉급 수준보다는 낮으나 일반 민간 놀이방, 어린이집보다는 높은 편)하고자 하였다.

그러나 특히 어린이집 설립 초기에 교사와 부모 모두 새로운 공동체적 관계 정립에 어려움을 겪는다. 조합에 따라 차이는 있으나 우선 우리 사회의 대다수의 성인들이 공사를 잘 구분하는 민주적이고 합리적인 의사소통의 경험이 부족하다는 사실을 느끼게 된다. 교사들끼리 편이 갈려 있다거나 심한 경우는 조합원(부모)도 교사 편에 따라 갈리게 되기도 한다. 갈등이 있을 때 이 갈등을 합리적으로 해소하는 기술이 부족하고 만성적인 갈등의 내재화로 가는 현상도 보인다. 근무 시간 외의 긴 회의나 MT, 교육 등에 지치기도 한다.

이러한 문제를 안고 있는 교사들이 사실은 어떤 교육 현장에서도 가장 시행하기 어려운 교사와 학생, 어른과 아이 간의 대등하고 평등한 새로운 공동체적 상호 관계의 실험을 하고 있다. 교사들은 대부분 아이들과의 관계에서는 늘 새로운 충격과 감동을 경험한다고 한다. 어른들과의 관계가 어려운 것이다. 그것도 갑자기 다가온 평등한, 공동체적 인간관계가 부담이 될 경우가 많다. 교사들 간의 평등한 관계의 강조는 원장제를 폐지하고 교사대표 순환제를 택하는 것으로 나타나기도 하고, 영양교사와 반일제 교사의 지위와 역할을 대등하게 하려는 다양한 노력으로 표현되기도 하였다.

공동육아의 교사들은 아이들과의 일상적 만남과 경험을 교육적으로 구성하고 그 의미를 찾아내어 충실한 기록으로 남기는 현장 교육 전문가들로 성장하기도 했다. 이들은 새로 설립되는 공동육아 어린이집의 생활과 교육의 밑바탕을 만드는 데 도움을 주기도 하고 다양한 자연 친화적 교육 프로그램을 실험하기도 했다. 그들은 이미 현장에서의 희망과 모색, 시행착오와 실패까지 솔직하게 기록한 연구물들을 만들어 내기 시작하였다.* 스스로 아이들에게 가장 중요한 교육 환경인 '사랑과 정성으로 함께하는 어른'으로 성장하고 있는 것이다.

어린이

공동육아의 어린이들은 어른들과 대등한 인격으로 만난다. 그 상징적 출발점이 교사의 별명을 정하고 서로 반말을 하는 것이다. 아이들이 교사들을 덩치 큰 친구, 경험이 많은 친구 대하듯 한다. 예의를 중시하는 우리 문화에서는 뭔가 어색한 일이라고 생각하기 쉬우나, 이는 어린이집을 학교 같은 공적인 장소로 생각하기 때문이다. 가정같이 사적인 장소에서는 어린아이들이 집안 어른들과 반말을 한다. 말을 배우기 시작하는 아이들과 우선 쉽게 의사소통을 하는 것이 중요하기 때문이다. 어린이집을 일상생활 공간으로 생각하는 공동육아는 의례적으로 되풀이하는 공식적 말법보다는 자기의 느낌과 감정을 쉽게 표현하고 교류하는 비공식적 커뮤니케이션 경험의 축적을 중시한다.

---

* 공동육아의 교사들이 현장의 경험을 토대로 만든 책자는 자료집, 보고서 등 여러 권이 있으나, 단행본으로는 아래 두 권이 대표적이다. 공동육아연구원(2000), 『코뿔소~ 나들이 가자』, 또 하나의 문화. 산어린이집(2003), 『코뿔소, 쇠뜨기가 뭐야?』, 잉걸.

공동육아의 어린이들은 나이, 성, 장애 등의 차이를 넘어 대등한 상호작용을 일상적으로 체험한다. 차이나 다름을 상하 위계적으로, 혹은 경쟁적으로 바라보지 않는 문화적 경험을 중요한 공동체적 교육 과정으로 여기고 있다. 서로 다른 사람들 간의 평등하고, 자유롭고, 즐거운 관계의 경험으로 사회생활을 시작할 수 있도록 하는 것이다. 일견 당돌하고 버릇없다고 할 만큼 낯선 어른들에게도 말을 잘 건다. 때로는 거침없는 언행 때문에 폭력성이 높은 것은 아닌가 하는 염려를 낳기도 한다. 그러나 이러한 풍부한 자발적 상호 관계의 경험을 통해 '자발적 사회성'이 발달하게 된다고 생각한다.

아이들이 민주주의적 참여를 직접 경험하게 하기 위하여 '모둠'이라는 회의, 혹은 대화 모임을 갖는다. 예를 들어 우리어린이집의 '꿀차 모임'은 아이들이 일주일에 한 번씩 진지한 대화를 나누어 보거나, 한 주간의 계획을 세우는 제법 격식을 갖춘 대화와 회의의 시간을 갖게 한다. 매일 아침 짧은 모둠 시간에 그날 하고 싶은 일감, 놀이감 등을 정하고 그 약속을 지키는 버릇을 기르도록 하는 프로그램도 있다.

공동육아 어린이들은 매일의 나들이와 자유로운 신체 활동을 통해 다른 또래 아이들에 비해 체력이 강한 편이다. 초등학교에 들어가서도 눈에 띄게 체육을 잘한다고 한다. 학습 능력만을 중시하는 제도 교육 현장에서는 그리 높게 평가받는 특징은 아니다. 그러나 만 3세 때의 신체 운동 능력 발달이 언어 능력 발달보다 만 17세 때의 IQ에 더 큰 영향이 있음을 밝힌 최근의 연구 결과(이성진, 2005)를 통해 보면 초등학교에서 성적으로 가시화되지는 않아도 유아기에 상대적으로 건강한 발달 경험을 하고 있음을 느낄 수 있다.

일반 유치원이나 어린이집에서 많이 시행하고 있는 읽기, 쓰기, 셈하기 등의 초등 교육 선행 학습을 공동육아에서는 하지 않고 있다. 게다가 교실 수업 형식의 기본적 훈련도 없다. 이런 곳에서 자라는 아이들이 상대적으로 행복할 것이라는 점에는 모두가 동의하지만 제도 교육에 어떻게 적응할지 염려하는 사람들이 많다. 실제로 공동육아 어린이집 출신 아이들 중에는 초등학교 입학 직후에 심각한 문화 충격을 경험하는 아이들도 있다. 이 아이들에게는 초등학교 1학년 담임교사가 특히 중요하다. 한편 의외로 초등학교 문화를 신기하게 여기며 호기심에 차서 즐기는 아이들도 있다. 선행 학습을 하지 않았기 때문에 오히려 자기 나이에 맞는 지적 자극을 신선하게 받아들이는 것이다.

공동육아 아이들에게 제도 교육 현장은 확실히 큰 새로운 도전이다. 그러나 극복할 수 없는 어려움은 아니다. 그러한 예견된 제도 교육의 문제 때문에 유아기 때부터 미리 불행과 체념을 연습하라고 할 수는 없는 일이다. 초기의 어색함은 초등학교 고학년이 되면 대부분 극복된다. 공동육아 방과후 프로그램의 지원을 받아 그 과정을 비교적 순탄하게 넘어가기도 하고, 아예 그러한 어려움을 겪지 않기 위해 초중등 대안학교로 진학하기도 한다.

더불어 사는 삶과 배움

공동체적 교육은 정형화된 인지 교육보다 생활 속에서 일상적 경험을 통해 몸과 마음으로 체득하는 과정을 중시한다. 따라서 바람직한 생활환경을 구성하고 마련하는 일에 더욱 세심한 주의를 기울이고 있다. 즉 함께 먹고, 입고, 일하고, 놀고, 잠자는 모든 일들은 중요한 사회적, 문화적 의미를 갖는다. 공동육아 어린이집은 그 자체를 삶(생활)의 공간으로 개념화하고 있다. 공동육아 어린이집은 보통 가정집을 개조해서 교육 기관이라기보다는 공동생활에 편리한 공간을 만들어 놓고 있다. 각 방은 똑같은 교실이 아니라 그 방의 용도에 알맞은 물건들이 있고 그 방을 사용하는 사람들의 개성과 생활 내용이 드러나도록 구성되어 있다.

공동체교육은 자연과의 친화를 목표로 하여 산책이나 농사일과 같은 자연 속에서 지내는 시간을 충분히 확보하고 교육 현장의 안팎에 자연을 끌어들이기 위한 노력을 한다. 도시 속의 공동육아도 일견 불가능해 보이는 상황에서 자연을 찾아가는 다양한 활동과 작은 자연(텃밭, 가축들)을 어린이집 안에 끌어들이는 노력을 기울이고 있다. 자연 속에서, 자연과 접하는, 자연을 찾아가는 교육은 사람과 사람 간의 공동체뿐 아니라, 사람과 환경 간의 공동체적 관계를 위해서도 꼭 필요한 일이라고 한다. 그 현장이 농촌이나 아름다운 자연 경관이 있는 곳에 있어야만 가능한 것인지 도시 속에서 자연을 찾는 공동육아가 다양한 실천적 모색을 통해 질문을 던지며 가능성을 찾고 있다.

진정한 의미의 공동체교육은 장애, 성, 나이, 지역, 민족, 언어, 문화 차이에 따른 분리와 사회적 편견을 극복하고 모두가 함께 만나고, 서로를 알고 느끼고 이해할 수 있는 경험을 갖도록 한다. 장애아 통합 보육을 통해 어린아이 때부터 조금 다른 사람과 일상적 삶을 함께하는 경험을 하게하고, 남녀 성차이가 사회 문화적 분리와 차별로 이어지지 않도록 하는 생활과 놀이를 구성하고자 하고 있으며, 어른과 아이 간에도 평등한 만남을 경험할 수 있도록 별명 부르기와 반말하기, 그 외에도 다문화 경험을 할 수 있도록 하는 다양한 소리, 색감, 맛, 멋 등을 즐기는 감수성 훈련 등이 있다.

생활 교육 – 함께 먹고, 입고, 자고
더불어 사는 걸 실제로 체험하도록 하기 위해서 공동육아는 획일적인 표준화 프로그램에 대한 본능적 경계심을 갖고 있다. 그러한 경계심은 어린이집의 하루는 집에서와 같은 생활이어야 함을 강조하게 된다. 즉, 나이 어린 아기들이 낮 시간의 대부분을 보내는 어린이집은 가장 본질적인 삶의 방식을 익히는 곳(이곳에서 아이들은 일과 놀이가 통합된 생활을 경험하고 어른들과의, 또한 어른들 사이의, 인간관계와 상호 작용을 관찰하고 경험하게 된다)이라고 여긴다. 그 내용을 어떻게 구성하는가 하는 일은 이 일에 참여한 모든 어른들이 주로 만들어 내야 할 일이며, 흔히들 교육 프로그램이라는 이야기를 하지만, 그것의 핵심은 바로 아이들과 관계하는 어른들이 생활과 인간관계의 시시콜콜한 부분을 어떻게 개념화하고 어떻게 하고 있는가 하는 것이다. 즉, 누가 준비한 무엇을 어떻게 먹고, 입고, 자고, 또 누가 누구에게 어떻게 말하고 어떤 역할을 기대하는가 하는 총체적 삶의 모습이 바로 아이들이 관찰하고 경험하는 교재가 된다는 것이다.

체험 교육 – 일감, 놀이감, 총체적 경험

본격적인 노작(일하고 만들기) 교육은 학령기 아이들부터 가능하다고 할 수 있으나, 한 과제를 일정한 기간을 두고 완성해 가는 프로젝트 교육은 유아들에게도 적용 가능하다. 공동육아의 각 터전에서는 각자의 상황에 맞는 일감을 골라 장단기간 아이들과 함께 작업하며 상당한 수준의 공동 작품을 만들어 내고 있다.

매년 각 어린이집은 일련의 장단기 일감(프로젝트)을 구상한다. 프로젝트의 주제는 기본 뼈대의 역할을 하고 프로젝트 진행 중에는 모든 것을 어린이와 교사들이 결정한다. 보통 4~5명의 아이들이 한 프로젝트를 장기간(짧게는 2~3주에서 길게는 1년) 한다. 프로젝트란 한 가지 과제를 심도 있게 장기간 탐색하고 이를 다양한 시각적 매체를 사용하여 표상, 재표상하며 조각, 3차원적 구성극 놀이 등 그 지역에서 가능한 모든 매체를 사용하는 것이다. 기존의 학교 교육처럼 단편적 수업이 아니다. 쉽게 상상할 수 있듯이 프로젝트를 장기간 수행함으로써 그 속에 구석구석 담겨있는 사회적, 인지적, 정서적 학습이 총체적으로 이루어지는 것이다. 이러한 일감 교육 과정을 예를 들면 탈 만들기는 텃밭에 박씨를 심는 것부터 시작하여, 가을이 되어 박을 잘라 탈바가지를 만들고 신문지를 찢어 불려 탈을 완성하기까지 족히 7, 8개월이 걸리는 어린이들의 일감 작업이 되기도 한다.

열린 교육 −시간적, 공간적, 사회적 열림 경험

공동육아의 열린 교육은 시간적 융통성, 공간적 개방성, 사회적 포괄성을 프로그램화한 것이다. 공동육아의 교과 과정은 일감(프로젝트) 중심의 체험 교육을 통한 총체적 지식과 경험의 체득을 주된 방법으로 삼는다. 따라서 현실로부터 떨어진 단편적 지식의 암기나 상황과 유리된 원리의 습득을 의미 없는 것으로 본다. 오히려, 자발적 동기와 관심에서 우러나온 호기심에서 추구하는 탐구와 실험, 제작, 발표, 대화 등의 과정 전체를 일관된 교육 과정의 하나로 여기는 것이다. 이는 필연적으로 이른바 열린 교육의 형태로 진행될 수밖에 없다. 즉, 정형화된 시간틀 속에서 일방적 강의와 수동적 학습으로 진행되는 수업이기보다는 각자의 관심과 집중력에 따라, 그리고 일감의 성격에 따라 재구성될 수 있는 시간적 융통성이 필요하다.

공간적으로도 교실, 학교의 벽을 넘는 개방성을 전제로 한다. 주변의 강, 산과 들이 모두 살아 있는 교육의 터전이 되고, 도시의 골목과 시장, 빌딩, 박물관이 바로 교육적 재료가 되는 것이다. 더 나아가서 지역 사회의 모든 직종, 분야의 종사자들을 바로 교육자로 삼아 전문성이 살아 있는 현장 교육을 중시한다. 이는 교육 기관과 교육자를 사회적으로 한정

시키는 자격 제도의 틀을 넘어선 사회적 의미의 열린 교육이라고 할 수 있다.

공동체 교육에서 생활 교육은 인간이 살아가는 데 필요한 기본적인 것들을 스스로 해결할 수 있는 능력을 길러주는 노작 교육이 중심이다. 삶의 다양한 필요를 충족시킬 수 있는 자립 능력과 아울러 함께 협동하여 일할 수 있는 능력, 그리고 자연 속에서 자연과 더불어 살아갈 수 있는 감수성을 키우는 교육이다. 이는 현실과 유리된 교실이나 교과서 속에서 찾을 수 있는 것이 아니라 바로 주변의 자연과 삶의 현장에서 온몸으로 총체적으로 체득하여야만 할 그런 성격의 일이다.

통합교육 – 다름에 대한 이해

공동육아 어린이집은 초기부터 장애 아동의 통합보육을 실천해 왔다. 어떤 중도 장애 아동이라도 함께 생활하는 경험 그 자체가 장애 아동과 비장애 아동 모두에게 좋은 공동체적 교육 경험이 되리라는 믿음에서였다. 특히, 공동육아와 같이 어린 나이에 매일 함께 생활한 경험은 일생을 통해 자신과 다른 존재에 대한 이해와 사랑, 그리고 협동의 지적·정서적 바탕을 마련하는 일이라고 할 수 있다.

이러한 작업은 단순히 장애자에 대한 특별한 이해나 애정만으로 가능한 것이 아니다. 나이, 성, 인종 등의 기존의 차별과 고정관념에 대한 철저한 비판 의식과 이를 극복하고자 하는 정교한 교육적 노력의 일환인 것이다. 이들 서로 다른 영역의 차별에 대한 태도는 공동체 원리 면에서 보면 모두 하나로 연결되는 것이다. 이른바 공동체교육 현장의 공동체성을 평가하는 가장 중요한 척도이기도 할 것이다. 이질적 존재와의 만남과 공생, 협력, 이해의 폭을 넓혀 가는 일이 바로 공동체 의식의 확산이자 실천의 과정이 되기 때문이다. 공동육아는 새로운 육아 문화를 통해 남녀의 차별을 극복하고 다른 성과의 자유롭고 평등한 관계를 지향하는 대안 문화 형성을 위한 교육 프로그램을 일상화하고 있다. 공동육아의 이러한 문화 변혁적 잠재력은 아이들이 크면서 새로운 형태로 경험하고 체화해야 장기적으로 문화 변혁의 효과를 드러내게 될 것이다. 즉, 다른 연령층을 대상으로 하는 공동체적 교육 현장이 연계되어야 이러한 유아기의 교육적 경험들이 더욱 착실하게 뿌리내릴 수 있으리라는 것이다.

공동육아의 활용

공동육아는 한국 보육 제도의 역사적 진화 과정 속에서 오랜 실험과 실천적 모색을 통해 만들어진 하나의 대안적 보육 프로그램이다(Chung, 2001). 이 프로그램의 공동체적 교육 효과와 미래 지향적 보육 방법론에 대해서는 다른 나라의 보육 전문가들도 주목할 만한 몇 가지 특징이 있다. 현장의 설립과 운영에 부모가 참여하고 이 과정에서 민간의 물적·인적 자원이 결합되면서 일으키는 효율성에 대하여는 베트남 교육부에서 유아 교육 정책의 한 틀로 활용하고자 하고 있다.* 한편, 일본의 보육 운동가들은 공동육아가 도시 공간에서 창출하고 있는 지역 사회 육아 네트워크 형성에 주목하고, 어린이들의 자연 친화적 보육 프로그램, 어른들의 지역 생활협동조합 운동 및 지역 사회 생태 보존 운동 등으로 발전해 나가는 것을 의미있게 평가하고 있다(殿平善彦, 1999; 勅使千鶴, 2000).

공동육아를 활성화하기 위해서는 부모 교육이 가장 필수적인 과제다.

---

* 국제 UNESCO 본부가 후원한 공동육아-베트남 공동 프로젝트(2001-2002년)를 통해서 한국에 와서 공동육아 방식을 알게 된 베트남 교육훈련부의 유아 교육 담당자들은 베트남의 도시 지역 보육 프로그램에 이를 응용하고자 했다.

지금까지 개별적 소비자로서만 살아 온 부모들을 보육 현장의 운영과 교육을 함께 책임지는 집단적 운영 주체로 세우는 일은 적절한 오리엔테이션과 아울러 상시적인 교육과 열린 토론을 통해서만 가능한 일이다. 이를 통해서 가족 이기주의와 아이들을 통한 경쟁의 사회적 관성을 극복한 공동체적인 사회적 부모가 되도록 할 수 있다. 사실 그러한 자기 변화가 가능한 부모들만이 어린이집 현장을 함께 운영할 수 있다. 제도와 행정 및 재정 등의 하드웨어의 지원만으로 공동육아가 활성화되는 것은 아니라는 말이다.

공동육아는 새로운 교사를 필요로 한다. 이제까지 부모나 가족으로부터 격리된 전통적 교육 공간에서 아이들을 교육하던 상황에서 부모들과의 일상적 상호 관계 속에서 아이들을 함께 키우는 파트너로서의 교사의 역할과 새로운 교육의 의미를 알고 창조적으로 수행해 나가는 일이 저절로 되는 것은 아니다. 그동안 공동육아는 30기의 현장학교 교육을 통해 총 1,000여 명에 달하는 예비 교사들에게 공동육아의 철학과 방법론을 소개하였고, 연 10여 차례 이상의 조합원 교육과 조합 이사 워크숍을 진행하였다. 보건복지부의 의뢰로 2차에 걸쳐 보육 제도의 소프트웨어인 교재(부모 참여 교육 교재 3종, 지역 자원을 활용한 실외 활동 교재 2종)를 개발하여 전국의 어린이집에 보급했고, 교육부의 의뢰로 공동육아의 공동체교육으로서의 의미를 점검한 3년 장기 과제 연구를 마무리했다. 보육 사업이 여성가족부로 이관되는 과정에서 보육법인 육성 방안에 대한 연구와 부모 참여 보육에 대한 정책 연구를 각각 수행했다. 또한 다섯 권의 단행본 책자와 두 편의 박사학위 논문, 10여 편의 석사 논문이 공동육아의 모색과 실천을 학문적으로 점검했다. 정기간행물 「공동육아」는 그동안 81호까지 발간되었다.

더 많은 부모들이 공동체적 육아의 내용을 알고 참여할 수 있도록 하기 위해서는 부모 교육 차원의 홍보와 초기 조합 형성을 돕는 일이 필수적이다. 어린이집의 자치적인 운영을 지원하고 그 효율성을 높이기 위해서는 인사·재정·회계 관리 방법, 갈등과 분쟁 조정 등 개별 조합이나 어린이집 차원에서는 쉽게 마련하기 어려운 운영 시스템을 교육하고 기술적으로 지원하는 전문 지원 체제가 필요하다. 어린이집 차원에서 공동체적 보육 프로그램의 자율적 시행이 가능하도록 하기 위해서는 다양한 실천 사례들을 교류하고 새로운 프로그램을 개발하며 부모와 교사들을 꾸준히 재교육할 수 있는 교육적 지원 장치가 있어야 한다.

새로운 공동육아의 활성화 방안을 모색할 때 지금까지의 자발적 대안 보육 운동으로서의 공동육아의 경험과 역동성을 잘 활용할 수 있어야 할 것이다. 이때 정부와 민간 보육 단체의 새로운 협력적 파트너 관계의 구축은 필수적이다. 싱가포르에서는 정부와 협동조합보육본부(Headquarters of NYUC Child Care)가 긴밀한 파트너 관계를 유지하면서 협동조합식 어린이집들이 전체 보육 수요의 10%를 담당할 수 있을 정도로 육성했다.* 지방 자치 단체 단위의 정부—민간 협력 사례로서는 이탈리아의 레지오에밀리아 시와 보육 단체가 70:30 비율로 투자하여 시정부가 지원하는 자율적 민간 보육 프로그램을 세계 최고 수준의 것으로 육성했다. 우리나라에서는 현재 공동육아 운동의 중앙 협의체인 사단법인 공동육아와 공동체교육이 정부와 파트너가 되어 민간의 자발적 참여와 자치적 운영, 그리고 자율적 보육 프로그램 시행 등을 효과적으로 지원할 수 있을 것이다.

---

* 우리보다 먼저 산업화한 여러 외국 사례를 보면, 대개 전체 보육 수요의 약 10% 정도를 부모 참여적인 협동 보육 시설이 담당하고 있고, 이러한 대안적 보육 시설의 존재가 그 사회의 국공립 및 다른 민간 보육시설의 건전성을 유지하는데 기능적으로 도움이 된다고 할 수 있다.

공동육아는 아직은 작은 규모의 실천 모델이지만 그것이 민간의 자율성과 자치의 역동성을 손상하지 않고 좀 더 보편적인 제도로 정착시킬수 있다면 한국의 보육 제도를 더욱 건전한 공공성의 토대 위에 서도록하는 데 도움이 될 것이다. 공동육아는 대안적 보육 모델이다. 즉, 오늘날같은 소비적 산업 사회에서 결코 주류가 될 수 없는 수공업적 보육 방식이다. 그러나 모두가 획일적이고 표준적인 삶을 살도록 강요하던 근대적문화 논리가 퇴색하는 오늘날 힘들더라도 아이들을 위해서 조금은 다르게 살아 보려는 부모들이 선택하고 실천할 수 있는 대안으로 필요한 것이다. 이러한 대안적 모색들은 우리 보육의 질을 높이는 데 선도적인 역할을 할 수 있고, 바로 이러한 부모들의 동의와 참여 속에서 더불어 사는미래 지향적인 프로그램들이 시도될 수 있는 것이다.

참고문헌

이성진(2005),『한국인의 성장·발달: 30년 종단적 연구』, 교육과학사.

Chung, Byung Ho(2001), "Changes in Korean Family Structure and the Conflicts of Ideology and Practice in Early Socialization," Korea Journal Vol. 41 No. 4 (Winter 2001) pp.123-143.

殿平善彦(1999),「아이들이 주인공인 보육을 -한국의 공동육아운동 보고」,『現代保育』8월호.

勅使千鶴(2000),「새 천년을 향하여, 한국의 공동체육아 운동의 짜임새」,『保育情報』Vol.276.

↝ **정병호** 별명은 괜찮아. 1994년 우리어린이집에서 원장 일을 시작할 때 이래도 저래도 "괜찮다"는 말을 너무해서 얻게 된 별명이다. 2001년부터는 탈북 아동들의 남한 생활 적응을 돕는 하나둘학교를 설립하여 교장 노릇을 했는데, 함경도 출신 아이들이 '일없어'라고 별명을 고쳐 주었다. 말은 달라도 뜻은 같다고 한다. 남과 북의 아이들이 모두 잘 자랄 수 있는 길을 찾고 있다. 한양대학교 문화인류학과 교수로 일하고 있다.

공동육아 관련 책자

단행본(발행년도순)

탁아제도와 우리 아이들의 미래를 걱정하는 모임 편(1990), 『우리 아이들의 육아
　　　　현실과 미래』, 한울출판사.

공동육아연구회 편(1994), 『함께 크는 우리 아이』, 또 하나의 문화.

이철국(1996), 『강아지똥 선생님의 공동육아 이야기』, 내일을 여는 책.

김정희(1999), 『눈높이 엄마, 꿈높이 아이』, 책이 있는 마을.

공동육아연구원 편(2000), 『코뿔소 나들이 가자』, 또 하나의 문화.

이부미(2001), 『놀면서 자라고 살면서 배우는 아이들』, 또 하나의 문화.

산어린이집(2003), 『코뿔소, 쇠뜨기가 뭐야?』, 잉걸.

류경희(2004), 『공동육아, 이웃이 있는 가족 이야기』, 또 하나의 문화.

공동육아연구원 발행 지침서, 자료집, 연구보고서(발행년도순)

「공동육아 어린이집은 이렇게 만들어집니다」(1996)

「공동육아 협동조합 운영 지침」(1997)

「함께 크는 아이, 더불어 성장하는 부모 — 품앗이 공동육아 사례집」(1998)

「아이들을 함께 키우는 사회, 안심하고 일하는 부모」(1999)

정기간행물 「공동육아」 1~81 호

우남희·정병호·이기범·정진경, 「21세기 한국 사회의 공동체적 정체성 형성을
　　　　위한 공동체 교육 : 이론과 실천의 장기 참여관찰 연구」(2001)

박사학위 논문

류경희(2000), 「공동육아 협동조합 가족의 공동체성 연구」, 성균관대학교 대학

원 가정학과 가정관리학 전공.

이부미(1999), 「'공동육아' 문화의 교육적 해석」, 중앙대학교 대학원 유아교육학
과 유아교육학 전공.

석사학위 논문

김명화(2005), 「공동육아의 대안교육 모델로서의 가능성과 한계」, 영남대학교
교육대학원.

김미애(2005), 「공동육아 현직 교육에 관한 연구: 현장학교 기초 과정을 중심으
로」, 세종대학교 교육대학원.

김인남(2003), 「보육 체계에 관한 연구: 공동육아를 중심으로」, 초당대학교 산업
대학원.

김주현(2000), 「보육의 가족 연대적 접근에 관한 연구: 공동육아 참여 경험을 중
심으로」, 서울대학교 대학원 사회학과.

이승영(2001), 「보육의 새로운 대안으로서의 '공동육아'에 대한 연구 : 안양·의왕
지역 공동육아 협동조합 사례 연구를 중심으로」, 경기대학교 행정대학원.

이창호(1998), 「공동육아협동조합 조합원의 참여 과정과 집단 정체성의 형성 ─ 한
조합형 어린이집의 사례를 중심으로」, 한양대학교 대학원 문화인류학과.

이혜선(2003), 「공동육아 어린이집의 환경 디자인에 관한 연구」, 건국대학교 디
자인대학원.

이회현(1997), 「공동육아 협동조합 어린이집에 대한 사례 연구」, 덕성여대 대학
원 유아교육학과.

임우연(1996), 「공동육아 협동조합의 부모 참여 과정에 관한 연구 : 신촌, 청주 지
역 공동육아 협동조합 사례를 중심으로」, 이화여대 대학원 사회학과.

전현정(2004), 「발달에 적합한 실제(DAP)에 대한 공동육아 어린이집 교사와 국
공립 어린이집 교사의 교육 신념 및 교수 실제」, 건국대학교 교육대학원.

조원경(1998), 「보육 체계의 대안 가능성 모색 — 공동육아 방식을 중심으로」, 서
　　강대학교 공공정책대학원 사회정책학과 사회복지 전공
차현진(1997), 「공동육아 어린이집 나들이 활동의 교육적 의의」, 중앙대학교 대
　　학원 유아교육학과.
한송이(1998), 「새로운 보육 형태인 공동육아에 관한 연구 : 공동육아 부모들의
　　인식을 중심으로」, 서강대학교 교육대학원.

공동육아 연락처

(사)공동육아와 공동체교육 사무국 | www.gongdong.or.kr | 02-323-0520 | 서울시
마포구 서교동 481-2번지 태복빌딩 201호

공동육아 어린이집

재미난 | 02-442-0065 | 서울시 강동구 강일동 314-2

꿈꾸는 | 02-995-1802 | 서울시 강북구 우이동 154-9

개구리 | 02-2691-7338 | 서울시 강서구 화곡8동 393-9

우리동네 | 02-871-5265 | 서울시 관악구 봉천9동 635-340

산들 | 02-458-7122 | 서울시 광진구 구의동 34-13

즐거운 | 02-458-0659 | 서울시 광진구 중곡4동 68-2

통통 | 02-3391-2889 | 서울시 노원구 상계3동 137-11

해와달 | 02-824-3753 | 서울시 동작구 상도4동 279-362

우리 | 02-324-0933 | 서울시 마포구 서교동 473-39

참나무 | 02-3141-4271 | 서울시 마포구 연남동 481-22

함께크는 | 02-3462-7599 | 서울시 서초구 우면동 28-7

행복한우리 | 02-942-7032 | 서울시 성북구 정릉동 559-86

소리나는 | 02-358-7725 | 서울시 은평구 갈현동 494-12

아이들세상 | 051-515-6832 | 부산시 금정구 장전1동 136-1

쿵쿵 | 051-342-2595 | 부산시 북구 화명동 269

씽씽 | 051-865-5242 | 부산시 부산진구 양정1동 471-1

해맑은 | 032-546-2889 | 인천시 계양구 계산동 971-4

너랑나랑 | 032-437-5516 | 인천시 남구 문학동 375-2

친구랑 | 042-824-0065 | 대전시 유성구 죽동 46

씩씩한 | 053-791-6879 | 대구시 수성구 시지동 64-6

노마 | 053-322-4719 | 대구시 북구 국우동 682

솔방울 | 053-588-0686 | 대구시 달성군 다사읍 죽곡리 597

도토리 | 031-967-3480 | 경기도 고양시 덕양구 도내동 825-5

도깨비 | 031-969-3412 | 경기도 고양시 덕양구 원흥동 410-6

야호! | 031-977-4788 | 경기도 고양시 일산구 성석동 564

여럿이함께 | 031-977-2382 | 경기도 고양시 일산구 성석동 415-11 에이동

어깨동무 | 02-504-4533 | 경기도 과천시 과천동 뒷골5길 35

우리튼튼 | 02-507-5862 | 경기도 과천시 과천동(뒷골) 400-1

열리는 | 02-507-1798 | 경기도 과천시 과천동 468-7

하늘 | 02-899-2329 | 경기도 광명시 하안1동 317-17

감나무 | 031-438-5277 | 경기도 군포시 속달동 344-1

하늘구멍 | 031-985-7165 | 경기도 김포시 고촌면 풍곡리 308

산 | 032-666-9213 | 경기도 부천시 소사구 송내2동 452-11

세발까마귀 | 031-714-4245 | 경기도 성남시 분당구 궁내동 366-17

두껍아두껍아뭐하니 | 031-708-9954 | 경기도 성남시 분당구 분당동 165-2

꾸러기 | 031-711-4858 | 경기도 성남시 분당구 정자동 238-9

굴렁쇠 | 031-754-0978 | 경기도 성남시 중원구 여수동 358-3

사이좋은 | 031-227-5925 | 경기도 수원시 권선구 호매실동 903-1

달팽이 | 031-251-3210 | 경기도 수원시 장안구 파장동 269-1

친구야놀자 | 031-385-7959 | 경기도 안양시 동안구 비산3동 285-2

햇볕은쨍쨍 | 031-419-0652 | 경기도 안산시 상록구 일동 561-4

영차 | 031-502-0104 | 경기도 안산시 일동 557-12

하늘땅 | 031-422-4633 | 경기도 의왕시 내손2동 703-20

개똥이네 | 031-422-3281 | 경기도 의왕시 내손동 705-13

꿈틀꿈틀 | 031-873-5420 | 경기도 의정부시 장암동 2-5

반딧불이 | 031-949-0727 | 경기도 파주시 교하읍 동패리 507-7

느티나무 | 031-681-9650 | 경기도 평택시 오성면 양교리 598-1

파란하늘 | 02-3401-7813 | 경기도 하남시 감일동 376-36

산,들,바람 | 033-643-0679 | 강원도 강릉시 사천면 방동리 770

소꿉마당 | 033-766-0663 | 강원도 원주시 흥업면 흥업1리 198

신나는 | 033-244-7885 | 강원도 춘천시 사농동 281-16

모여라 | 041-564-5308 | 충청남도 천안시 유량동 249-10 (유량길 124)

아이들세상 | 043-847-7934 | 충청북도 충주시 칠금동 362-23

대안 초등학교

산어린이학교 | 031-314-1186 | 경기도 시흥시 대야동 211-1

공동육아 방과후

재미난 | 02-428-0605 | 서울시 강동구 상일동 292-2

마법 | 02-444-0657 | 서울시 광진구 중곡4동 98-44 1층

풀잎새 | 02-323-0729 | 서울시 마포구 서교동 333-21

도토리 | 02-334-2346 | 서울시 마포구 성산동 213-4

무지개 | 02-925-1011 | 서울시 성북구 돈암2동 585-13

꿈이크는 | 02-359-7725 | 서울시 은평구 갈현2동 484-5

자유로운 | 051-851-1437 | 부산시 부산진구 양정동 509-2

징검다리놓는아이들 | 051-335-2595 | 부산시 북구 화명동 269 2층

친구랑 | 042-861-6007 | 대전시 유성구 신성동 118-21

해바라기 | 053-793-6879 | 대구시 수성구 시지동 146-1(어린이집)

정다운 | 031-816-3480 | 경기도 고양시 덕양구 행신3동 햇빛마을 1801동 104호

두근두근 | 02-504-7643 | 경기도 과천시 부림동 15-1 1층

한발먼저딛는아이들 | 02-502-7643 | 경기도 과천시 부림동 17-2 B01

산 | 032-661-9213 | 경기도 부천시 소사구 송내동 616-1

율동 | 031-706-2291 | 경기도 성남시 분당구 서현동 율동복지회관 2층

사이좋은 | 031-292-5925 | 경기도 수원시 권선구 금곡동 578

아름다운 | 031-683-8237 | 경기도 평택시 오성면(어린이집)

아이들세상 | 043-847-7934 | 충북 충주시 칠금동(어린이집)

저소득층 어린이를 위한 지역공동체학교

해송어린이둥지 공동체 | 02-762-9201 | 서울시 종로구 창신2동 626-36

강동꿈나무학교 | 02-478-7220 | 서울시 강동구 천호4동 364-5

송파꿈나무학교 | 02-404-2159 | 서울시 송파구 문정동 207-2

한누리학교 | 02-2695-6507 | 서울시 양천구 신월6동 549-15 3층

성남꿈나무학교 | 031-743-4416 | 경기도 성남시 중원구 은행2동 1574 2층

협동조합형 어린이집 준비모임

힘찬(장애우) | 032-283-3303 | 인천시 부평구 갈산동 갈산주공1단지 104동 112호

땅강아지 | 062-574-3313 | 광주광역시 북구 효령동 368

바람과 햇살 | 053-755-1959 | 대구시 수성구 범어2동 56-1

우리노리 | 032-347-9252 | 경기도 부천시 소사구 소사본동 145-12

궁더쿵 | 02-2625-9769 | 서울시 구로구 궁동178-14

나무를키우는햇살 | 031-967-5995 | 경기도 고양시 덕양구 대장동240-1

깨끔발 | 31-202-7238 | 016-431-2642 | 경기도 용인시 기흥구 공세동(박성미)

공동육아 용어 해설

교사대표 공동육아에서는 원장제보다 교사대표제를 택한 곳이 많으며, 교사대표
는 매년 돌아가면서 하고 있다.

교사대회 매년 여름과 겨울에 전체 공동육아 교사들이 모이는 교사대회가 열리며,
전국공동육아교사회 총회와 재교육이 함께 진행된다.

교사회의 한 달에 한 번 하는 '긴회의'가 있고, 주마다 한 번하는 '주회의'가 있다.
긴회의 하는 날은(대개 토요일) 어린이집 운영과 교육을 부모들이 맡아서 한다.

긴나들이 어린이집 어린이 모두 혹은 연령별로 하루 종일 나들이를 하는 것을 말
한다. 먼 거리를 차량을 이용하여 나들이 갈 때는 '먼나들이'라고 부른다.

나들이 어린이들에게 탐색과 체험의 기회를 제공하기 위해 이루어지는 교육 활동
이다. 공동육아에서는 매일 2시간씩 어린이집 밖에 있는 산이나 들, 공원 등 자연
과 지역 자원을 활용한 나들이를 한다.

날적이 어린이의 하루생활을 교사와 부모가 글로 적어 주고받는 수첩으로, 매일
적는다는 의미에서 날적이라고 부른다. 어느 어린이집은 '노둣돌'이라는 용어를
사용하기도 한다.

들살이 일상적인 경험을 벗어나 새로운 자연과 환경에 도전해 보는 숙박 프로그

램이다. 주로 만 3세 이상 어린이가 1박 이상 집을 떠나 선생님과 친구들과 함께
생활한다.

마실 바쁜 일과가 끝나고 부모들이 저녁나절 잠시 틈을 내어 이웃집에 놀러 가는
일을 말한다. 주로 부모들의 유대와 어린이들 간의 갈등 관계 해소를 위해 친밀
감 형성 차원에서 활용을 권한다.

모둠 어린이들이 모여서 어떤 일을 논의·결정하는 활동으로, 주로 아침에 모여
꿀차나 매실차를 마시며 그날 나들이 장소나 놀이를 정한다. 친구와 갈등이 생기
거나 문제가 생겼을 때 어떻게 하면 좋을지 서로 이야기 나누기도 한다.

방 보통의 유아 교육 현장에서는 장미반, 개나리반 등으로 부르는데, 공동육아
어린이집에서는 어린 순서에 따라 까꿍방, 도글방, 소근방, 당실방, 덩더쿵방, 옹
골찬방, 쇠뜨기방 등으로 반 대신 방으로 부른다. 이런 명칭이 생긴 데는 공동육
아가 지향하는 집단의 규모, 공간적 특성 등이 개입되었다고 볼 수 있다. 방 이름
은 어린이집에 따라 조금씩 다를 수 있으며, 까꿍방에 속한 아이들은 '까꿍이', 도
글방에 속한 아이들은 '도글이' 등으로 부른다.

방모임 한 방에 소속된 어린이들의 부모들과 담당교사가 만나 어린이 교육에 관
하여 이야기를 나누는 모임을 말한다. 한 달에 한 번 이루어진다.

별명 공동육아에서는 교사들을 선생님이라는 호칭 대신 '잠자리', '진달래', '그
대로' 처럼 별명을 부른다.

아마 아빠, 엄마의 준말로, 부모가 하는 일일교사 활동을 포함해 어린이집에 참여
하는 여러 활동을 포괄적으로 칭한다. 아마들은 대개 교사들의 토요일 격주 휴무,
월차, 교사 긴회의(대개 매월 마지막 주 토요일) 등으로 교사가 어린이집에 안 나
오는 날 부모가 교사를 대신하여 하루 종일 어린이들을 돌보거나, 어린이들이 먼
나들이를 갈 때 차량아마 등을 한다.

영양교사 주로 어린이집의 먹을거리를 책임진다. 각 어린이집 교사회 안에 소속
되어 있다.

이사회 공동육아 어린이집 운영을 맡는 실행 기구로 조합원에 의해 선출된다. 어린이집에 따라 약간의 편차가 있지만, 교육·홍보·재정·운영 이사 등을 둘 수 있다.

조합원 조합형 공동육아 어린이집에 출자금을 내고 어린이를 보내는 부모.

총회 어린이집의 최고 의결 기구로, 모든 조합원이 함께 모이는 모임이다. 1년에 두 번 이루어지는 정기 총회가 있고 급한 사안에 따라 이루어지는 임시 총회가 있다.

터전 어린이집을 부를 때 공간적인 의미로 쓰는 일반적인 용어다.

현장교육지원전문가(페다) 공동육아 현장에 대한 경험과 전문 지식을 가지고 어린이집들의 교육과 운영에 대한 총괄적인 장학 지도의 역할을 하는 사람이다. 2006년 4월 현재, 13명의 현장교육지원전문가가 활동하고 있으며, 이 중 2명은 장애우 통합교육 현장교육지원전문가다.

공동육아 5

함께 크는 삶의 시작, 공동육아

1쇄 펴낸날 | 2006년 5월 3일
4쇄 펴낸날 | 2015년 3월 16일
엮은이 | 이부미·이기범·정병호
펴낸이 | 유승희
펴낸곳 | 도서출판 또하나의문화
121-899 서울 마포구 와우산로 174-5 대재빌라 302호
전화 (02) 324-7486 팩스 (02) 323-2934
전자우편 tomoon@tomoon.com 홈페이지 www.tomoon.com
출판등록번호 | 제9-129호 1987년 12월 19일
ⓒ 사단법인 공동육아와 공동체교육, 2006
ISBN 89-85635-73-5